Soziologische Gegenwartsdiagnosen 3

Sina Farzin · Henning Laux
(Hrsg.)

Soziologische
Gegenwartsdiagnosen 3

 Springer VS

Hrsg.
Sina Farzin
Universität der Bundeswehr München
Neubiberg, Deutschland

Henning Laux
Leibniz Universität Hannover
Hannover, Deutschland

ISBN 978-3-658-41327-9   ISBN 978-3-658-41328-6 (eBook)
https://doi.org/10.1007/978-3-658-41328-6

Die Deutsche Nationalbibliothek verzeichnet diese Publikation in der Deutschen Nationalbibliografie; detaillierte bibliografische Daten sind im Internet über http://dnb.d-nb.de abrufbar.

Planung/Lektorat: Cori Antonia Mackrodt
Springer VS ist ein Imprint der eingetragenen Gesellschaft Springer Fachmedien Wiesbaden GmbH und ist ein Teil von Springer Nature.
Die Anschrift der Gesellschaft ist: Abraham-Lincoln-Str. 46, 65189 Wiesbaden, Germany

Inhaltsverzeichnis

Einleitung

Sina Farzin und Henning Laux

Im Jahr 2000 veröffentlichten Ute Volkmann und Uwe Schimank erstmals eine viel beachtete Bestandsaufnahme soziologischer Gegenwartsdiagnosen. In klaren und kurzen Beiträgen wurden soziologische Perspektiven auf das ausgehende 20. Jahrhundert vorgestellt. Nach dem erfolgreichen ersten Band, welcher der Präsentation von Einzelwerken gewidmet war, folgte 2002 ein zweiter, welcher in Sekundäranalysen wiederkehrend auftauchende Befunde wie Ökonomisierung oder Individualisierung in ihren je gegenwärtigen Ausprägungen systematisch diskutierte und analysierte. Mit dem nun vorliegenden dritten Band, in dem wir die Herausgeberschaft übernehmen, knüpfen wir an diese Reihe an und kehren zurück zur Diskussion alleinstehender Gegenwartsdiagnosen mit hoher öffentlicher Resonanz. Der erste Band umfasste Titel, die in den Jahren 1980–2000 erschienen sind und damit viele inzwischen klassische Deutungsangebote aus einer Phase, in der sich insbesondere in der deutschsprachigen Soziologie gegenwartsdiagnostische Formate etablierten. Im letzten Jahrzehnt haben wir eine ähnliche Konjunktur gegenwartsdiagnostischen Denkens erlebt, die den Spiegel (41/2020) während der Corona-Pandemie schon mutmaßen ließ, die gesamte Disziplin gehöre zu den „Krisengewinnern" der angespannten sozialen Lage.

Vor dem Hintergrund dieser anhaltenden Popularität soziologischer Gegenwartsdiagnosen nehmen wir den zeitlichen Faden auf und versammeln in diesem Band Texte zu insgesamt 17 Werken, die in den ersten beiden Jahrzehnten nach

S. Farzin (✉)
Universität der Bundeswehr München, Neubiberg, Deutschland
E-Mail: sina.farzin@unibw.de

H. Laux
Leibniz Universität Hannover, Hannover, Deutschland
E-Mail: henning.laux@lcss.uni-hannover.de

© Springer Fachmedien Wiesbaden GmbH, ein Teil von Springer Nature 2023
S. Farzin und H. Laux (Hrsg.), *Soziologische Gegenwartsdiagnosen 3*,
https://doi.org/10.1007/978-3-658-41328-6_1

der Jahrtausendwende erschienen sind. Einige Themen, die bereits in den ersten beiden Bänden eine wichtige Rolle spielen, begegnen uns nun unter veränderten Vorzeichen wieder – etwa gegenwärtige Konstellationen der Individualisierung bei Ulrich Bröckling oder die Neuformulierung des Verhältnisses von Natur und Sozialität bei Donna Haraway. Andere Themen, die Ende des 20. Jahrhunderts von den soziologischen Monitoren weitgehend verschwunden waren, tauchen (wieder) auf. Das gilt nicht nur für eine Neubewertung von Säkularisierungstendenzen, wie in Charles Taylors historischer Studie, sondern vor allem auch für die Rückkehr von Ungleichheitsfragen als konfliktrelevanten Klassenlagen, wie sie beispielsweise Oliver Nachtwey oder Andreas Reckwitz postulieren – und damit einen Kontrapunkt zu älteren Diagnosen der Auflösung von Ungleichheitsproblemen in ein neoliberal individualistisches „jenseits von Stand und Klasse" setzen. Zudem versammelt der vorliegende Band auch eine ganze Reihe von weiterführenden Diagnosen, die neue Kategorien wie *Resonanz* (Hartmut Rosa), *Bewertung* (Steffen Mau) oder *Postdemokratie* (Colin Crouch) zur Erfassung der Gegenwart entwickeln. Hinzu kommen Werke, die in Auseinandersetzung mit der Genealogie der wachsenden Durchdringung von Kapitalismus und Romantik (Eva Illouz) oder mit paradigmatischen Szenen wie dem *Ausnahmezustand* (Giorgio Agamben) und der Sozialfigur des *einsamen Bowlingspielers* (Robert D. Putnam) zentrale Spezifika des 21. Jahrhunderts auf den Begriff bringen.

Neben thematischen (Dis-)Kontinuitäten und Erweiterungen des gegenwartssoziologischen Spektrums hat sich in den vergangenen zwei Jahrzehnten auch die wissenssoziologische Reflektion weiterentwickelt. Der erste Band von Ute Volkmann und Uwe Schimank erschien zu Beginn einer bis heute andauernden, produktiven aber auch kritischen Auseinandersetzung mit dem Format der Gegenwartsdiagnose. Dieses Genre entwickelte sich in einem längeren Differenzierungsprozess im Verlauf des 20. Jahrhunderts aus der Verbindung von Gesellschaftstheorie und Zeitbetrachtung, die für Klassiker des Fachs noch eine selbstverständliche Einheit bildeten (Müller 2022). Uwe Schimank (2000) arbeitete die inhaltlichen und funktionalen Merkmale einer sich zunehmend als zentrales Genre einer öffentlichen Soziologie konturierenden Gegenwartsdiagnostik heraus. Inhaltlich zentral sei ein allgemeiner Gesellschaftsbezug von „mittlerem" Abstraktionsgrad zwischen der Analyse konkreter (National)Gesellschaften und allgemeinen Gesellschaftstheorien, der ein Einzelmerkmal (Risiko, Erlebnis, etc.) in den Mittelpunkt stellt (ebd. 39). Funktional wird den Gegenwartsdiagnosen ein wesentlicher Anteil an der soziologischen Aufklärung der Gesellschaft über ihren eigenen Status im Hier-und-Jetzt zugesprochen, der als Beitrag zum öffentlichen Diskurs stets in Konkurrenz zu journalistischen oder anderen wissenschaftlichen Gesellschaftsbeschreibungen mit zeitdiagnostischem Anspruch tritt. Beide Dimensionen wurden in den vergangenen Jahren intensiv wissenssoziologisch analysiert. In der inhaltlichen Dimension wurde das Verhältnis von Gegenwartsdiagnose und Gesellschaftstheorie wie auch Gesellschaftskritik untersucht (Bogner 2018; Dimbath 2016). Unter funktionaler Perspektive wurde die Übernahme massenmedialer Elemente der Aufmerksamkeitserregung durch die Soziologie ausgearbeitet (Osrecki 2011). In diesem stark deutschsprachig zentrierten Forschungsfeld kommt dabei der Auseinandersetzung mit Ulrich Becks Risikogesellschaft eine zentrale Bedeutung zu. Dem überaus erfolgreichen Buch wird der „Charakter eines Prototyps" (Osrecki 2018, 465) zugeschrieben und tatsächlich nimmt es in der reflexiven Auseinandersetzung mit Gegenwartsdiagnosen eine zentrale Stellung ein. Auch wäre zu vermuten, dass der inner- wie außerwissenschaftliche Rezeptionserfolg der Risikogesellschaft durchaus auch praxisleitende Spuren hinterlassen hat und die Schreibpraxis gegenwartsdiagnostischer Autor:innen ebenso beeinflusst wie das verlegerische Handeln im Zuge der Publikation und Vermarktung. Während das Aufspüren solcher Zusammenhänge Gegenstand zukünftiger wissenssoziologischer Arbeiten sein müsste, fällt mit Blick auf den internationalen Kontext eine weitere Nebenfolge der durchaus produktiven Fokussierung auf Becks Titel auf: Gerade im angloamerikanischen, aber auch französischsprachigen Kontext erfüllen vermehrt Titel die funktionale Rolle von Gegenwartsdiagnosen in der öffentlichen Debatte, die inhaltlich nicht dem (deutschsprachigen) Prototyp einer Gesellschaftsbeobachtung mittlerer Reichweite und Tiefe folgen. Ethnographische Arbeiten wie Arlie Hochschilds *Fremd im eigenen Land* oder soziologisch fundierte Verbindungen von Selbst- und Gesellschaftsanalyse im literarischen Format der Autobiographie wie Didier Eribons *Rückkehr nach Reims* wurden nach ihrem Erscheinen nicht nur von einem breiten, außerakademischen Publikum gelesen, sondern auch als aufschlussreiche Kommentare zum Zustand der gegenwärtigen Gesellschaft diskutiert. Titel dieser Art zeichnen sich gerade nicht durch die genretypische Verkürzung ihrer Analysen auf ein zentrales Merkmal oder die abstrakte Fokussierung auf eine generalisierte „Gesellschaft" auf, sondern durch den sehr bewussten Einsatz subjektiver, verstehensorientierter Perspektiven, die im Nachvollzug der direkten individuellen Betroffenheit die gegenwärtig prägenden Zwänge und Fliehkräfte der Gesellschaft zu erfassen suchen.

Wir haben daher neben Gegenwartsdiagnosen, die der klassischen Bauweise folgen (wie der *neue Geist des Kapitalismus* von Luc Boltanski und Eve Chiapello, Zygmunt Baumans *Retrotopia* oder Stephan Lessenichs *Externalisierungsgesellschaft*) auch Bücher aufgenommen, in denen die Gegenwart durch solche subjektiven Zugänge ergründet wird (wie etwa Alice Goffmans Langzeitethnografie *On the run*). Als zunehmend erfolgreiche Formate einer öffentlichen Soziologie mit seismographischem Gespür sollten sie, so unsere Überzeugung, in dieser Reihe nicht fehlen.

Die Autor:innen der Einzelbeiträge stellen auf den folgenden Seiten insgesamt 17 unterschiedliche Gegenwartsdiagnosen in prägnanten Miniaturen vor. Nach einer Einführung in den Entstehungskontext der jeweiligen Diagnose und einer knappen Vorstellung der jeweiligen Gegenwartsdiagnostiker:innen werden die wesentlichen inhaltlichen Aussagen zusammengefasst und diskutiert. Abschließend wird ein Blick auf die Rezeption in der Öffentlichkeit und in der Disziplin mit einer kritischen Einordnung des Werks verbunden. Wir sind allen Autor:innen sehr dankbar, dass sie sich auf dieses Format eingelassen haben.

Literatur

Bogner, Alexander. 2018. *Gesellschaftsdiagnosen. Ein Überblick*. Weinheim: Beltz-Juventa.

Dimbath, Oliver. 2016. *Soziologische Zeitdiagnostik*. Konstanz: UTB.

Müller, Hans-Peter. 2022. *Krise und Kritik. Klassiker der soziologischen Zeitdiagnose*. Berlin: Suhrkamp.

Osrecki, Fran. 2011. *Die Diagnosegesellschaft*. Bielefeld: transcript.

Osrecki, Fran. 2018. Die Geschichte der Gegenwartsdiagnostik in der deutschsprachigen Soziologie. In *Handbuch Geschichte der deutschsprachigen Soziologie. Band 1: Geschichte der Soziologie im deutschsprachigen Raum*, Hrsg. S. Moebius und A. Ploder, 453–476. Wiesbaden: VS.

Schimank, Uwe. 2000. Soziologische Gegenwartsdiagnosen – Zur Einführung. In *Soziologische Gegenwartsdiagnosen I. Eine Bestandsaufnahme*, Hrsg. U. Schimank und U. Volkmann, 9–22. Wiesbaden: Springer VS.

Nacktes Leben und Lebens-Form. *Homo sacer* von Giorgio Agamben

Sarah Mönkeberg

1 Einführung: Ein streitbarer Denker

Im Februar 2020 hat Giorgio Agamben zu den Maßnahmen der Corona-Pandemieeindämmung insbesondere der italienischen Regierung Stellung bezogen. Sie sind für ihn Ausdruck des weltweiten Ausnahmezustandes und des Glaubens an den unbedingten Wert des nackten Lebens. Mit diesen Begriffen sind entscheidende Aspekte der Gegenwartsdiagnose des italienischen Philosophen benannt, aber er hat mit dieser Einschätzung eine beträchtliche Kritik auf sich gezogen: Einerseits wird ihm eine Überhöhung und das Strapazieren seiner Thesen vorgeworfen, andererseits ein Rückschritt hinsichtlich seines eigenen normativen Standpunktes.[1]

Die erste Kritik ist durchaus geläufig. An verschiedener Stelle wurde angemerkt, man habe es im Werk Agambens mit allerlei Verkürzungen und Ausblendungen zu tun.[2] Allerdings avisiert er mit seinen mitunter polemischen Aussagen oftmals absichtsvoll exemplarische Figuren, denen es zwar an historischer Kontextualisierung und empirischer Entsprechung mangeln mag. Dennoch kann eine derart überspitzte Analyse etwas sichtbar machen, das sonst im Verborgenen

---

[1] S. dafür insg. die Debatte auf der Homepage des *European Journal of Psychoanalysis* (2020a, b); Balzaretti (2020).

[2] Im Kontext der Differenz von Politik und Politischem: Marchart 2010, S. 221 ff., von Inklusion/Exklusion: Scheu (2008) und Lesarten von Referenzautoren: Gertenbach (2015).

S. Mönkeberg (✉)
Universität Kassel, Kassel, Deutschland
E-Mail: moenkeberg@uni-kassel.de

© Springer Fachmedien Wiesbaden GmbH, ein Teil von Springer Nature 2023
S. Farzin und H. Laux (Hrsg.), *Soziologische Gegenwartsdiagnosen 3*,
https://doi.org/10.1007/978-3-658-41328-6_2

geblieben wäre.[3] Außerdem zeigt sich hier ein Grundzug des Denkstils und der Methode Agambens, den Thomas Khurana (2007) unter dem Begriff der *„ethische[n] Wendung"* (ebd., S. 34)[4] fasst. Es geht um die Idee, ein Desaster „in das Versprechen eines Glücks" (ebd., S. 37) zu verwandeln und Lebens-Formen aufzufinden, die über ein bloßes Überleben unter biopolitischen Prämissen hinausweisen. Da der Ausgangspunkt für die „Artikulation einer neuen Politik" (ebd., S. 34) entsprechend immer der aktuelle Zustand sein muss, lässt sich auch der zweite Tadel relativeren.

Indem der folgende Beitrag vom nackten Leben im Ausnahmezustand zur Frage der Lebens-Form[5] übergeht, wird dieser Idee der Verschiebung gefolgt. Damit sollen Methode und Denkstil Agambens sichtbar gemacht und gezeigt werden, wie seine Analysen von der Frage der Lebendigkeit getrieben sind und welche Auswege sie aus dem biopolitischen Labyrinth des Lebens weisen wollen.

2 Diagnose: Vom nackten Leben zur Lebens-Form

Nicht erst die Corona-Pandemie bedeutet für Agamben den Ausnahmezustand. Gegenwartsdiagnostisch ist dieser Begriff für seine Analyse des modernen Staates und der modernen Politik relevant. Er kennzeichnet diese im Anschluss an Michel Foucault als Biopolitik, deren Herzstück das nackte Leben ist; regiert und gebannt in einer Logik der Ausnahme. Um diese Zusammenhänge zu erläutern, beziehe ich mich vor allem auf die Bände I, II.1, IV.1 und IV.2 der *Homo sacer-Reihe*. Agamben zufolge steht im Zentrum dieses Projekts eine „Archäologie der Politik" (Agamben 2020, S. 437). Ihr Ziel ist weniger die Kritik der gesellschaftspolitischen Verhältnisse. Die archäologische Vorgehensweise dient dazu, eine „andere Dimension der Politik und des Lebens zu denken" (ebd., S. 438) und jenes „Ausnahme-Dispositiv" (ebd.) außerkraftzusetzen, durch welches menschliches Lebens als nacktes Leben regiert wird.

---

[3] Geulen (2009) zeigt Agamben als philologisch geschulten Denker, der vorwiegend mit strukturellen Analogien und historisierender Rekonstruktion arbeitet. Neigt er dazu, „Dinge bis zur Aporie zu überspitzen, [.] verdankt sich das vielleicht einer Überlegung, die auch die methodologisch uneinigen Denker Adorno und Benjamin geteilt haben: am Extrem sei anzusetzen und allein die Übertreibung habe Wahrheitschancen" (ebd., S. 33).

[4] Die Hervorhebungen in den verwendeten Zitaten entsprechen immer dem Original.

[5] Die folgenden Überlegungen zum Lebens-Form-Begriff von Agamben speisen sich aus einem laufenden DFG-Projekt zu Tier-Mensch-Beziehungen (Projektnr. 443785427).

2.1   Nacktes Leben und Ausnahmezustand

Der Begriff des Ausnahme-Dispositivs bezeichnet den Sachverhalt, dass sich
der Staat auf das Leben bezieht, indem er es verlässt und so in seinem Bann
hält. Das Gesetz bezieht sich hier in einer Art und Weise auf das Leben, in
der es dieses durch seine eigene Aufhebung, d. h. die Nichtanwendung oder
-anwendbarkeit des Gesetzes auf dieses Leben, in sich einschließt (vgl. Agamben 2002, S. 39).[6] Agamben geht davon aus, dass dieses Dispositiv und die
biologisch-naturwissenschaftliche Vorstellung vom Leben Folge einer spezifischen Verbindung von Politik und Ontologie/Metaphysik sind. Daher ist für ihn
die Analyse der politischen Struktur ohne eine „Archäologie der Politik oder [...]
Genealogie des ontologischen Dispositivs" (ebd. 2020, S. 202) nicht möglich. Er
identifiziert die Ursprünge des Ausnahme-Dispositivs in der aristotelischen Unterscheidung von bios und zoe. *Zoe* bezeichnet „die einfache Tatsache des Lebens,
die allen Lebewesen gemein ist (Tieren, Menschen, Göttern); *bíos* dagegen [.]
die Form oder [..] Weise des Lebens, die einem einzelnen oder einer Gruppe
eigen ist" (ebd. 2002, S. 11). Die zoe ist aus der antiken polis „ausgeschlossen
und als rein reproduktives Leben strikt auf den Bereich des *oîkos* eingeschränkt"
(ebd., S. 12). Dahingegen ist, so die entscheidende Diagnose, die moderne Biopolitik durch „das Eintreten der *zōé* in die Sphäre der *pólis*" (ebd., S. 14) und
die damit einhergehende „Politisierung des nackten Lebens" (ebd.) gekennzeichnet. Im Unterschied und als Ergänzung zu den Analysen Foucaults bezeichnet
Agamben mit dem Begriff der Biopolitik also weniger „die an sich uralte Ein-
schließung der *zōé* in die *pólis*, noch die einfache Tatsache, daß das Leben als
solches zu einem vorrangigen Gegenstand der Berechnungen und Voraussicht der
staatlichen Macht wird" (ebd., S. 19). Entscheidend ist für ihn, „daß das nackte
Leben, ursprünglich am Rand der Ordnung angesiedelt, immer mehr mit dem
politischen Raum zusammenfällt" (ebd.).[7]

---

[6] Agamben bezieht sich hinsichtlich der Struktur von Ausnahmebeziehungen, deren Ausweitung für ihn Charakteristikum der Biopolitik ist, auf den Bann und die Figur des Verbannten:
„Die Ausnahmebeziehung ist eine Beziehung des Banns. Tatsächlich ist der Verbannte ja
nicht einfach außerhalb des Gesetzes gestellt und von diesem unbeachtet, sondern von ihm
verlassen [abbandonato], das heißt ausgestellt und ausgesetzt auf der Schwelle, wo Leben
und Recht, Außen und Innen verschwimmen" (Agamben 2002, S. 39). Man könnte davon
sprechen, dass in Ausnahmebeziehungen lediglich eine Anwendung rein negativer Rechte
stattfindet, allerdings greift die Unterscheidung von negativen Rechten und positiven Pflichten im Hinblick auf den Ansatz Agambens etwas zu kurz.

[7] Ein weiterer Unterschied ist, dass Foucault Biopolitik analytisch stärker von der älteren
Souveränitäts- und Disziplinarmacht unterscheidet; Agamben betont Kontinuität und Verschränkung (vgl. Agamben 2002, S. 16; s. auch Geulen 2009, S. 96 f.; Lemke 2004, S. 946).

Missverstanden wäre diese Analyse, würde man annehmen, man habe es bei diesem Prozess lediglich mit einem Stellungswechsel zwischen bios und zoe zu tun, so, als ob sich der antike Staat auf eine Regierung des ersteren, der moderne hingegen auf eine der letzteren gründete (s. auch Geulen 2009, S. 60 f.). Das nackte Leben ist nicht eine dem Politischen vorgängige Substanz, sondern lässt sich als eine Art Rest beschreiben, der nach Abzug aller Formen (bios) verbleibt (vgl. ebd., S. 93). Seine besondere Konnotation als nacktes Leben erhält dieser Rest im Kontext der Zugriffsweise der souveränen Macht auf das Leben bzw. dadurch, wie beide miteinander verbunden sind. Agamben kommt zwar zu dem Schluss, das Gemeinwesen der Menschen in der abendländischen Politik gründe auf einer „einschließende[n] Ausschließung (eine[r] *exceptio*) der *zōḗ* aus der *pólis*" (Agamben 2002, S. 17); er sieht aber einen Unterschied zwischen Antike und moderner Demokratie in der Radikalisierung dieses Nicht-Zugriffs auf das Leben: In der Antike ist die zoe grundsätzlich nicht Gegenstand der Politik (s. auch Geulen 2009, S. 94), es scheint sogar, „als ob die Politik der Ort wäre, an dem sich das Leben in gutes Leben verwandeln muss" (Agamben 2002, S. 17). Dahingegen erweist sich die moderne Biopolitik „von Anfang an als [.] Einforderung und Freisetzung der zōḗ" (ebd., S. 20): Unablässig versucht der moderne Staat „das nackte Leben selbst in Lebensform zu verwandeln und sozusagen den *bíos* der *zōḗ* zu finden" (ebd.). Dadurch entstehen „*Überlebensformen*" (Agamben 1993, S. 254), in denen Menschen auf ihre (biologisch-naturwissenschaftliche) Körperlichkeit beschränkt oder zurückgeworfen werden. Dies zeigt sich nicht nur am Leben in Gefangenen- und Flüchtlingslagern, sondern auch, wenn der Alltag von Medikalisierung oder gesundheitspolitischen Aspekten strukturiert wird. Eine weitere Erscheinungsweise bilden rechtlich-soziale und abstrakte Identitäten, wie „der Wähler, der Angestellte, der Journalist, der Student, aber auch der HIV-Positive, der Transvestit, der Pornostar, der Rentner, der Elternteil, die Frau" (ebd. 2020, S. 355). Einen Schnittpunkt finden diese Lebensformen[8] in der Prämisse der Nicht-Tötbarkeit, Unversehrtheit und damit: Heiligkeit des Lebens.

„Die Heiligkeit des Lebens, die man heute gegen die souveräne Macht als Menschenrecht in jedem fundamentalen Sinn geltend machen möchte, meint ursprünglich [.] die Unterwerfung des Lebens unter eine Macht des Todes, seine unwiderrufliche Aussetzung in der Beziehung der Verlassenheit" (Agamben 2002, S. 93). Diese Kritik Agambens daran, wie Menschen auch in modernen Demokratien regiert werden, verdankt sich seiner Analyse des *homo sacer*. Mit Hilfe

---

[8] Mit *Lebensform* werden Lebensweisen bezeichnet, in denen das nackte Leben zum bios wird oder ein regelrechter bios die zoe okkupiert; *Lebens-Form* bezieht sich auf „ein Leben, das mit seiner Lebensweise untrennbar verbunden ist" (Agamben 2020, S. 351).

dieser Figur will er dem Ursprung des *Dogmas der Heiligkeit des Lebens* nachspüren, da er dort auch den Ursprung des nackten Lebens der gegenwärtigen
Biopolitik vermutet (vgl. ebd., S. 92 f.). Dabei kommt er einem Anliegen Walter Benjamins nach, der in seinem Essay *Zur Kritik der Gewalt* (2015 [1921])
angemahnt hatte: „Dem Ursprung des Dogmas von der Heiligkeit des Lebens
nachzuforschen möchte sich verlohnen" (ebd., S. 63). Der homo sacer ist eine
„Figur des archaischen römischen Rechts" (Agamben 2002, S. 18), in welcher
die Heiligkeit historisch erstmals an ein menschliches Leben gebunden wurde
(vgl. ebd., S. 81). Weiter offenbart die Analyse, dass dieses Leben nur in Form
der Ausnahme-Beziehung, d. h. durch „Ausschließung in die Ordnung einge-
schlossen" (ebd., S. 18) wird und zeigt somit eine besondere Doppeldeutigkeit
des heiligen Lebens des homo sacer: In eins mit der Verkündigung der Heiligkeit
des Lebens einer Person wird ihre Tötung autorisiert (vgl. ebd., S. 81). Der homo
sacer erweist sich so zugleich als rechtlich ungeschützte Person; weiteres Charakteristikum ist, dass er „*getötet werden kann, aber nicht geopfert werden darf*"
(ebd., S. 18).

   Diese Einsicht rechtfertigt für Agamben die Annahme von Parallelen zwischen
dem heiligen und nackten Leben und der Struktur der souveränen Macht, bis hin
zur These einer basalen Symmetrie zwischen Souveränität und Sacratio, der Figur
des Souveräns und des homo sacer (vgl. Agamben 2002, S. 94).[9] Die „Produktion
des nackten Lebens" (ebd., S. 93) gilt Agamben als „ursprüngliche Leistung der
Souveränität" (ebd.), und er weist auf eine grundsätzliche Verbindung zwischen
Biopolitik und Thanatopolitik hin. Ist im Dogma der Heiligkeit des Lebens seine
Tötbarkeit (mit-)avisiert, haben Appelle an den unbedingten Wert und die Unversehrtheit des Lebens aber zu guter Letzt nicht nur keinen anderen Gegenstand als
die Nicht-Tötbarkeit des (so gleichsam produzierten) nackten Lebens. Darüber
hinaus besteht die Gefahr einer Verwischung zwischen modernen und demokratischen und archaischen und totalitären Imperativen, bis hin zum Umschlagen
jener Macht, die Leben macht und sterben lässt (eher biopolitisches Fragment),
in eine, die sterben macht und Leben lässt (eher souveränes Fragment) (vgl. ebd.,
S. 129 f.; s. auch Geulen 2009, S. 96). Seinen krassesten Ausdruck findet dieses Arrangement im (Konzentrations-)Lager (dazu Agamben 2002, S. 151 f.),
strenggenommen sind wir für Agamben jedoch alle „virtuell *homines sacri*" (ebd.,
S. 124), sobald es um die Heiligkeit des Lebens geht. Das Lager ist „der reine,
absolute und unübertroffene biopolitische Raum" (ebd., S. 131) und das „verbor-
gene[.] Paradigma des politischen Raums der Moderne" (ebd.), aber wir müssen

---

[9] In den Analysen zur Souveränität bezieht sich Agamben vor allem auf Carl Schmitt.

seine „Metamorphosen und Maskierungen [.] erkennen [.] lernen" (ebd.). Sie reichen von den gesundheitspolitischen Überlebensformen, über die Frage nach dem
Status des Staatenlosen oder des Wissenschaftlers, der sein Leben dem Experi-
ment hingibt, bis hin zu Diskussionen um den Zustand des Ultrakomatösen (vgl.
ebd., S. 169 ff.). Was diese heterogenen Figuren miteinander verbindet ist, dass
sie allesamt zeigen, dass der moderne Staat auf Prämissen aufbaut, die er selbst
nicht einholen kann, die ihm geradezu widerstreben: er unterhält eine „Ausnahme-
Beziehung" (ebd., S. 28) zum nackten Leben; andererseits geben sie Hinweise auf
die Orte seiner Produktion. Das Lager ist für Agamben jener Raum, „der sich öff-
net, wenn der Ausnahmezustand zur Regel zu werden beginnt" (ebd., S. 177), und
Letzteres ist für ihn Charakteristikum der Gegenwart. Konkret heißt dies, dass
das ursprünglich am Rand der (politischen) Ordnung angesiedelte nackte Leben
immer mehr mit dem politischen Raum zusammenfällt (vgl. ebd., S. 19). Dieser
Prozess bezeichnet also die eingangs angesprochene Politisierung des Lebens,
die darin besteht, den bios der zoe zu finden. Im Ausnahmezustand schließt „das
Recht durch seine eigene Suspendierung das Lebendige in sich" (ebd.: 2004, S. 9)
ein und produziert nacktes Leben, das durch seine Ununterscheidbarkeit vom
Recht gekennzeichnet ist. Sobald eine derartige Struktur geschaffen wird, befinden wir uns Agamben zufolge „virtuell in der Gegenwart eines Lagers" (ebd.). In
Ausnahmezustand (2004) will er nachweisen, dass die Produktion solcher Situa-
tionen nach dem Zweiten Weltkrieg noch an Fahrt aufgenommen hat, wie z. B.
im Falle der von George W. Bush in Reaktion auf den 11. September 2001 erlas-
senen military order. Dadurch entsteht eine Vielzahl von „Wesen [.], die juristisch
weder eingeordnet noch benannt werden können" (ebd., S. 10).[10] Sie stellen nacktes Leben dar, weil sie Gesetzen unterworfen sind, die auf sie eigentlich nicht
anwendbar sind, keine Bedeutung für sie haben, sondern sie einschließen, indem
sie sie ausschließen. Sie befinden sich in einer „Ausnahmebeziehung [...] des
Banns" (ebd. 2002, S. 39) und sind (in) einer (Nicht-)Beziehung der Verlassenheit ausgesetzt, wie der Mann vom Lande in Franz Kafkas Text Vor dem Gesetze
oder K., der im Schloss dessen Gesetzen unterworfen ist, ohne etwas über deren
Bedeutung zu erfahren. „Geltung ohne Bedeutung: Es gibt keine bessere Definition des Banns, mit dem unsere Zeit nicht zu Rande kommt" (ebd., S. 62), so
Agambens Diagnose:

---

[10] Zusätzlich zu den vielfältigen Figuren, die in Ausnahmebeziehungen und -situationen
produziert werden, nennt Agamben an dieser Stelle noch die in „Afghanistan gefangenen
Taliban" (Agamben 2004, S. 10), die weder Angeklagte noch Gefangene sind, sondern „einfache Verhaftete (detainees), die einer rein faktischen Herrschaft unterworfen sind, einer
Haft, die nicht nur zeitlich, sondern ihrem Wesen nach unbestimmt ist, denn sie entzieht sich
jedem Gesetz und jeder Form rechtlicher Kontrolle" (ebd.).

„Überall auf der Erde leben die Menschen heute im Bann des Gesetzes und einer Tradition, die sich einzig als ‚Nullpunkt' ihres Gehalts erhalten und die die Menschen in
eine reine Beziehung der Verlassenheit [abbandono] einschließen. Alle Gesellschaften und alle Kulturen (gleichviel ob demokratisch oder totalitär, konservativ oder
progressiv) sind heute in eine Krise der Legitimität geraten, in der das Gesetz […]
als reines ‚Nichts der Offenbarung' gilt. Doch das ist gerade die ursprüngliche Struktur der souveränen Beziehung, und in dieser Perspektive ist der Nihilismus, in dem
wir leben, nichts anderes als das Auftauchen dieser Beziehung als solcher" (ebd.).

Das nackte, bloße, heilige Leben ist das „Leben im normal gewordenen Ausnahmezustand" (Agamben 1993, S. 253). Es löst „die Lebensformen aus ihrem
Zusammenhalt einer *Lebens-Form*" (ebd.) und stellt womöglich noch etwas dar,
das man wie einen Besitzstand behandeln kann, vielleicht gerade, sofern man es
zu verteidigen sucht. Darüber hinaus aber lässt sich ein solches Leben schwerlich gebrauchen. Denn statt den bios der zoe zu suchen, hätte man dazu vielmehr
einen bios zu leben, „der nur seine *zōē* ist" (Agamben 2002, S. 197). Wie sollte
so etwas möglich sein?

2.2 Lebens-Form

Die Teilung des Lebens und seine Politisierung führt zu einer Zunahme von
„Zone[n] der Ununterscheidbarkeit" (Agamben 2002, S. 14) bzw. *Schwellen*.
Etwas beschönigend ließe sich sagen, dass die gebannte Existenz des nackten
Lebens auf einer Türschwelle stattfindet. Wer sich dort befindet, „steht weder
im einen noch im anderen Raum, sondern auf einer Grenze dazwischen, an
einem Übergang" (Geulen 2009, S. 62). Wie der Mann vom Lande im besagten Kafka-Text wartet ein solcher Mensch vor der Tür des Gesetzes, obwohl ihn
nichts daran zu hindern scheint, einzutreten, außer „dem Umstand, daß diese Türe
schon immer offensteht" (Agamben 2002, S. 60). Für Agamben ist das Gesetz am
stärksten, wenn es „nichts mehr vorschreibt, [..] reiner Bann ist" (ebd.). Dieser
Potenz des Gesetzes ist der Mann vom Lande ausgeliefert, „weil es nichts von
ihm fordert" (ebd.). Es bezieht sich auf ihn nach dem „Schema der souveränen
Ausnahme" (ebd.), ist also nicht einfach abwesend, sondern lässt ihn warten und
erstarren, weil es umso durchdringender ist, „je mehr es ihm an jeglichem Gehalt
mangelt" (ebd., S. 63). Als Gesetz hört es auf zu existieren, denn es unterscheidet

sich nicht mehr vom Leben. Gerade darin aber liegt der Grundzug des Ausnahmezustandes: „in der Unmöglichkeit [.], das Gesetz vom Leben zu unterscheiden"
(ebd., S. 64).[11]

Diese Ununterscheidbarkeit von Gesetz und Leben äußert sich in der Figur des
homo sacer darin, dass seine Existenz „auf ein nacktes, aller Rechte entkleidetes
Leben reduziert" (Agamben 2002, S. 192) ist, das sich aber in stetiger Beziehung
mit ebender Macht befindet, die den homo sacer verbannt. Alle Lebensregungen
vollziehen sich in Abhängigkeit zur Todesdrohung, und obwohl er also „reine
$z\bar{o}\acute{e}$" (ebd.) ist, steht diese „im souveränen Bann, und er muß in jedem Moment
mit ihm rechnen [...]. In diesem Sinn [...] ist kein Leben ‚politischer' als das
seine" (ebd.). Am anderen Ende dieses Feldes der Ununterscheidbarkeit lässt sich
die Figur des *flamen Dialis* finden, einer der höchsten römischen Priester, dessen Leben in keinem Moment von den Funktionen zu unterscheiden ist, die es
erfüllt. Es gibt „keine Geste und kein Detail [...] die nicht eine genaue Bedeutung
haben" (ebd., S. 191), und da er also mit Haut und Haaren in ein Netz von Regeln
verstrickt ist, ist „seine ganze $z\bar{o}\acute{e}$ [.] *bíos* geworden, die private Sphäre und die
öffentlichen Funktionen stimmen restlos überein" (ebd., S. 192). Zwar scheint
es in diesem Fall unmöglich, „so etwas wie ein nacktes Leben abzusondern"
(ebd.). Genauso unmöglich ist es aber, eine Form von Lebendigkeit aufzufinden,
die jenseits der Regeln Bestand hätte, zu denen das Leben des flamen Dialis
geworden ist. Sein Bann äußert sich nicht als Getriebenheit des homo sacer, sondern in einer Art Puppenhaftigkeit, einer alles umfassenden Reglementierung und
Liturgie. Letztere bildet für Agamben in *Höchste Armut. Ordensregeln und Lebensform* (2012) die größte Drangsal für das Mönchtum des 12. und 13. Jahrhunderts
(vgl. ebd., S. 10). Ein vollkommen von der Regel beherrschtes Leben fällt aber
nicht nur der Gefahr der totalen Erstarrung anheim, sondern auch, wie Agamben
an einer kurzen Darstellung des Romans *Die 120 Tage von Sodom* des Marquis
de Sade verdeutlicht, der Gefahr der totalen Zerstörung durch die vollkommene
Übereinstimmung mit der Regel (vgl. ebd., S. 20 f.). In dieser kurzen Passage
aus Band IV.1 der *Homo sacer-Reihe* scheint bereits die Figur des Sklaven durch,
der sich Agamben in *Der Gebrauch der Körper* (2020) schließlich annimmt, um
die Frage der Lebens-Form vertiefend zu erörtern.

So wie das nackte Leben des homo sacer die (blinde) Voraussetzung der
Biopolitik bildet, stellt auch „der Sklave in der abendländischen Kultur etwas
irgendwie Verdrängtes" (Agamben 2020, S. 50) dar. Auch er steht „auf der
Schwelle" (ebd., S. 55), einer jedoch, die sich nicht nur auf die Trennung von bios

---

[11] Agamben bezieht sich hier auf Kafka-Interpretationen von Derrida, Cacciari und einen
Briefwechsel zwischen Benjamin und Sholem.

und zoe bezieht, sondern auf das von Agamben so titulierte ontologische Dispositiv der „Spaltung des Seins" (ebd., S. 223). Dieses Dispositiv, dessen Ursprünge er erneut in der Philosophie Aristoteles' identifiziert, spaltet das „Sein in ein inessenzielles Seiendes und eine inexistente Essenz" (ebd., S. 220) und ist ein wesentlicher Träger der vielfältigen Zäsuren und Teilungen, durch die die Gegenwart gekennzeichnet ist. Seinen Ursprung hat es in der Sprache (s. ebd., S. 208 ff.) bzw. „in der ihr folgenden „Subjektivierung des Seins" (ebd., S. 224) in ein „*hypokeimenon*" (ebd.), d. h. der Annahme, das Sein sei eine zugrunde liegende Substanz. Da dieses Dispositiv, ganz im Sinne der Transzendentalphilosophie mit ihrem Fokus auf das „erkennende Subjekt" (ebd.: 200), auch die Lebewesen „in Form der Subjektivierung" (ebd., S. 226) einfängt, hat es entscheidenden Anteil an der Annahme, der Mensch sei – auch im Unterschied zum Tier – tätige, handelnde und vernunftbegabte und vergeistigte Existenz; menschlicher Körper und Geist und Seele erscheinen als etwas Geschiedenes. Dem Sklaven kommt hier die Funktion zu, die Beziehung des Menschen zur Natur zu vermitteln (vgl. ebd., S. 54), indem er seinen Körper gebraucht und dabei „in Wirklichkeit von anderen gebraucht wird" (ebd., S. 137). Dem homo sacer analog ist also auch diese Figur, die dem erkennenden Subjekt zur Existenz verhilft, etwas durch Ausschluss in die Ordnung Eingeschlossenes. Darüber hinaus ist Agambens entscheidende Diagnose, dass das in bios und zoe geschiedene Leben „die politische Deklination des Seins" (ebd., S.: 348) ist: „Die Zäsur, die das Haus von der Stadt trennt, beruht auf der gleichen Schwelle, die Seele und Körper, Herr und Sklave trennt und zugleich verbindet" (ebd., S. 27). Folglich setzt „eine Außerkraftsetzung der biopolitischen Maschine die Außerkraftsetzung des ontologischen Dispositivs voraus (und umgekehrt)" (ebd.).

Der *Gebrauch der Körper* kann als der entschiedenste Versuch Agambens verstanden werden, Hinweise in diese Richtung zu liefern. Dabei kommt der Methode der Verschiebung eine entscheidende Rolle zu. Denn die Konturen dieser modalen Ontologie werden durch Rückgang auf den Begriff des Gebrauchs, der den Sklaven bei Aristoteles definiert, gezeichnet. Diese Ontologie, die Agamben ausdrücklich auch als Ethik verstanden haben will (vgl. ebd., S. 301 f., S. 390), ist nicht durch „Individuation, sondern die Rhythmisierung der Substanz definiert" (ebd., S. 299), durch ein „Sein als Fließen" (ebd., S. 301).[12] Im Gebrauch offenbart sich eine – dem Paradigma von Tätigkeit und Produktion gleichwohl zuwiderlaufende – affektive bis habituelle Bezogenheit von Selbst und Welt, mittels derer sich das Leben nicht rein vegetativ, sondern als (körperliche) Erfahrung oder Vollzug begreifen lässt, der auch das Denken einschließt.

---

[12] Agamben bezieht sich hier vor allem auf Spinoza und Plotin, aber auch auf Heidegger.

Agamben zufolge eignet sich dieser Begriff zur Revision des klassischen Subjekt-/Objekt-Verständnisses und zur Überwindung der Teilung des Lebens in (nackte) zoe und (qualifiziertes) bios.[13] Die Lebens-Form, in der ein jedes Leben zu seiner Form findet, indem es sich durch sich selbst lebt und dabei, der modalen Perspektive entsprechend, immer schon etwas Gemeinschaftliches, Öffentliches und Politisches ist, ist für Agamben ebendiese Überwindung: ein bios, der nur seine zoe ist.

Wie sich dieses Arrangement genau gestaltet, dafür liefert Agamben vor allem Beispiele. Sie reichen von der „hohe[n] Tradition des unteilbaren Lebens" (Agamben 2020, S. 383) im Franziskanerorden bis zu Kontaktanzeigen.[14] Diese Selbstbeschreibungen und Gesuche stellen für Agamben zugleich vollkommen geglückte und gescheiterte Versuche dar, „eine Lebensform mitzuteilen" (ebd., S. 389), denn sie offenbaren, dass Dinge, wie Hobbys und Geschmacksvorlieben, für Menschen existenziellen Wert haben, heute jedoch „in die Idiotie des Privaten eingesenkt" (ebd.) sind. In diesem Auseinanderklaffen zwischen privatem und öffentlichem und politischem Sein offenbart sich ein Problem, das für Agamben gerade nicht im Dunstkreis persönlicher Befindlichkeiten liegt: Der Isolierung des nackten Lebens im Lager analog, neigt auch die Lebens-Form zur Absonderung in einer „autonomen Sphäre" (ebd., S. 391). Dies zeigt sich nicht nur im Schloss Silling des Marquis de Sade, sondern auch in Formen der Theorie, die zwar in

---

[13] *Gebrauchen* hat ursprünglich nicht die Bedeutung von Benutzen, sondern in der Gebrauchsbeziehung verschwimmen die Grenzen zwischen den sie betreffenden Elementen (vgl. Agamben 2020, S. 63 ff.). Der Gebrauch ist „untätige Praxis, die nur stattfinden kann auf der Grundlage einer Deaktivierung des aristotelischen Dispositivs Potenz/Akt, die der *energeia*, dem Tätig-Sein, den Vorrang vor der Potenz einräumt" (ebd., S. 169 f.). In ihm eröffnet sich das „Paradigma einer anderen menschlichen Aktivität und einer anderen Beziehung mit dem lebendigen Körper" (ebd., S. 145). Diese definiert Agamben als „*Beziehung zu einem Unbesitzbaren*" (ebd.).

[14] Als Gegenpart zur Ausnahme und im Kontext der Lebens-Form spielt das *Beispiel* bei Agamben eine besondere Rolle (s. dafür Agamben 2003, S. 14 ff.; auch Geulen 2009, S. 77). Es bezeichnet ebenfalls eine besondere Beziehungsstruktur, weshalb nicht nur die Figuren der Ausnahme heterogen sind, sondern auch jene der Lebens-Form. Diese jedoch kennzeichnen ein „be*lieb*iges Sein" (Agamben 2003, S. 9) und „Seiendes, das allgemein beliebt" (ebd.), denn in der Lebens-Form stehen „be*lieb*iges Sein und Begehren [.] in einem ursprünglichen Verhältnis" (ebd.). Nicht der Name oder die Zugehörigkeit, aber auch nicht nur der bloße Lebensvollzug oder die -praxis geben hier also dem Leben Form. Avisiert ist vielmehr ein spezifischer Erfahrungsgehalt (Lebendigkeit), der Zugehörigkeit impliziert, aber nicht von dieser aus bestimmt ist, und annäherungsweise auch unter Begriffen wie Resonanz oder Flow gefasst werden könnte. Dies zeigt sich auch in der Schilderung einer Verliebtheitserfahrung, welche Agamben zur Verdeutlichung der Lebens-Form heranzieht (s. dazu Agamben 2020, S. 326 f.).

sich einheitlich, sonst aber „von allem getrennt und trennbar" (ebd., S. 391) sind. Was heißt denken? Für Agamben verbergen sich hinter solchen Erscheinungen Versuche, „das Leben, das wir leben" (ebd., S. 381) und das Leben, „durch das wir leben […] zur Deckung zu bringen" (ebd.), denn glücklich ist „nur das Leben, in dem die Teilung überwunden ist" (ebd.). Daher ist es nur konsequent, wenn er das „Arkanum der Politik [.] in unserer Lebens-Form" (ebd., S. 392) ausmacht: Wo, wenn nicht in der Suche nach Glückseligkeit, sollte die Wurzel der „ontologisch-biopolitische[n] Maschine des Abendlands" (ebd., S. 345) zu suchen sein?[15]

3 Diskussion

Die besondere Zugriffsweise und der analytische Blick Agambens sind vielfältig anschlussfähig an verschiedene soziologische Perspektiven. Mit den Analysen zur Teilung des Lebens steht er im Umkreis der politischen Soziologie und soziologischen Ideengeschichte. Es ergeben sich Anschlussmöglichkeiten für lebenssoziologische und wissenssoziologische Fragestellungen, die Arbeitssoziologie, die Soziologie des Körpers und leibphänomenologische Perspektiven, eine Soziologie des Öffentlichen und Privaten, des Tier-Mensch-Verhältnisses und für die Gender Studies. Dabei muss es als Verdienst des Philosophen gewertet werden, die Frage des Lebens auch im Sinne der Lebendigkeit zu stellen und epistemologische und phänomenologische sowie ethische Perspektiven zu verbinden. Womöglich liegt hier ein Grund dafür, dass sich insbesondere die sozialkonstruktivistisch orientierte Soziologie bisher weniger mit Agambens und stärker mit Foucaults Werk auseinandergesetzt hat. In diesem Sinne zeigt die zu Beginn dieses Beitrags erwähnte Corona-Kontroverse nicht nur, dass wir es im Falle Agambens mit einem grundsätzlich streitbaren Denker zu tun haben. Sie verweist auf tieferliegende Konfliktlinien, die darin zu suchen sind, dass die Corona-Pandemie auf gesellschaftlicher Ebene nicht nur mit Fragen des Überlebens konfrontiert, die sich in einem biopolitischen Maßstab verhandeln lassen, sondern auch mit solchen des guten Lebens. Darauf kann Agamben seine Leser_

---

[15] „Ein politisches, das heißt auf die Idee der Glückseligkeit ausgerichtetes und in einer Lebens-Form zusammengehaltenes Leben ist erst denkbar, wenn man diese Spaltung hinter sich lässt. Die Frage nach der Möglichkeit einer Politik jenseits des Staates muss demnach wie folgt formuliert werden: Kann es, gibt es heute so etwas wie eine Lebens-Form, das heißt ein Leben, dem es in seinem Leben um das Leben selbst geht, ein *Leben der Potenz*" (Agamben 2020, S. 356)? Hier zeigt sich deutlich die Figur einer politischen Ontologie, die Agamben mit Denkern wie Badiou, Nancy oder Laclau teilt (s. dazu Marchart 2010).

innen aufmerksam machen und die Soziologie könnte, zusätzlich zu den bereits erwähnten Anschlussmöglichkeiten, von ihm auch lernen, den ethischen Aspekten des Daseins und ihren Implikationen für die Gesellschaft, in der wir leben, eine größere Aufmerksamkeit zu schenken.

Literatur

Agamben, Giorgio. 1993. Lebens-Form. In: *Gemeinschaften. Positionen zu einer Philosophie des Politischen*, Hrsg. Joseph Vogel, 251–257. Frankfurt/M: Suhrkamp.

Agamben, Giorgio. 2002. *Homo sacer. Die souveräne Macht und das nackte Leben.* Frankfurt/ M.: Suhrkamp.

Agamben, Giorgio. 2003. *Die kommende Gemeinschaft.* Berlin: Merve.

Agamben, Giorgio. 2004. *Ausnahmezustand. Homo sacer II.* Frankfurt/M.: Suhrkamp.

Agamben, Giorgio. 2012. *Höchste Armut. Ordensregeln und Lebensform.* Frankfurt/M.: S. Fischer.

Agamben, Giorgio. 2020. *Der Gebrauch der Körper.* Frankfurt/M.: S. Fischer.

Balzaretti, Ugo. 2020. Die schwarze Sonne, die im Offenen strahlt. Literaturessay zu „Der Gebrauch der Körper" von Giorgio Agamben. *Soziopolis*. https://www.soziopolis. de/lesen/buecher/artikel/die-schwarze-sonne-die-im-offenen-strahlt/. Zugegriffen: 20. Januar 2023.

Benjamin, Walter. 2015 [1921]. *Zur Kritik der Gewalt und andere Aufsätze.* 13. Frankfurt/ M.: Suhrkamp.

European Journal of Psychoanalysis. 2020a. Coronavirus and philosophers. M. Foucault, G. Agamben, S. Benvenuto. European Journal of Psychoanalysis. https://www.journal-psy choanalysis.eu/coronavirus-and-philosophers/. Zugegriffen: 20. Januar 2023.

European Journal of Psychoanalysis. 2020b. On Pandemics. Nancy, Dwivedi, Mohan, Esposito, Nancy, Ronchi. European Journal of Psychoanalysis. https://www.journal-psycho analysis.eu/on-pandemics-nancy-esposito-nancy/. Zugegriffen: 20. Januar 2023.

Gertenbach, Lars. 2015. Ausgang – Supplement – Schwelle. Das Andere der Ordnung bei Walter Benjamin, Jacques Derrida und Giorgio Agamben. In *Das Andere der Ordnung. Theorien des Exzeptionellen*, Hrsg. Bröckling, Ulrich et al., 189–208. Weilerswist: Velbrück.

Geulen, Eva. 2009. *Giorgio Agamben zur Einführung* Hamburg: Junius.

Khurana, Thomas. 2007. Desaster und Versprechen. Eine irritierende Nähe im Werk Giorgio Agambens. In *Die gouvernementale Maschine. Zur politischen Philosophie Giorgio Agambens*, Hrsg. J. Böckelmann und F. Meier, 29–44. Münster: UNRAST.

Lemke, Thomas. 2004. Die Regel der Ausnahme. Giorgio Agamben über Biopolitik und Souveränität. *Deutsche Zeitschrift für Philosophie* 52 (6): 943–963.

Marchart, Oliver. 2010. *Die politische Differenz. Zum Denken des Politischen bei Nancy, Lefort, Badiou, Laclau und Agamben.* Frankfurt/M: Suhrkamp.

Scheu, Johannes. 2008. Wenn das Innen zum Außen wird. Soziologische Fragen an Giorgio Agamben. *Soziale Systeme* 14 (2): 294–307.

Liebe und Ökonomie. *Der Konsum der Romantik: Liebe und die kulturellen Widersprüche des Kapitalismus* von Eva Illouz

Lilian Hümmler und Sarah Speck

1   Einführung

Der Konsum der Romantik, 1997 in den USA erschienen[1], wurde in seiner deutschen Übersetzung 2003 zunächst in den Frankfurter Beiträgen zur Soziologie und Sozialpsychologie des Instituts für Sozialforschung herausgegeben und schließlich vom Suhrkamp-Verlag ins Programm aufgenommen. Die Monographie stellt die Dissertation der vielfach ausgezeichneten französisch-israelischen Soziologin dar, die seit 2006 Professorin für Soziologie an der Hebrew University in Jerusalem und seit 2015 Directrice d'Etudes an der EHESS in Paris ist. 1961 in Fès, Marokko, geboren, migrierte sie mit ihrer Familie im Alter von zehn Jahren nach Frankreich. Nach ihrem Schulabschluss studierte Illouz Soziologie, Kommunikations- und Literaturwissenschaften in Paris, Jerusalem und Pennsylvania, wo sie 1991 ihre Promotion ablegte. Die daraus entstandene Monographie wurde breit rezipiert, nicht nur in den Sozialwissenschaften, sondern auch in einer weiteren Öffentlichkeit.

---

[1] Der volle deutsche Titel lautet *Der Konsum der Romantik: Liebe und die kulturellen Widersprüche des Kapitalismus*; der englische *Consuming the Romantic Utopia: Love and the Cultural Contradictions of Capitalism* (1997).

L. Hümmler (✉) · S. Speck
Goethe-Universität Frankfurt, Frankfurt, Deutschland
E-Mail: lilian.huemmler@soz.uni-frankfurt.de

S. Speck
E-Mail: s.speck@soz.uni-frankfurt.de

© Springer Fachmedien Wiesbaden GmbH, ein Teil von Springer Nature 2023   17
S. Farzin und H. Laux (Hrsg.), *Soziologische Gegenwartsdiagnosen 3*,
https://doi.org/10.1007/978-3-658-41328-6_3

Der Konsum der Romantik ist die erste Schrift im Rahmen des theoretischen und zeitdiagnostischen Werks der Autorin, das sich in mehreren Monographien und Aufsätzen der Verzahnung von Emotionen und kapitalistischer Ökonomie widmet. Es fand insbesondere in die kultur-, geschlechter- und emotionssoziologische Diskussion Eingang. Besondere Aufmerksamkeit kam auch ihren unter dem Titel *Gefühle in Zeiten des Kapitalismus* (Illouz 2007b) publizierten Adorno-Vorlesungen von 2004 zu, im Rahmen derer sie die These eines „emotionalen Kapitalismus" entwickelt, welche die Herausbildung der spätmodernen Emotionskultur als Teil der Entwicklungsgeschichte des Kapitalismus beschreibt und beleuchtet, inwiefern verschiedene Lebensbereiche, unter ihnen die Arbeitswelt, zunehmend von Gefühlen bestimmt und umgekehrt das Gefühlsleben unserer zeitgenössischen Kultur sukzessive ökonomisiert worden sei. Die Etablierung feministischer und therapeutischer Diskurse im 20. Jahrhundert spielte hierbei eine Schlüsselrolle. Die Monographie *Die Errettung der modernen Seele: Therapien, Gefühle und die Kultur der Selbsthilfe* (Illouz 2009) arbeitet diese These weiter aus. Sie zeigt die Funktionsweisen psychologisierender Diskurse auf, welche die Vorstellungen der Identität des modernen Subjekts fundamental verändert haben und durch eine Kultur der Selbsthilfe die dem Bereich des inneren Lebens entzogenen Emotionen nunmehr öffentlich inszenieren. Das Narrativ der Selbstverwirklichung, das Illouz bereits in *Oprah Winfrey and the Glamour of Misery* in den Blick nimmt (Illouz 2003), vereinfache das Leben dabei nicht, sondern bilde vielmehr eine Quelle des Leids. Andere Deutungen und Problembewältigungen, in der Arbeitswelt etwa der Arbeitskampf, würden dabei zurückgedrängt. 2011 und 2018 folgten zwei weitere Monographien, *Warum Liebe weh tut* und *Warum Liebe endet,* die das Verhältnis von Liebe und Kapitalismus mit Blick auf das Entstehen und Beenden von Paarbeziehungen beleuchten. Sie wirft hier eine soziologische Perspektive auf Liebesleid, entwickelt die These einer neuen „Architektur" oder „Ökologie" der Partnerwahl und diagnostiziert spezifische Geschlechtermuster und Ungleichheiten sowie eine zunehmende Unsicherheit und Bindungsunfähigkeit als Folgen der Marktförmigkeit gegenwärtiger Mechanismen der Paarbildung und der Sexualisierung der Kultur. Die zweite der beiden Monographien bildet den vorläufigen Abschluss ihres Forschungsprojekts zur Verschränkung von Konsumkapitalismus und Gefühlskulturen und formuliert die These eines „skopischen Kapitalismus", der auf die Vermarktung von Bildern und sexualisierten Körper zielt.

2 Diagnose

Im klassischen soziologischen Kanon wie auch in Alltagsdeutungen wurde und wird das Verhältnis von Liebe und Ökonomie als Dualismus konzipiert: die private Sphäre der Liebe, also der „irrationalen" (vgl. u. a. Weber 2002) zweckfreien Bindung und Anerkennung des Individuums in seiner Einzigartigkeit, sei der kalten, instrumentell-rationalen und technokratischen Logik der Ökonomie entgegengesetzt und müsse – so die gesellschaftskritischen Perspektiven auf dieses Verhältnis – vor einer „Kolonialisierung" (vgl. u. a. Habermas 1981) der Letzteren bewahrt werden. Der Nexus von Liebe und Ökonomie bildet auch den Ausgangspunkt von Eva Illouz' *Konsum der Romantik* (Illouz 2007a). Entgegen solch dichotomer Konzeptionen, zeichnet sie allerdings die Verschränkung von politischer Ökonomie und romantischer Liebe nach.

Die Studie fußt auf zwei Teilen: einer historischen Analyse der ersten drei Jahrzehnte des 20. Jahrhunderts – Axel Honneth bezeichnet sie als „Archäologie der Vermarktlichungsprozesse" (Honneth 2007, S. 10) – und einer stärker empirisch ausgerichteten Gegenwartsanalyse der 1990er-Jahre. Im Fokus steht die US-amerikanische Gesellschaft, in Teilen finden auch Bezüge zu westeuropäischen Gesellschaften statt. Eva Illouz arbeitet empirisch mit diversem Datenmaterial: Interviews, Fragebögen, autobiografischen Erzählungen, Filmen und Romanen, Werbeanzeigen und Ratgeberliteratur. Dabei reichert sie ihre soziologische Perspektive mit theoretischen und methodologischen Erkenntnissen der Sozial- und Kulturanthropologie an (unter anderem von Victor Turner, Claude Lévi-Strauss, Clifford Geertz, Arjun Appadurai).

Im Wesentlichen verfolgt Illouz drei Thesen im Zuge ihrer Diagnose: Mit der Ausweitung und Verankerung des Konsumkapitalismus habe sich das gesellschaftliche Ideal der Liebe geändert und zu einer Romantisierung der Waren geführt (Abschn. 2.1). Doch nicht nur sei Gütern „symbolisches und emotionales Leben eingehaucht" (Illouz 2007a, S. 101)[2] worden, auch Beziehungen und Gefühle hätten sich verändert: die romantische Liebe sei sukzessive versachlicht und verdinglicht worden (Abschn. 2.2).[3] Beide Prozesse formen eine neue politische Ökonomie der Liebe, die nicht losgelöst von Klassenverhältnissen zu verstehen und als ungleicher Zugang zur romantischen Liebe zu bestimmen sei (Abschn. 2.3).

---

[2] Wenn nicht anders angegeben, beziehen sich Seitenzahlen im Folgenden auf diese Arbeit.

[3] Illouz verweist darauf, dass die Benennung beider Prozesse aus Gesprächen mit Appadurai hervorging (ebd.: 53).

2.1   Romantisierung der Waren

Illouz benennt verschiedene gesellschaftliche Transformationen, die zu Beginn des 20. Jahrhunderts zu einer Veränderung des romantischen Liebesideals geführt haben: eine dem Prozess der Säkularisierung geschuldeten Lockerung der viktorianischen Sexualmoral; die Zunahme an weiblichen Bildungserfolgen und somit eine wachsende ökonomische Autonomie von Frauen; Vergnügen, Intensität und Hedonismus als neue, erstrebenswerte Ideale des Selbst; ein längerer Wirtschaftsaufschwung und infolgedessen eine Erhöhung des Einkommensniveaus und schließlich die Entstehung und Ausbreitung der Film- und Werbeindustrie. Letztere steht im Mittelpunkt des historischen Teils.

Anhand von Anzeigen skizziert Illouz, wie sich die Werbebranche seit den 1920er-Jahren mehr und mehr das Feld der romantischen Liebe erschloss. Produkte wurden zusehends mit Personen, aber auch mit Gefühlen und Sehnsüchten verknüpft und erhielten auf diese Weise neue Sinnzuschreibungen. So erlangte die Liebe, bereits in der viktorianischen Gesellschaft höchstes Ideal, zunehmend eine bildlich ausgerichtete Dimension. Gemeinsam mit der Filmindustrie, die durch die Etablierung des Kinos und die boomenden Hollywoodproduktionen zum neuen, wesentlichen Bestandteil der Massenkultur wurde, formte die Werbebranche „eine »visuelle Utopie«, die Elemente des amerikanischen Traums (von Überfluss und Selbstvertrauen) mit romantischer Fantasie" (S. 60) verzahnte. Konsumgüter – insbesondere Luxusartikel – dienten fortan nicht nur der Abbildung von Reichtum oder gesellschaftlichem Prestige, sondern wurden auch zum Ausdruck von Gefühlen. Champagner, Abendkleider und Diamanten wurden zu Verführungsinstrumenten, die bis heute – wenn auch in veränderter Form – Bestand haben.

Die romantische Aura, die seither bestimmte Konsumgüter umgibt, wirkte sich darüber hinaus auch auf die Interaktionen der Subjekte aus und brachte neue Praktiken hervor. Illouz führt dies anhand des zu Beginn des 20. Jahrhunderts entstehenden ‚Rendezvous' aus: Anstelle des ‚Vorsprechens', das im viktorianischen Zeitalter in der städtischen Mittelschicht den Familieneintritt ermöglichte, wie auch im Gegensatz zu auf dem Land praktizierten gemeinschaftlichen Aktivitäten, erlaubt das ‚Ausgehen' ein eher unverbindliches Kennenlernen des heterosexuellen Paares fernab der Familie – eine Zweisamkeit, die inmitten der Öffentlichkeit hergestellt wurde. Jene Freizeitaktivitäten der Arbeiterklasse, die allein schon aufgrund beengter Wohnverhältnisse eher das Tanzlokal aufsuchte, setzten sich sukzessive auch in der Mittelschicht durch. Dieses Aufbrechen starrer Klassen- und Geschlechtervorstellungen führte zu einer Demokratisierung auf dem Liebesmarkt. Gleichzeitig war das Rendezvous – sei es im Restaurant, in der Bar

oder im Autokino – unmittelbar mit der Warenwelt verbunden und somit Teil der
Konsumkultur:

> „Während (…) das romantische Zusammentreffen an den Rändern von Familie und
> Gesellschaft stattfand und damit weniger durch die Gesellschaft kontrolliert schien,
> integrierte diese Formel gleichsam durch die Hintertür das Paar gleichzeitig wie-
> der in die Gesellschaft, indem sie es in den anonymen und abstrakten Bereich des
> Warenaustauschs versetzte." (S. 88)

2.2 Versachlichung und Verdinglichung der romantischen Liebe

Die Romantisierung der Waren bildet nur einen Teil der Ökonomisierung der
Liebe. Die zweite Entwicklung lässt sich als zunehmende Versachlichung und
Verdinglichung von Gefühlen und Beziehungen beschreiben. Im Anschluss an
Émile Durkheims religionssoziologische Analyse, derzufolge das Sakrale im
Zuge der Säkularisierung nicht aus den Gesellschaften verschwunden, sondern
vielmehr auf andere soziale Bereiche ausgewichen sei, zeigt Illouz, wie die
Utopie der Liebe religiöse Formen annahm. Um aus dem profanen Alltag zu
entfliehen, streben die Subjekte der Moderne nach der außeralltäglichen Erfahrung, nach Abenteuer, Glück und Hedonismus. Anstelle der Religion wurde die
romantische Liebe „sakralisiert" (S. 34) und zum Ort dieser intensiven Erfahrung. Allerdings gelang dieser Prozess wesentlich durch ihre Einbindung in die
ökonomische Sphäre.

An dieser Stelle verknüpft Illouz ihre religionssoziologischen Überlegungen
mit kulturanthropologischen Erkenntnissen: In Bezug auf Turners Konzeption
des Rituals und dessen transformierende, liminale Schwellenphase *(rites de passage)*, führt Illouz aus, wie Liebespraktiken, etwa der Konsum von Luxusgütern,
der Restaurant-Besuch oder auch die Fernreise, liminale oder genauer liminoide
Phasen[4] beinhalten. Die durch spezifische Konsumakte erlebte, außeralltägliche
Erfahrung übersetzt sich auf diese Weise in romantische Empfindung der Konsu-
mierenden und verändert somit die Beziehung zwischen ihnen – etwa, wenn die
Verliebtheit durch das gemeinsam erfahrene Candlelight-Dinner entsteht. Allerdings sind eben jene rituellen Erfahrungen nicht losgelöst von marktvermittelten,
standardisierten und in diesem Sinne höchst profanen Konsumlogiken:

---

[4] Turner spricht in Bezug auf säkulare Gesellschaften von „liminoid" (S. 175), Illouz verwendet in ihrem Werk beide Begriffe.

„Der verlassene Strand ist ein liminaler Raum, der die Werte der Arbeitswelt umkehrt und die Ganzheitlichkeit eines voll entfalteten Individualismus feiert, gleichzeitig aber die Autovermietungen, die Einkaufsmeilen, die Cafés und Restaurants voraussetzt, die heute Teil der meisten Badeorte sind." (S. 125)

Ihre Bindung an standardisierte Konsumpraktiken macht eine Dimension ihrer Versachlichung aus. Eine zweite ergibt sich aus Illouz' Analyse autobiografischer Interviews. In den Narrationen der Interviewpartner*innen stellt sie eine Trennung zwischen der Liebe auf den ersten Blick' und der ‚realistischen Liebe' fest. Erstere wird dabei als kurzlebige Vernarrtheit dargestellt, die vor allem auf sexueller Anziehung beruhe, wohingegen die dauerhafte Liebesbeziehung durch einen langwierigen Entstehungsprozess gekennzeichnet sei und maßgeblich auf rationalen Entscheidungen basiere. Die narrative Trennung zwischen Sex und Liebe in der Rückschau der Interviewpartner*innen stellt einen Widerspruch zwischen fiktionalem, liminoidem Erleben und realem, rationalem Entscheiden her. Ersterem wird dabei in den Narrationen mit Distanz begegnet; die kurzlebige Affäre sei vor allem klischeebesetzt und unauthentisch, was zu einem Paradox führe:

„Obwohl die liminale Liebeserfahrung als wirkungsmächtigster semiotischer Rahmen aufgefasst wird und die am leichtesten zu verstehenden, zu erinnernden und wiederzufindenden Bedeutungen liefert – kurz: sich als wirkungsvollste und ‚realste' Bedeutung darstellt –, steht sie zugleich im Verdacht, die ‚unwirklichste' zu sein." (S. 224)

Während also die kurzweilige, intensive Affäre als Illusion konzipiert wird, erlangt die stabile Liebesbeziehung einen Status von Rationalität und Ernsthaftigkeit. Eingang finden bei Letzterer Alltagserfahrungen und -erkenntnisse, etwa, dass Liebe Zeit zur Entstehung brauche oder auch, dass Paare an ihrer Liebe ‚arbeiten' müssten. Sie versachlichen die romantische Liebe und schließen an einen therapeutischen Diskurs an, der an die Subjekte appelliert die „wahre Essenz der Liebe jenseits ihrer faden Erscheinungsformen zu enthüllen" (S. 225). Der Schlüssel dazu liege in der sprachlichen Kommunikation, die im Zentrum der Arbeit an der Liebe, etwa in Form von Konfliktbearbeitung, stehe und somit insbesondere in der postmodernen Mittelschicht zum elementaren Medium der Selbstoffenbarung und emotionalen Intimität geworden sei.

Beide Formen der Liebe – ob die hedonistisch-liminoide, aber unverbindliche Affäre oder die dauerhafte, stabile und ernsthafte Beziehung – erfüllen allerdings rationalisierte Zwecke sowie individualistische Bedürfnisse und laufen folglich dem fern jeglicher ökonomischen Logik verorteten Ideal der uneigennützigen, romantischen Liebe entgegen. Der Widerspruch zwischen beiden gleichsam verdinglichten Liebesformen, der als solcher Illouz zufolge unerkannt bleibt, löst dabei eine dilemmatische Struktur aus:

> „Das heutige romantische Ich zeichnet sich durch seinen fortwährenden, sisyphus-gleichen Versuch aus, die lokal begrenzte und flüchtige Intensität der Liebesaffäre innerhalb langfristiger, globaler Liebeserzählungen (wie etwa der Ehe) heraufzube-schwören, ein übergreifendes Narrativ dauerhafter Liebe mit der fragmentarischen Intensität der Affären zu versöhnen. Diese Aufspaltung des romantischen Ichs in unvereinbare Erzählstrukturen, das Einfügen eigenständiger, diskontinuierlicher Affä-ren in Narrative lebenslanger Liebe löst das kohärente, »heroische« Ich der Moderne in eine »Collage« konfligierender narrativer Ichs auf." (S. 219)

2.3 Ungleicher Zugang zur romantischen Liebe

Bereits in der Entstehung des Rendezvous (vgl. Abschn. 2.1) wird Illouz' ungleichheits- und vor allem klassensoziologische Perspektive deutlich: Das ‚Ausgehen' ist Praktiken der Arbeiterklasse entlehnt und sorgt in Abgrenzung zum viktorianischen ‚Vorsprechen' für eine Demokratisierung der Liebespraktiken ganz im Sinne des US-amerikanischen Traums. Die neuen Liebespraktiken basieren jedoch auf konsumkapitalistischen Logiken und führen somit zu einer lediglich modifizierten Klassenstruktur – ein ‚Rendezvous' kann sich schließ-lich nicht jede*r leisten. Neben die materiell-ökonomische Dimension, die in der Postmoderne als Kriterium der Partner*innenwahl geleugnet werde, treten weitere Ebenen symbolischer Abgrenzung, wie Illouz in ihrer klassensensiblen Analyse von Liebespraktiken in Anlehnung an Michèle Lamont und Pierre Bourdieu her-ausstellt. Dem „kommunikativen Habitus" (S. 261) komme dabei eine zentrale Rolle zu: Anhand ihres empirischen Materials verdeutlicht Illouz, dass ‚Kommu-nikation' nicht nur Ausdruck einer dem therapeutischen Diskurs entlehnten ratio-nalisierten Arbeit an Gefühlen und Beziehungen (vgl. Abschn. 2.2) sei, sondern zudem über die kulturelle Passung des Paares entscheide. Ob Paare ‚miteinander reden können', ergo über das gleiche Maß an „romantischer Kompetenz" (S. 273) verfügen, wird zum Entscheidungskriterium kultureller Kompatibilität. Anstelle eines individuellen Voluntarismus, wie kapitalistische, aber auch demokratische Ideale suggerieren, begründet sich die Partner*innenwahl vielmehr sozialstruktu-rell in den unterschiedlichen Prozessen der Grenzziehung. Dies erklärt schließlich die anhaltende Klassenendogamie in der Postmoderne.

Klassenspezifische Distinktionspraktiken zeigen sich nicht zuletzt auch in der distanziert-ironischen Haltung gegenüber sentimentalen, glamourösen und stereotypen Darstellungen von Liebesromantik (Stichwort: Kitsch), die der Studie zufolge ausschließlich Angehörige gebildeter Klassen einnehmen. Sie verorten ihre ‚authentischen' Gefühle jenseits kommerzieller Einflüsse und grenzen sich somit von der vermeintlichen Naivität der Arbeiterklasse ab. Dass sich die (ästhetischen) Vorstellungen von romantischer Liebe nicht nur qualitativ entlang der Klassengrenzen unterscheiden, sondern Liebesromantik auch quantitativ ungleich verteilt ist, zeigt Illouz anhand der Vielfalt romantischer Praktiken der oberen Mittelschicht: Insbesondere profane Aktivitäten im eigenen Zuhause, etwa das gemeinsame Kochen des Liebespaares oder der spontane Fernsehabend, können als Abgrenzung, ja Umkehrung eines intensiven, medienvermittelten Abenteuers gedeutet werden. Unter der Voraussetzung von frei verfügbarer Zeit – Freizeit – und kommunikativem Kapital, sind diese Momente aber auch viel leichter und häufiger erfahrbar. Nüchtern bilanziert Illouz schließlich:

> „Die Sphäre des Privatlebens und diejenige des Warenaustauschs verzahnen sich in der Arbeiterklasse und der Mittelschicht auf unterschiedliche Weise; Liebesromantik ist in unserer Gesellschaftsstruktur ziemlich ungleich verteilt; Liebe bietet nur denjenigen persönliche Freiheit, die ohnehin bereits über ein gewisses Maß an objektiver Freiheit am Arbeitsplatz verfügen." (S. 323)

3   Diskussion

Gerade die breite Aufmerksamkeit, die *Der Konsum der Romantik* international erfahren hat, untermauert seinen Charakter einer Gegenwartsdiagnose. Illouz' Analyse wurde nicht nur als ein Beitrag zur Soziologie der Liebe und zum Verständnis des Wandels der kapitalistischen Kultur rezipiert, sondern auch als Analyse unseres Alltagslebens, in dem die heutige Form der Liebe mit ständigen Akten des Konsums verbunden und zu einem „kühlen Hedonismus des Freizeitkonsums und der rationalisierten Suche nach dem geeignetsten Partner" (S. 316) geworden sei. Letzteres verfolgt die Autorin in ihren späteren Monographien (Illouz 2011, 2018a) weiter, kontrastiert genannte These im historischen Vergleich und aktualisiert sie auf materialer Grundlage mit Analysen zu kulturellen Praktiken im Rahmen von Online-Dating und -Partnerbörsen.

Illouz selbst führt den *Konsum der Romantik* als eine Soziologie der Liebe ein. Eine solche Perspektive, die Liebe als kulturelle, von spezifischen sozialen Bedingungen geformte Praxis versteht, bildete sich in der zweiten Hälfte des 20. Jahrhundert heraus. Mit der Untersuchung der Verschränkung von kapitalistischer Ökonomie und emotional intimer Sphäre steht Eva Illouz dabei in der Tradition gesellschaftstheoretischer Ansätze aus dem Kontext der Kritischen Theorie (vgl. u. a. Adorno 1951; Fromm 1956; Marcuse 1967).[5] Theodor W. Adorno beleuchtet in seinen *Minima Moralia* (Adorno 1951)[6] die Durchdringung der Sphäre der Liebe von Herrschaft und Tauschwert und kritisiert die Ideologie der Unmittelbarkeit des Gefühls, die, auch wenn sie eine Utopie der Transzendierung von Arbeit und Zwang berge, in der spätkapitalistischen Gesellschaft eine Nutzenmaximierung in emotionale Nahbeziehungen einführe und tauschförmige Verhältnisse hervorbringe.[7] Doch während die Liebe und der Ort, an dem sie vermutet wird – Familie und Paarbeziehungen – in Schriften der Kritischen Theorie nichtsdestotrotz immer wieder als der ,andere', utopische Hort der authentischen Begegnungen und Gefühle im Kapitalismus idealisiert wurden (Rumpf 1989) – von feministischen Autor*innen mit Blick auf ihnen zugrunde liegende Herrschafts- und Ausbeutungsmechanismen scharf kritisiert – wirft Illouz in ihrer historisch-empirischen Analyse letztlich einen nüchterneren Blick auf die Hervorbringung und Funktion romantischer Liebe und der Praktiken, die sie zum Ausdruck bringen sollen. Die Liebe bildet für sie keinen utopischen Horizont, von dem aus die sozialen Pathologien der kapitalistischen Gesellschaft kritisiert werden. Insofern ist ihre kultursoziologische Analyse nicht als eine klassische Entfremdungskritik zu verstehen, die einen (letzten) Ort der Zuflucht und der authentischen Gefühle vor Augen hat. Durchaus aber steht ihre Untersuchung im Geiste Max Webers Idee von Prozessen der „Entzauberung" in der kapitalistischen Gesellschaft sowie einer Ideologiekritik, die durch den distanzierten Blick der Soziologin gesellschaftliche Verschleierungsmechanismen aufzeigt – so

---

[5] Ein weiterer prominenter Ansatz, der einer solchen gesellschaftstheoretischen Perspektive auf Liebe zugerechnet werden kann, sind die entsprechenden thematischen Schriften Niklas Luhmanns (Luhmann 1982 und 2008). Andere soziologische Perspektiven sind etwa solche, die Liebe vor allem in und aus ihrem Interaktionskontext heraus analysieren (vgl. u. a. Berger und Kellner 1965) oder Liebe primär als Tausch betrachten (vgl. u. a. Collins 2014 [1985], Blau 2014 [1964] oder Kaufmann 1994). Zu dieser Systematisierung vgl. Kuchler und Beher (2014).

[6] Siehe die Aphorismen 10, 12, 107, 110.

[7] Zwei weitere Autorinnen, die dieser Analyseperspektive auf die Verschränkung von Ökonomie und Emotionen zugerechnet werden können, sind die Soziologinnen Viviane Zelizer (u. a. 2005) und Arlie Russel Hochschild (1983, 2003).

etwa die Tatsache, dass Akteur*innen den Konsumcharakter ihrer Liebespraktiken gewissermaßen notwendigerweise verkennen müssen, damit in diesen die Illusion der Außeralltäglichkeit und der Freiheit von ökonomischen Abhängigkeiten aufrechterhalten werden könne. Auch kritisiert sie die kalkulierende Haltung einer Konsument*innenrationalität, die sich in Liebespraktiken und Nahbeziehungen insbesondere in der Mittelschicht durchgesetzt habe. Durch ihre scharfe Analyse des Zusammenspiels von marktvermitteltem Zugang zu romantisierten Waren und Distinktionsmechanismen bildet diese als Verdinglichungskritik zu verstehende Diagnose Teil einer Klassenanalyse: In der spätkapitalistischen Gesellschaft stehe es nicht allen Mitgliedern in gleichem Maße offen, romantisch zu lieben. Allerdings, und dies gibt der Studie eine letzte Wendung, sind die Akteur*innen weniger verblendet über ihre eigene Lage und Praktiken, als der erste Teil der Studie vermuten lässt. Vielmehr bilde sich eine spezifische postmoderne *conditio* heraus, in der zu eigenen romantischen Episoden eine distanziert-ironische Haltung eingenommen werden kann und auf der anderen Seite eine Einsicht in die schwierige Aufgabe besteht, dauerhafte Bindungen durch „Selbsterkenntnis und unbeschränkter Kommunikation" (S. 318) Stabilität zu verleihen und in der Menschen zugleich *zu vielen* Werten verpflichtet seien. Die daraus entstehenden individuellen Krisen verbindet Illouz mit der Diagnose einer fundamentalen gesellschaftlichen Sinnkrise über die Bedeutung der Liebe.

Illouz' Analyse der „sozialen und kulturellen Kosten, die die Vermarktlichung der romantischen Liebe heute mit sich bringen" (Honneth 2007, S. 18), steht damit in der theoretischen Linie einer immanenten Kritik: Der normative Bezugspunkt einer solchen Kritik sind gesellschaftlich hervorgebrachte und durch soziale Kämpfe etablierte und institutionalisierte Werte und Normen – Forderungen nach Freiheit, Selbstverwirklichung und Gleichheit. Die Kritiker*in fragt nach deren Verwirklichung und den daraus entstandenen Widersprüchen und Erfahrungen von Leid: Die utopische Idee der Liebe steht genau für diese Werte – doch entspricht die gegenwärtige Form der Liebe diesen Werten (S. 320)? Sie kommt dabei zu ambivalenten Schlüssen: So räumt Illouz durchaus die Möglichkeit ein, dass in den Anstrengungen der Subjekte, das romantische Liebesversprechen umzusetzen, die Güter des Warentauschs Liebesbeziehungen auch stärken könnten und vertritt zudem die These, dass das neue, instrumentelle Vokabular von Bedürfnissen und Präferenzen die Gleichberechtigung von Frauen und egalitäre Beziehungen weiter vorantreibe (S. 318). Doch müssten die Auswirkungen auf Ungleichheits- und Machtverhältnisse systematisch und empirisch untersucht werden. Ihre Analyse des „Sieg[es] [der] Liebenden" (S. 319) nimmt dabei vor allem die Reproduktion von Klassengrenzen in den Blick.

In ihrem weiteren Werk verleiht Illouz den unterschiedlichen Spuren ihrer Gesellschaftskritik weitere Konturen. Während die Arbeiten zum „emotionalen Kapitalismus" und zur Verbindung eines therapeutischen und feministischen Diskurses die ideologiekritische Linie in ihrer Analyse der Widersprüche in der jüngeren Kultur des Kapitalismus weiter verfolgen, nehmen die späteren Schriften das menschliche Leiden an der Liebe zum Ausgangspunkt ihres gesellschaftskritischen Anliegens und konzentrieren sich dabei neben der Verdinglichungskritik insbesondere auf Muster der Ungleichheit zwischen den Geschlechtern. Die ambivalente und verhalten optimistische Perspektive des *Konsum der Romantik* wird dabei zunehmend pessimistischer, die feministische Haltung stärker. In ihren jüngsten Arbeiten radikalisiert Illouz die These der Ökonomisierung von Emotionen zur Überlegung, dass unsere Gefühle selbst zur Ware geworden seien; sie versucht zudem die Idee einer „post-normativen Kritik der emotionalen Authentizität" (Illouz 2018b, S. 268) zu entfalten, die insofern nicht mehr als immanente Kritik zu verstehen ist, als sie (in Folge von Michel Foucault und Bruno Latour) auf Ambivalenz und performative Strategien statt auf normative Bezüge setze (Honneth 2018, S. 10).

Neben vielen überragenden Besprechungen in Fachzeitschriften und Feuilletons trafen Illouz' gegenwartsdiagnostischen Schriften auch auf einige Kritik. Dabei wurde zum einen ihre empirische Arbeitsweise infrage gestellt, der eine willkürliche Anordnung von unterschiedlichen Sorten von Material – von populärkulturellen Bezügen, über Interviews, Literatur bis hin zu hinzugezogenen Aussagen von ‚Expert*innen' – mit wenig repräsentativer Aussagekraft bescheinigt wurde. Gerade die jüngeren Analysen einer veränderten Kultur der Paarbildungen richteten den Blick vor allem auf die akademische Mittelschicht (vgl. u. a. Namberger 2013); methodische und methodologische Reflexionen fehlten weitgehend, ferner vollziehe Illouz ausgehend von ihrem Interviewmaterial unzulässige Verallgemeinerungen (vgl. u. a. Burkart 2020). Auch ihre historische Arbeitsweise sei unpräzise. Kritisiert wurde zum anderen, dass Illouz sich im Wesentlichen auf heterosexuelle Liebe konzentriere, was der Pluralisierung der Lebensformen nicht gerecht werde und eine kaum zu übersehende Schwäche einer zeitgenössischen kritischen soziologischen Perspektive auf Liebe und Nahbeziehungen sei. Ferner erwecke gerade ihr methodisches Vorgehen, so die Kritik, den Anschein holzschnittartiger geschlechtsstereotyper Sozialcharaktere, weshalb ihre Analysen feministischen Anliegen entgegenliefen (vgl. u. a. Beschorner 2018).

Trotz dieser Kritiken haben *Der Konsum der Romantik* und die darauffolgenden Schriften, welche die darin angelegten Thesen weiter vertiefen, großen

Einfluss auf verschiedene fachliche und öffentliche Debatten gehabt und unterschiedliche Forschungsperspektiven befruchtet. Die Verwobenheit von Liebe und
Konsum und die Marktförmigkeit gegenwärtiger Praktiken der Liebe und Paarbildung insbesondere im Kontext des digitalen Wandels zu untersuchen, erweist
sich als produktives Forschungsfeld im Kontext kultursoziologischer Perspektiven (vgl. u. a. Bergström 2011; Hobbs et al. 2016). Der Wandel von – nicht
nur heterosexuellen – Paarbeziehungen und neue Konstellationen von Liebes-
und Fürsorgearrangements, die einen zentralen Forschungsfokus im Illouz'schen
Werk bilden, liegen im Kern geschlechter- und familiensoziologischer Fragen
(vgl. Bauman 2003; Burkart 2018; Wimbauer 2012). Dabei eine Klassen- oder
Milieuperspektive einzubeziehen, wie Illouz im *Konsum der Romantik* vorschlägt,
ist eine Forschungsperspektive, die immer noch (zu) wenig im Feld verankert ist
(vgl. u. a. Koppetsch und Burkart 1999; Koppetsch und Speck 2015). Die Frage
der Kommerzialisierung und Kommodifizierung von Gefühlen, die ebenfalls im
Zentrum ihrer Zeitdiagnose steht, ist zweifelsohne eine Perspektive, die zeitgleich
von anderen Autor*innen verfolgt wurde (vgl. u. a. Adamczak 2006; Boudry
et al. 2004; Hochschild 2003) und auch gegenwärtig Forschungsfragen antreibt
(vgl. u. a. Dröge und Voirol 2013; Govrin 2020). Dahinter stehen schließlich
zwei größere gesellschaftstheoretische Thesen, die Illouz in ihren gegenwartsdiagnostischen Schriften verfolgt und die seit Erscheinen der Studie an Aktualität
nicht eingebüßt haben: Die Widersprüche und Paradoxien des Kapitalismus (Honneth und Hartmann 2004) und die Ökonomisierung der Intimität fordern zu ganz
unterschiedlichen empirischen und theoretischen Analysen heraus.

Literatur

Adamczak, Bini. 2006. Theorie der polysexuellen Ökonomie. *Diskus* 55: 12–19.
Adorno, Theodor W. 1951. *Minima Moralia. Reflexionen aus dem beschädigten Leben.*
   Berlin: Suhrkamp.
Bauman, Zygmunt. 2003. *Liquid Love: On the Frailty of Human Bonds.* Cambridge: Polity.
Berger, P. L., und H. Kellner. 1965. Die Ehe und die Konstruktion der Wirklichkeit. Eine
   Abhandlung zur Mikrosoziologie des Wissens. *Soziale Welt* 16 (3): 220–235.
Bergström, Marie. 2011. Casual Dating Online. Sexual Norms and Practices on French Hete-
   rosexual Dating Sites. *ZfF – Zeitschrift für Familienforschung/Journal of Family Research*
   23 (3): 319–336.
Beschorner, Mathias. 2018. Eine „Kritik der Freiheit" in Sachen Liebe und Sexualität, die
   notwendig sei. Eva Illouz' neues Buch Warum Liebe endet. Soziologieblog Hypotheses.
   https://soziologieblog.hypotheses.org/12165. Zugegriffen: 18. Dezember 2020.

Blau, Peter M. 2014 [1964]. Exkurs über die Liebe. In *Soziologie der Liebe. Romantische Beziehungen in theoretischer Perspektive*, Hrgs. B. Kuchler und S. Beher, 242–257. Berlin: Suhrkamp.

Boudry, Pauline, B. Kuster, und R. Lorenz. 2004. *Reproduktionskonten fälschen! Heterosexualität, Arbeit & Zuhause*. Berlin: b_books.

Burkart, Günter. 2018. *Soziologie der Paarbeziehung. Eine Einführung*. Wiesbaden: Springer VS.

Burkart, Günter. 2020. Eva Illouz, Warum Liebe endet. Eine Soziologie negativer Beziehungen. *Soziologische Revue* 43 (1): 99–104.

Collins, Randall. 2014. [1985]. Liebe und Heiratsmarkt [Auszug]. In *Soziologie der Liebe. Romantische Beziehungen in theoretischer Perspektive*, Hrgs. B. Kuchler und S. Beher,64–67. Berlin: Suhrkamp.

Dröge, Kai, und O. Voirol. 2013. Prosumer der Gefühle. *Österreichische Zeitschrift für Soziologie* 38 (2): 185–202.

Fromm, Erich. 1956. *Die Kunst des Liebens*. Berlin: Ullstein.

Govrin, Jule. 2020. *Begehren und Ökonomie. Eine sozialphilosophische Studie*. Berlin/ Boston: De Gruyter.

Habermas, Jürgen. 1981. *Theorie des kommunikativen Handelns*. Frankfurt am Main: Suhrkamp.

Hobbs, M., S. Owen, und L. Gerber. 2016. Liquid love? Dating apps, sex, relationships and the digital transformation of intimacy. *Journal of Sociology* 53 (2): 271–284.

Hochschild, Arlie Russell. 1983. *Managed Heart. Commercialization of Human Feeling*. Berkley: University of California Press.

Hochschild, Arlie Russell. 2003. *The Commercialization of Intimate Life. Notes from Home and Work*. Berkeley: University of California Press.

Honneth, Axel. 2007. Vorwort. In *Der Konsum der Romantik. Liebe und die kulturellen Widersprüche des Kapitalismus*, Hrsg. llouz, Eva, 7–24. Frankfurt am Main: Suhrkamp.

Honneth, Axel. 2018. Vorwort. In *Wa(h)re Gefühle. Authentizität im Konsumkapitalismus*, llouz, Eva, 7–12. Berlin: Suhrkamp.

Honneth, A., und M. Hartmann. 2004. Paradoxien des Kapitalismus. Ein Untersuchungspro gramm. *Berliner Debatte Initial* 15 (1): 4–17.

Illouz, Eva. 2003. *Oprah Winfrey and the glamour of misery. An essay on popular culture*. New York: Columbia University Press.

Illouz, Eva. 2007a. *Der Konsum der Romantik. Liebe und die kulturellen Widersprüche des Kapitalismus*. Frankfurt am Main: Suhrkamp.

Illouz, Eva. 2007b. *Gefühle in Zeiten des Kapitalismus*. Frankfurt am Main: Suhrkamp.

Illouz, Eva. 2009. *Die Errettung der modernen Seele. Therapien, Gefühle und die Kultur der Selbsthilfe*. Frankfurt am Main: Suhrkamp.

Illouz, Eva. 2011. *Warum Liebe weh tut. Eine soziologische Erklärung*. Berlin: Suhrkamp.

Illouz, Eva. 2018a. *Warum Liebe endet. Eine Soziologie negativer Beziehungen*. Berlin: Suhrkamp.

Illouz, Eva. 2018b. Fazit: Auf dem Weg zu einer postnormativen Kritik der emotionalen Authentizität. In *Wa(h)re Gefühle. Authentizität im Konsumkapitalismus*. Berlin: Suhrkamp, 268–291.

Kaufmann, Jean-Claude. 1994. *Schmutzige Wäsche. Zur ehelichen Konstruktion von Alltag*. Konstanz: UVK-Verlag.

Koppetsch, Cornelia, und G. Burkart. 1999. *Die Illusion der Emanzipation. Zur Wirksamkeit latenter Geschlechtsnormen im Milieuvergleich.* Konstanz: UVK-Verlag.

Koppetsch, Cornelia, und S. Speck. 2015. *Wenn der Mann kein Ernährer mehr ist. Geschlechterkonflikte in Krisenzeiten.* Berlin: Suhrkamp.

Kuchler, Barbara, und S. Beher. 2014. Einleitung: Soziologische Theorien über die Liebe. In *Soziologie der Liebe. Romantische Beziehungen in theoretischer Perspektive.* Berlin: Suhrkamp, 7–54.

Luhmann, Niklas. 1982. *Liebe als Passion. Zur Codierung von Intimität.* Frankfurt am Main: Suhrkamp.

Luhmann, Niklas. 2008. *Liebe. Eine Übung.* Frankfurt am Main: Suhrkamp.

Marcuse, Herbert. 1967. *Der eindimensionale Mensch. Studien zur Ideologie der fortgeschrittenen Industriegesellschaft.* Neuwied: Luchterhand.

Namberger, Verena. 2013. Die soziologische Alternative zum Beziehungsratgeber. kritisch-lesen.de 29. https://kritisch-lesen.de/rezension/die-soziologische-alternative-zum-beziehungsratgeber. Zugegriffen: 18. Dezember 2020.

Rumpf, Mechthild. 1989. Ein Erbe der Aufklärung. Imaginationen des ‚Mütterlichen' in Max Horkheimers Schriften. *Feministische Studien* 7 (2): 55–68.

Weber, Max. 2002. *Wirtschaft und Gesellschaft. Grundriss der verstehenden Soziologie.* Tübingen: Mohr-Siebeck.

Wimbauer, Christine. 2012. *Wenn Arbeit Liebe ersetzt.* Zugl. Überarb. Fassung von: Berlin, Humboldt-Universität, Habilitations-Schrift, 2011. Frankfurt am Main/New York: Campus-Verlag.

Zelizer, Viviana, und A. Rotman. 2005. *The purchase of intimacy.* Princeton: Princeton University Press.

Die Rechtfertigung des Kapitalismus und die Kritik. *Der neue Geist des Kapitalismus* von Luc Boltanski und Ève Chiapello

Lisa Knoll

1 Einführung

„Der neue Geist des Kapitalismus" (im Folgenden NGK) ist ein umfangreiches Werk, das in der deutschen Übersetzung über 700 Seiten umfasst (Boltanski und Chiapello 2003)[1]. Es geht darin um die sich wandelnden legitimatorischen Grundlagen des Kapitalismus ganz im Sinne von Max Webers These zur protestantischen Ethik (Weber 1991). Wie Weber zu seiner Zeit fragen auch Boltanski und Chiapello, was die Menschen zu leidenschaftlichem Arbeitseinsatz im Kapitalismus antreibt. Sie suchen nach einer Erklärung für diesen Antrieb in den 1990er Jahren, dem erklärten Zeitalter des Neoliberalismus (Harvey 2005), welcher sich auch für andere Beobachter erstaunlich robust zeigt (Crouch 2011).

Luc Boltanski und Eve Chiapello sind Vertreter*innen der Soziologie der Kritik und der Konventionen (Diaz-Bone und Thévenot 2010). Sie gehören damit dem französischen Neopragmatismus an, der sich seit den 1980er Jahren in Auseinandersetzung mit der Soziologie Pierre Bourdieus in Frankreich entwickelt hat. Luc Boltanski war ein Schüler Pierre Bourdieus und hat in den 1980er Jahren gemeinsam mit anderen die *Groupe de sociologie politique et morale* an der EHESS in Paris gegründet (Bogusz 2010). Wichtige Figuren dieser Gruppe sind Alain Desrosières, dessen Arbeiten zur Geschichte der Statistik erst später im Zuge einer Revitalisierung der Soziologie der Quantifizierung eine breitere Würdigung finden (Chiapello 2013b; Didier 2016; Bruno et al. 2016) und Laurent

---

[1] Wenn nichts anders angegeben, beziehen sich Seitenzahlen im Folgenden auf diese Arbeit.

L. Knoll (✉)
Universität Paderborn, Paderborn, Deutschland
E-Mail: lisa.knoll@uni-paderborn.de

© Springer Fachmedien Wiesbaden GmbH, ein Teil von Springer Nature 2023
S. Farzin und H. Laux (Hrsg.), *Soziologische Gegenwartsdiagnosen 3*,
https://doi.org/10.1007/978-3-658-41328-6_4

Thévenot, mit dem Boltanski das Werk „Über die Rechtfertigung. Eine Soziologie der kritischen Urteilskraft" (Boltanski und Thévenot 2007) verfasst, und
damit die pragmatische Soziologie der Kritik begründet.

Der NGK entsteht aus dem Dissertationsprojekt von Eve Chiapello, welches
sie 1998 als überarbeitete Monographie *Artistes versus managers. La management
culturel face à la critique artiste* (Chiapello 1998) veröffentlicht. Hier entwickelt
sie die Unterscheidung zwischen Künstlerkritik und Sozialkritik, die eines der
zentralen Argumente des NGK bildet. Das Buch erscheint im französischen Original ein Jahr später (Boltanski und Chiapello 1999). Luc Boltanski erkennt in der
Arbeit Chiapellos zur Künstlerkritik die Möglichkeit der Weiterentwicklung der
Soziologie der Kritik, die ihn auch später noch in Soziologie und Sozialkritik –
einer Ansammlung der Frankfurter Adorno-Vorlesungen – umtreibt (Boltanski
2010). Jörg Potthast hat diese theoretische Entwicklung als einen Wandel von
einer Soziologie der Kritik zur Soziologie der ausbleibenden Kritik beschrieben (Potthast 2011). In der Monographie „Über die Rechtfertigung" (Boltanski
und Thévenot 2007) wird noch stärker die Kritikfähigkeit der Akteure betont,
in den späteren Arbeiten geht es dann häufiger auch darum, was die Kritikfähigkeit der Menschen verhindert, also die Pluralität von Gemeinwohlordnungen,
den kritischen Diskurs und die öffentliche Deliberation. Thévenot widmet sich
z. B. Fragen von Macht und Unterdrückung mit und durch gemeinwohlbegründende Konventionen (Thévenot 2011) und Boltanski den alternativen Regimen
der Liebe und der Gewalt und dem Regime der tautologischen Bestätigung, die
dem Regime der Kritik entgegenstehen (Boltanski 2010). In diesen Arbeiten finden sich auch relevante Antworten auf die Frage, wie Demokratien gefährdet
werden.[2]

Mit ihrem Begriff des Geistes des Kapitalismus wollen Boltanski und
Chiapello „den Gegensatz (…) überwinden zwischen Theorien nietzscheanisch-
marxistischer Prägung, die in der Gesellschaft nichts weiter sehen als Gewalt,
Machtverhältnisse, Ausbeutung und Herrschaft und Interessenskonflikte, und
Theorien, die sich eher auf die politischen Vertragsphilosophien beziehen und
dabei die Formen demokratischer Debatte und die Bedingungen sozialer Gerechtigkeit in den Vordergrund stellen" (S. 67). Es geht ihnen also darum, das Thema
der Ausbeutung und Unterdrückung mit den Grundbegriffen des Werks „Über
die Rechtfertigung" (Boltanski und Thévenot 2007) – Kritik, Rechtfertigung und
Prüfung (im NGK „Bewährungsprobe") – zu verbinden.

---

[2] Mir scheint z. B. die Gegenüberstellung des eher emotionalen Existenztests mit dem eher
rationalen Realitätstest bei Boltanski (2010) eine relevante Figur zur Klärung des Trumpis-
mus und der Sprachlosigkeit zu sein, die sich in der polarisierten Gesellschaft entfaltet.

Der neue Geist des Kapitalismus ist damit einer der Bausteine auf dem Weg zu einer Soziologie der ausbleibenden Kritik – oder vielleicht treffender: der Wirkungslosigkeit von Kritik. Der Kapitalismus erscheint hier als äußerst bewegliches und agiles Gebilde, das in der Lage ist, die Kritik für sich zu nutzen und so seine legitimatorischen Grundlagen immer wieder zu erneuern. Die Kritik ist damit auch die Grundlage für die Bereicherung (Boltanski und Esquerre 2019). Der Kapitalismus tritt hier wie eine asiatische Kampfsportlerin auf, die *mit* der Energie des Gegners und nicht gegen sie arbeitet.

2   Die Diagnose des Werks „Der neue Geist des Kapitalismus"

Im Folgenden wird das soziologische Argument zusammengetragen, das der neue Geist des Kapitalismus entfaltet. Zunächst geht es darum die Grundbegriffe zu klären, also die Rolle der Kapitalismuskritik (2.1), den Geist des Kapitalismus (2.2), und schließlich die Figur der Bewährungsprobe (2.3).

2.1   Die Rolle der Kapitalismuskritik

Ausgehend von der Beobachtung, dass sich der Kapitalismus als „bei weitem widerstandsfähiger erwiesen (hat), als seine Kritiker und an erster Stelle Karl Marx erwartet hatten" (S. 68), entwickeln Luc Boltanski und Eve Chiapello ihre Kernthese. Diese besteht darin, dass der Kapitalismus im Stande ist, sich zu transformieren, nicht *trotz* der Kritik, sondern *aufgrund* der Kritik, die ihm entgegengebracht wird. Die Kritik fungiert „als Motor für die Veränderungen des kapitalistischen Geistes" (S. 68). Der kapitalistische Geist bildet die Legitimationsgrundlage des Kapitalismus, die sich beständig in einem dynamischen Prozess aus Kritik und Rechtfertigung erneuert. Die Kritik ist es, die es dem Kapitalismus ermöglicht, seine Formen der Kapitalakkumulation an die neue Zeit anzupassen. Das gelingt ihm nur, weil ihn die Kritik zwingt, sich zu rechtfertigen und so eine eigene Allgemeinwohlbegründung zu artikulieren. Boltanski und Chiapello schreiben: die „Wirkungsform der Kritik besteht darin, dass sie sich dem kapitalistischen Prozess in den Weg stellt und dadurch dessen Fürsprecher zu einer Rechtfertigung mit allgemeinwohlorientierten Argumenten zwingt" (S. 69). Der Kapitalismus ist „auf seine Gegner angewiesen, auf diejenigen, die er gegen sich aufbringt und die sich ihm widersetzen, um die fehlende moralische Stütze zu finden und Gerechtigkeitsstrukturen in sich aufzunehmen, deren Relevanz er sonst nicht einmal erkennen würde" (S. 68). Nur über die Einverleibung der Kritik kann sich also ein Geist des Kapitalismus bilden, der die Formen der Arbeit und Kapitalakkumulation einer Zeit rechtfertigen kann.

Das Argument des NGK fußt auf der Unterscheidung zwischen Sozialkritik und Künstlerkritik (Chiapello 1998). Es wird argumentiert, dass der Kapitalismus in den 1990er Jahren im Stande ist, die Kapitalismuskritik der 1960er Jahre zurückzuweisen, indem er die Künstlerkritik ernst nimmt und aus ihren Versatzstücken einen neuen Geist des Kapitalismus formt: „die projektbasierte Polis" (S. 152 ff.). Die Sozialkritik, deren Ursache der Empörung vor allem die soziale Ungleichheit und die Macht der Klasse der Kapitalist*innen ist, verliert so an Relevanz. Ernst genommen wird hingegen die Künstlerkritik, die sich vor allem empört über die Uniformierung und die Gleichschaltung des Menschen im Zeitalter der Fordismus, der auf Massenkonsum und standardisierte Massenproduktion ausgerichtet ist.

In einer späteren Arbeit befasst sich Chiapello mit weiteren Kritikformen, die für die Umformung und Anpassung des Kapitalismus nach der globalen Finanzkrise 2007/08 ebenfalls relevant erscheinen: die konservative Kritik und die ökologische Kritik (Tab. 1).

Für ein Wiedererstarken der konservativen Kritik spricht z. B. die Reaktivierung der Philanthropie im derzeitigen „Philanthrokapitalismus" (McGoey 2012) und die Erfindung von wohlfahrtspolitischen Instrumenten, wie dem ‚Social Impact Bond' (Chiapello und Knoll 2020b) und allgemeiner dem Trend des ‚Social Finance' (Chiapello und Knoll 2020a). Hierbei geht es darum, dass sich Vermögende dafür einsetzen, soziale (und ökologische) Ziele zu erreichen und mit privatem Geld das Gemeinwohl zu vergrößern. Was sich hier abzeichnet ist eine Art finanzialisierter Sozialkatholizismus. Die konservative Kritik „is preoccupied with the social question", jedoch anders als die Sozialkritik bezogen auf die Frage moralischer Ordnung und nicht auf die Frage der Umverteilung (Chiapello 2013a, S. 69). „The disappearance of the nobility of duty and the old feudal, knightly spirit of loyalty characteristic of the *ancient régime*" gehören zum kritischen Repertoire der konservativen Kritik (Chiapello 2013a, S. 69), welches sich im Philanthrokapitalismus in modernerem Gewand zeigt.

2.2 Die projektbasierte Polis

Die Geister des Kapitalismus erneuern sich Boltanski und Chiapello zufolge immer wieder in Reaktion auf die Kritik, die sich in Auseinandersetzung mit den

Tab. 1 Formen der Kapitalismuskritik (Chiapello 2013a, S. 65, dt. Übersetzung LK)

	Konservative Kritik	Sozialkritik	Künstlerkritik	Ökologische Kritik
Ursache der Empörung	Armut/Unsicherheit, Sittenverfall, Zerstörung des gesellschaftlichen Zusammenhalts und der Ordnung, Klassenkampf	Armut/Ungleichheit, Lohnverhältnisse, Ausbeutung, Macht des Kapitals, Klassenherrschaft	Mediokrität, Dummheit, Uniformierung, Breitenorientierung, Kommerzialisierung, Konditionierung, Entfremdung	Zerstörung des Ökosystems, Vernichtung der Artenvielfalt und menschlicher Lebensräume
Zugrunde-liegende Werte	Menschenwürde, Abhängigkeit der Klassen voneinander, moralische Pflicht der Elite	Arbeit, Gleichheit (ökonomische und politische) als Voraussetzung wirklicher Freiheit	Selbstbestimmung (interne und externe), Geschmack und eine gebildete Existenz (Kunst, Philosophie, Wahrheit, etc.)	Würde aller Lebewesen, das Leben zukünftiger Generationen

bestehenden Strukturen den „Strukturen der Arbeitsorganisation und Gewinnerzielungsformen" (S. 70) einer Zeit formiert. Ein „Geist des Kapitalismus" muss
auf seine Art Sicherheit und Gerechtigkeit versprechen und „eine Quelle der
Begeisterung" (S. 54) sein. Der Geist des Kapitalismus der 1940er bis 1970er
Jahre basiert auf der standardisierten Massenproduktion, flankiert durch einen
starken Wohlfahrtsstaat und starke Gewerkschaften. Massenkonsum und Massenproduktion bedingen sich gegenseitig. Gerechtigkeit versprechen die inner-
betrieblichen Aufstiegs- und Karrieremöglichkeiten in Großunternehmen. Die
„Bewährungsproben" dieses Geistes sind organisiert über tarifvertragliche Klas-
sifikationstabellen, Arbeitnehmerverbände und die betriebliche Mitbestimmung
(S. 379).

Der Geist des Kapitalismus seit den 1980er Jahren ist ein anderer. Er
entwickelt sich unter den Bedingungen einer globalisierten Finanzwirtschaft,
neuen internetbasierten Medien und Kommunikationstechnologien, sowie einer
vernetzen Konzernstruktur und greift die Forderungen nach Authentizität und
Selbstverwirklichung der Künstlerkritik auf. Daraus formt sich die „projektbasierte Polis", die dem neuen Geist des Kapitalismus zugrunde liegt. Der Begriff
der Polis ist dem Werk „Über die Rechtfertigung" (Boltanski und Thévenot 2007)
entnommen und meint eine gemeinwohlbegründende Wertordnung oder Welt,
die für jeden Menschen und für jedes Ding Aufstiegsmöglichkeiten von einem
niedrigen zu einem höheren Status und damit Teilhabe entlang von Kriterien
ermöglicht. Sie liefert damit auch Rechtfertigungen dafür, weshalb Menschen
dort sind, wo sie sind: also unten oder oben in einer Gesellschaft, etwa, weil sie
illoyal (Welt des Hauses), ineffektiv (Welt der Industrie), langweilig (Welt der
Inspiration), schüchtern (Welt des Ruhmes) sind, sich im Tausch schlechter stellen (Welt des Marktes), oder nicht in der Lage sind, andere zu repräsentieren und
in ihrem Namen zu sprechen (Welt des Staatsbürgertums).

In Auseinandersetzung mit ihrem Material ergab sich für Boltanski und Chiapello ein „Deutungsüberschuss" (S. 63), der sie veranlasste, eine neue Welt
zu bestimmen: die projektbasierte Polis. Das Material bilden (wie auch schon
in „Über die Rechtfertigung") Managementtexte und Ratgeberliteratur. Verglichen werden Textkorpora aus den 1960er und den 1990er Jahren, die „sich
bei variierenden Bezeichnungen (Manager, Direktor, Chef, Unternehmensleitung
etc.) ausschließlich oder teilweise mit dem Thema ‚Führungspersonal' befassen"
(S. 95) – einem Thema, dem sich Boltanski auch schon in einer früheren Studie
gewidmet hat (Boltanski 1990). Dieses Material wurde „gemäß der Methode des
Idealtyps" darauf hin analysiert, was das „eigentlich Spezifische" (S. 150) dieser
Korpora ausmacht.

Wie kann man nun in der projektbasierten Polis der 1990er Jahre ‚groß‘ sein und wie vermeidet man es, ‚klein‘ zu sein?[3] Laut Boltanski und Chiapello besteht das wichtigste Erfolgskriterium darin, „Projekte ins Leben zu rufen oder sich den von anderen initiierten Projekten anzuschließen" (S. 156). „Wer das Netz nicht mehr nach neuen Projekten absucht, läuft Gefahr, ausgeschlossen zu werden" (S. 157). Dazu muss man an seiner eigenen „employability" (S. 157) arbeiten, die Zahl seiner Kontakte erhöhen und in der Lage sein zwischen nutzbringenden und weniger nutzbringenden Kontakten zu unterscheiden. Groß zu sein, bedeutet „die ergiebigen Informationsquellen ... aufzuspüren" (S. 159) und zu lernen seine Kontaktpersonen bewusst auszuwählen. Dazu muss man „seine Selbstdarstellung [...] kontrollieren und [...] modifizieren" (S. 160) und wissen, wann man besser schweigt oder mitreißende Vorschläge macht. Man darf sich auch Menschen in höheren Hierarchiepositionen nähern, wenn man weiß wie. Denn der Vorgesetzte ist eine „Integrationsfigur, ein Impulsgeber, ein Lebens- und Autonomiestifter, jemand, der anderen die Arbeit erleichtert und Energien bündelt" (S. 161). Außerdem sind „Mittler" und „Schnittstellen" wertvoll, die Menschen und Dinge unterschiedlicher Provenienz zusammenbringen und so grenzüberschreitend wirken (S. 162). Die internetbasierten Kommunikationstechnologien helfen dabei, indem sie als effiziente Adressverwaltungsinstrumente fungieren und eine schnelle und unbürokratische Kontaktaufnahme über Distanzen ermöglichen, die sich auch nicht von veralteten Hierarchieinstanzen (wie Vorzimmern) aufhalten lässt. Das Unternehmen dieser Polis ist durch eine „flache Hierarchie" und „projektförmige Organisation" gekennzeichnet. „Vorrang haben Leih- und Mietobjekte" und das „befristete Nutzungsrecht" (S. 207). Denn sowohl privat als auch beruflich (diese Unterscheidung ist nicht mehr relevant), gilt es flexibel und mobil zu sein. Besitz belastet. „Der Kontaktmensch besitzt sich selbst ... insofern er selbst das Produkt seiner eigenen Arbeit an sich selbst ist" (S. 208). Damit in Zusammenhang steht das Wachstum der „Selbstentfaltungsindustrie" und der Berufsgruppe der Coaches (S. 208).

Die projektbasierte Polis bildet also die Rechtfertigung für den Netzwerkkapitalismus, der den Menschen Flexibilität und Mobilität abverlangt. Aber er fungiert auch selbst als eine Kritik an ‚verkrusteten‘ Hierarchien oder an der ‚Trägheit‘ von Strukturen. Jeder Geist des Kapitalismus bejaht also bestimmte Gewinnerzielungsformen, schränkt dafür andere aber ein. Nicht jede Form der Kapitalakkumulation und Arbeitsorganisation ist unter einem bestimmten Geist

---

[3] Zur Erläuterung: ‚Groß‘ und ‚klein‘-sein bezieht sich auf die Theorie der ‚Economies de la grandeur‘ aus „Über die Rechtfertigung" (Boltanski und Thévenot 2007).

des Kapitalismus rechtfertigungsfähig. Diese Einschränkungen fassen Boltanski und Chiapello mit dem Begriff der Bewährungsprobe, die sowohl auf die Menschen und Dinge gerichtet ist, aber eben auch auf ‚den Kapitalismus' selbst.

2.3 Bewährungsproben und Kapitalismus

Der Kapitalismus wird bei Boltanski und Chiapello als amoralisches Kräfteverhältnis dechiffriert, als eine Art ungebändigtes Recht des Stärkeren. Sie schreiben: „Kräfte sind das, was sich ohne rechtliche oder vertragliche Normzwänge verschieben lässt und folglich auf die Bildung von Kategorien verzichtet" (S. 370). Diesen ungebremsten Kraftproben stehen kategoriale und institutionelle „Bewährungsproben" gegenüber, die das ungebändigte freie Spiel der Kräfte und der Ausbeutung einhegen.

Der Begriff der Bewährungsprobe wird zunächst bei Boltanski und Thévenot (2007) entwickelt. Hier wird die Pluralität verschiedener „Prüfungen" oder auch „Realitätstest" behauptet, die es erlauben Äquivalenz und Wertigkeit in der modernen Gesellschaft zu bestimmen – entlang von sechs gemeinwohlbegründenden Ordnungen oder Welten: der Ordnung des Marktes, der Industrie, des Hauses, des Staatbürgertums, des Ruhmes und der Inspiration. Im Verweis auf diese Ordnungen (oder Konventionen) lassen sich Dinge und Personen einordnen – in eine Rangfolge bringen und in große und kleine Wesen unterteilen („Economie de la grandeur"). Die unterschiedlichen Wertigkeitshierarchien garantieren Gerechtigkeit, denn sie erlauben den Aufstieg vom kleinen zum großen Wesen, indem sie Kriterien der Bewährung für diesen Aufstieg bereitstellen.

Institutionalisierte Bewährungsproben sind z. B. politische Wahlen, Schulprüfungen, Sportwettkämpfe oder paritätische Verhandlungen zwischen den Sozialpartnern (Boltanski und Chiapello 2003, S. 366). Bewährungsproben legen „nachprüfbare Beweise" vor, „mit denen sich die erhobenen Anschuldigungen" der Kapitalismuskritik „entkräften lassen" (S. 66). Bewährungsproben werden auch von Wirtschaftswissenschaftler*innen entwickelt, die darüber befinden, wie gerechte Märkte auszugestalten sind (S. 48, 66). Die Institutionalisierung von Bewährungsproben ist kostspielig und aufwendig. Aufgrund der eingeschränkten Pluralität der Situation gewinnt man jedoch auch einen Koordinationsvorteil:

„Gegenüber den alltäglichen Streitfällen haben diese durchformalisierten Bewährungsproben Vorteile, aber auch Kosten. Die Zahl der Einheiten, die unbestimmt bleiben, ist gering, und die Akteure sind gezwungen, sich auf die Zielsetzungen zu einigen und die Kriterien zu bestimmen, nach denen diese Einheiten bewertet werden können.

Dadurch ist es leichter Gewalt abzuwenden, Streitfälle zu lösen und neuerliches Einvernehmen zu erzielen. Es entstehen allerdings auch Kosten, weil die Menschen ihre Streitmotive offen legen und begrenzen müssen. Außerdem wird von ihnen erwartet, dass sie dafür ihre Ambivalenz, Ungebundenheit und Wandelbarkeit aufgeben und das Veränderliche für das Unveränderliche opfern, das durch die Kategorienbildung stabilisiert wird" (S. 366).

Institutionalisierte Bewährungsproben können in die Krise geraten, wenn sich die Kräfteverhältnisse verschieben und Gesetzeslücken ausgenutzt werden: „Jede Verschiebung, die eine institutionalisierte Bewährungsprobe umgehen oder sich unter Einsatz nicht autorisierter Ressourcen durchsetzen will, verwandelt eine Wertigkeitsprüfung in eine Kraftprobe" (S. 369). Kraftproben verzichten auf Kategorienbildung und damit auf Äquivalenz und eine gerechtigkeitsbegründende Ordnung. So ist z. B. auch die Marktform auf Kategorienbildung und Äquivalenzerstellung angewiesen. Marktteilnehmer*innen und Güter müssen zunächst als solche in Form gebracht werden, um in der Marktform zu bestehen. Märkte müssen als Wettbewerbsarenen erschaffen werden und existieren nicht einfach, wenn sich niemand um ihre Formierung kümmert. Anders Kraftproben: Sie werden nicht dem aufwendigen Prozess der Verallgemeinerung der Prinzipienhaftigkeit unterzogen. Genau daraus ziehen sie ihre Stärke. Sie überrumpeln sozusagen die institutionalisierte Bewährungsprobe. So kann dann ein Verfallsprozess der Bewährungsprobe einsetzen:

„Mit dem Wegfall der Wertigkeitsstufen gibt es nur noch Starke und Schwache, d.h. Gewinner und Verlierer einer Reihe an versteckten, ungenau bestimmten, locker kontrollierten und wenig stabilen Bewährungsproben" (S. 368).

Bei Boltanski und Chiapello setzt dann ein nachgelagerter Reparaturprozess ein, der durch die Kritik angetrieben wird. Die Kritik enthüllt „die Heuchelei moralischer Ansprüche, die die realen Kräfteverhältnisse, die Wirklichkeit von Ausbeutung und Herrschaft verschleiern" (S. 69). Hier ist also die Kritik der Motor des Wandels, der die Bewährungsproben einer Gesellschaft immer wieder erneuert und dafür sorgt, dass die Möglichkeiten der Gewinnmaximierung und Ausbeutung auf spezifische Weise eingeschränkt, aber eben auch auf spezifische Weise legitimiert werden. Das „eigentliche Akkumulationsprinzip oder die Profitzwänge" (S. 70) bleiben bestehen und werden immer wieder anders und nur teilweise durch den jeweiligen Geist des Kapitalismus einer Epoche eingeschränkt. Dies auch deshalb, weil es der Kritik immer wieder auch schwerfällt, die Gründe für die Ungerechtigkeit zu artikulieren. Denn es gelingt dem Kapitalismus „Verwirrung" zu stiften, sodass „er schwerer durchschaubar wird" (S. 70).

Über die Zeit kommt der Kapitalismus jedoch nicht umhin, sich zu erneuern und
der Kritik zu stellen.

3   Soziologie gegen den Fatalismus?

Der Titel des Postskriptums des NGK lautet „Soziologie gegen Fatalismus"
(S. 567). Es geht dem Autorenpaar darum, die Kritik zu stärken und der Machtlosigkeit der Kritik seit den 1980er Jahren etwas entgegenzustellen, die es schwer
hat in Zeiten, in denen die Kollektive (Kirchen, Gewerkschaften, Vereine, etc.)
verschwinden und der Individualismus regiert. Nun haben Boltanski und Chiapello auf mehreren hundert Seiten dargelegt, wie die Künstlerkritik, die das
authentische Leben und die Selbstverwirklichung einfordert, zu einer Rechtfertigung des Kapitalismus werden konnte, die (ungewollt) einer Zunahme an
Ausbeutung und sozialer Ungleichheit Vorschub leistet. Es kann nun Boltanski
und Chiapello trotzdem nicht darum gehen, „die Künstlerkritik […] unter dem
Vorwand ihrer Verirrung – insofern sie in den letzten zwanzig Jahren dem Kapitalismus in die Hände gespielt habe – und angesichts der Dringlichkeit des sozialen
Kampfes zu Grabe" zu tragen. Sie schreiben:

> „Die Themen der Künstlerkritik sind ebenso grundlegend wie aktuell. Sie bietet die
> besten Aussichten, sich einer Welt wirksam entgegenzustellen, in der alles in kürzes-
> ter Zeit in eine Handelsware verwandelt werden kann […] und in der die Menschen
> […] einer steten Veränderungsanforderung unterworfen werden und in der ihnen
> durch diese Art organisierter Unsicherheit das, was die Fortdauer ihres Ichs garantiert,
> abhanden kommt" (S. 575).

Gelingen kann dies, Boltanski und Chiapello zufolge nur, wenn die Künstlerkritik „das Band durchtrennt, das bisher Emanzipation und Mobilität miteinander
verknüpft" (S. 575). Das konvivialistische Manifest, welches französische Sozi-
alwissenschaftler*innen gemeinsam zur Stärkung der Kritik verfasst haben, und
an dem Boltanski und Chiapello ebenfalls mitgewirkt haben, fordert ganz ähnlich
eine „neue Kunst des Zusammenlebens", die die Verbindung von Individualität
und Kollektivität erlaubt (Adloff und Leggewie 2014) und sich damit querstellt zu
der dominanten Erfahrung des 20. Jahrhunderts, der Opposition kapitalistischer
Markt- oder sozialistischer Planwirtschaft zwischen denen man sich entscheiden
muss.

Auch wenn Boltanski und Chiapello nachgewiesen haben, dass der Kapitalismus ein agiles Gefüge ist, das in der Lage ist, Elemente der Kritik in die eigenen

Strukturen einzuweben, und so das eigene Fortbestehen zu sichern, soll uns dieser Nachweis nicht in ein Gefühl der Machtlosigkeit und des Ausgeliefertseins stürzen. Der Vorschlag, den Boltanski und Chiapello an die Kritiker*innen des Kapitalismus haben, lautet pragmatisch zu sein. Sie leiten aus ihrem theoretischen Pragmatismus also auch Handlungsempfehlungen für die Praxis der Kritik ab. Ihrer Ansicht nach ist es

> „unnütz, nach einer einzigen oder auch nur einer geringen Anzahl von Lösungen zu suchen, all jenen zum Trotz, die gerne mit ein oder zwei eingängigen Ideen in den Kampf ziehen würden. Es wäre sicherlich effizienter, mehrere Veränderungen gleichzeitig anzuregen, auch wenn sie von einem erhaben-abstrakten Standpunkt aus betrachtet nur eine schwache Wirkung entfalten würden" (Boltanski und Chiapello 2003, S. 572).

Letztlich bedeutet dies an verschiedenen Stellen Umverteilungsinstrumente zu installieren, ohne dabei in konzeptionelle Grundlagenkämpfe zu verfallen, die wir derzeit z. B. zwischen den Verfechter*innen eines bedingungslosen Grundeinkommens und den Verfechter*innen einer gewerkschaftlichen Lohn- und Arbeitsmarktpolitik erleben. Am Ende muss es darum gehen, genauso beweglich und flexibel zu sein, wie der Kapitalismus selbst, wenn es gelingen soll, Kraftproben auszuhebeln und neue Bewährungsproben zu installieren, die an der fortschreitenden Ungleichheit und Ausbeutung im Kapitalismus etwas ändern.

Literatur

Adloff, F., und C. Leggewie, Hrsg. 2014. *Das konvivialistische Manifest. Für eine neue Kunst des Zusammenlebens.* Bielefeld: transcript.
Bogusz, Tanja. 2010. *Zur Aktualität von Luc Boltanski. Einleitung in sein Werk.* Wiesbaden: Springer VS.
Boltanski, Luc. 2010. *Soziologie und Sozialkritik – Frankfurter Adorno-Vorlesungen 2008.* Frankfurt/M.: Suhrkamp.
Boltanski, Luc, und Eve Chiapello. 1999. Le nouvel esprit du capitalisme. Paris: Gallimard.
Boltanski, Luc, und E. Chiapello. 2003. *Der neue Geist des Kapitalismus.* Konstanz: UVK.
Boltanski, Luc und A. Esquerre. 2019. *Bereicherung – Eine Kritik der Ware.* Berlin: Suhrkamp.
Boltanski, Luc und L. Thévenot. 2007. *Über die Rechtfertigung. Eine Soziologie der kritischen Urteilskraft.* Hamburg: Hamburger Edition.
Bruno, I., F. Jany-Catrice, B. Touchelay, Hrsg. 2016. *The Social Sciences of Quantification From Politics of Large Numbers to Target-Driven Policies.* Cham: Springer.

Chiapello, Eve. 2013a. Capitalism and Its Criticism. In *New spirits of capitalism? Crisis, justifications, and dynamics*, Hrsg. P. Du Gay, G. Morgan, 60–81. Oxford: Oxford University Press.

Chiapello, Eve. 2013b. Hommage à Alain Desrosières. *Revue Française de Socio-Économie 1 (11):* 5–7.

Chiapello, E., und L. Knoll, Hrsg. 2020a. Special Issue: Social Finance, Impact Investing, and the Financialization of the Public Interest. *Historical Social Research* 45 (3).

Chiapello, Eve, und L. Knoll 2020b. The Welfare Conventions Approach: A Comparative Perspective on Social Impact Bonds. In *Journal of Comparative Policy Analysis: Research and Practice* 22 (2): 100–115.

Chiapello, Eve. 1998. *Artistes versus managers: Le Management culturel*. Paris: Métailié.

Crouch, Colin. 2011. Das befremdliche Überleben des Neoliberalismus. Frankfurt a. M.: Suhrkamp.

Diaz-Bone, Rainer, und Laurent Thévenot. 2010. Die Soziologie der Konventionen. Die Theorie der Konventionen als ein zentraler Bestandteil der neuen französischen Sozialwissenschaften. *Trivium* 5, https://doi.org/10.4000/trivium.3557.

Didier, E. 2016. Alain Desrosières and the Parisian Flock. Social Studies of Quantification in France since the 1970s. *Historical Social Research* 41, 27–47.

Harvey, David. 2005. A Brief History of Neoliberalism. Oxford: Oxford Academic.

McGoey, Linsey. 2012. Philanthrocapitalism and Its Critics. In *Poetics* 40 (2): 185–199.

Potthast, Jörg. 2011. Soziologie der ausbleibenden Kritik. In *Mittelweg* 36 (2): 32–50.

Thévenot, L. 2011. Power and Oppression from the Perspective of the Sociology of Engagements: A Comparison with Bourdieu's and Dewey's Critical Approaches to Practical Activities. *Irish Journal of Sociology*, 19(1), 35–67.

Weber, Max. 1991. Die protestantische Ethik. Bd. 1: Eine Aufsatzsammlung. 8. Aufl. Gütersloh: Mohn.

Verlust des sozialen Bandes? *Bowling Alone* von Robert D. Putnam

Patrick Sachweh

1 Einführung

Das zuerst im Jahr 2000 erschienene Buch „Bowling Alone" des US-amerikanischen Politikwissenschaftlers Robert D. Putnam – im Jahr 2020 nochmals als Jubiläumsausgabe publiziert – gehört zu den einflussreichsten und meistzitierten sozialwissenschaftlichen Werken der letzten beiden Dekaden. In der Datenbank Google Scholar sind insgesamt 70.240 Zitationen erfasst. Dies ist eine beachtliche Größenordnung, wie der Vergleich mit thematisch verwandten und ebenso einflussreichen Werken der Politische-Kultur-Forschung zeigt. So weist Ronald Ingleharts Buch „Silent Revolution" (2015 [1977]) bei Google Scholar 12.653 Zitationen auf, und Almond und Verbas Klassiker „The Civic Culture" (1963) wurde 21.554 mal zitiert (alle Zahlen Stand März 2021). Nun ist die schiere Zahl an Zitationen für sich genommen noch kein Indikator für die Qualität und inhaltliche Prägekraft eines Werkes – sie könnte schließlich auch für zahlreich vorgebrachten Widerspruch stehen. Dennoch bilden Zitationen die allgemeine Resonanz ab, die ein Buch innerhalb der wissenschaftlichen Gemeinschaft findet. Im Falle Putnams geht die Wirkung zudem über den wissenschaftlichen Diskurs hinaus, da „Bowling Alone" auch eine breite Rezeption in der nicht-akademischen Öffentlichkeit fand.

Dem Buch gingen zwei Artikel voraus, die Putnam Mitte der 1990er Jahre veröffentlichte und in denen die Kernthese des Werks vom Niedergang sozialer Bindungen – oder, wie Putnam formuliert: des „sozialen Kapitals" – in der US-amerikanischen Gesellschaft erstmals entfaltet wurde (Putnam 1995a, b).

P. Sachweh (✉)
Universität Bremen – SOCIUM, Bremen, Deutschland
E-Mail: sachweh@uni-bremen.de

© Springer Fachmedien Wiesbaden GmbH, ein Teil von Springer Nature 2023   43
S. Farzin und H. Laux (Hrsg.), *Soziologische Gegenwartsdiagnosen 3*,
https://doi.org/10.1007/978-3-658-41328-6_5

Thematisch liegt es auf einer Linie mit seiner vorherigen Forschung zur Rolle von Sozialkapital für die Demokratie, die mit der bereits 1993 veröffentlichten Studie „Making Democracy Work" große fachliche Beachtung fand. Darin stellte Putnam fest, dass die nach einer Föderalismusreform fortbestehenden markanten Unterschiede in der Performanz der regionalen Regierungen Italiens auf Unterschiede im Sozialkapital der jeweiligen Regionen zurückzuführen seien. Dieses soziale Kapital wird aus den sozialen Netzwerken der Menschen untereinander sowie den darin stabilisierten Normen und dem interpersonalen Vertrauen gebildet. Diese drei Merkmale sozialen Kapitals helfen bei der Lösung und Überwindung von Problemen kollektiven Handelns und erhöhen so die effiziente Funktionsweise gesellschaftlicher Institutionen (vgl. Putnam 1993, S. 167). Putnam bewegt sich mit dieser Sichtweise in der Tradition von Alexis de Tocqueville (1986 [1835]), der in Vereinen und zivilgesellschaftlichen Assoziationen eine „Schule der Demokratie" erblickt, in denen die Menschen – gleichsam als Nebenprodukt – wichtige Fertigkeiten und Kompetenzen für die Partizipation in demokratischen Gemeinwesen erlernen würden.

Während diese frühere Studie wichtige Impulse für die Sozialkapital-Forschung lieferte und primär in die wissenschaftliche Debatte hineinwirkte, formuliert „Bowling Alone" darüber hinaus eine prägnante Gegenwartsdiagnose zum sozialen Wandel der US-amerikanischen Gesellschaft von der Nachkriegszeit bis zu den 1990er Jahren, was zu seiner breiten öffentlichen Rezeption beigetragen haben dürfte. Zudem steht Putnams Buch im Kontext einer zeitgenössischen Debatte um den Kommunitarismus, eine philosophische Strömung, welche die Rolle von Gemeinschaft und gemeinschaftlich geteilten Wertorientierungen für demokratische Gemeinwesen betont hat (Honneth 1993).

2   Diagnose

In „Bowling Alone" konstatiert Robert Putnam einen weitreichenden Verlust an sozialen Bindungen und Gemeinschaft in der Gesellschaft der USA seit den 1970er Jahren. Dieser manifestiert sich laut Putnam empirisch insbesondere in einem Rückgang der Mitgliedschaft in zivilgesellschaftlichen Vereinigungen und Assoziationen. Die titelgebende Kernthese seiner Diagnose hat er schon 1995 in einem Aufsatz pointiert formuliert: „[M]ore Americans are bowling today than ever before, but bowling in organized leagues has plummeted in the last decade or so. Between 1980 and 1993 the total number of bowlers in America increased by

10 %, while league bowling decreased by 40 %. [...] The broader social significance lies in the social interaction and even occasionally civic conversations over beer and pizza that solo bowlers forgo" (Putnam 1995a, S. 70).

Putnams Feststellung lautet also: Obwohl die US-Amerikaner zu Beginn der 1990er Jahre in größerer Zahl als zuvor zum Bowling gehen, tun sie dies immer seltener im Rahmen einer Mitgliedschaft in einem Bowling-Verein, sondern immer häufiger allein. Diese Entwicklung ist deshalb sozial folgenreich und von gesellschaftlicher Relevanz, weil die Mitgliedschaft in Vereinen und zivilgesellschaftlichen Assoziationen mit Konsequenzen sowohl für die betroffenen Individuen als auch für die Gesellschaft als Ganze verbunden sind. So können die Beziehungen, die man etwa im Rahmen der Mitgliedschaft im lokalen Tennisclub unterhält, dem einzelnen Mitglied als Informationsquelle über interessante neue Jobangebote oder zur Anbahnung von Geschäftsbeziehungen dienen – sie fungieren in diesem Fall als das sprichwörtliche „Vitamin B", als das etwa Pierre Bourdieu soziales Kapital primär betrachtet (Bourdieu 1983). Darüber hinaus können sich auch kollektive Effekte für das gesellschaftliche Gemeinwesen als Ganzes ergeben, etwa wenn die Mitglieder des Tennisclubs einmal im Jahr eine Wohltätigkeitsveranstaltung organisieren, deren Erlös beispielsweise an ein Jugendzentrum in einem benachteiligten Stadtteil gespendet wird. Die Mitgliedschaft in Vereinen und zivilgesellschaftlichen Assoziationen ist also – im besten Falle – mit positiven Externalitäten verbunden und bildet somit gleichermaßen ein privates und öffentliches Gut (Putnam 2020, S. 20)[1]. Sozialkapital fungiert als eine Art gesellschaftliches „Schmiermittel" (S. 23), das die soziale Interaktion der Gesellschaftsmitglieder erleichtert, indem es das Vertrauen in die Mitmenschen stärkt, Normen der Gegenseitigkeit festigt und so die „Transaktionskosten" zwischen Interaktionspartnern reduziert.

Für die USA konstatiert Putnam nun einen Rückgang des Sozialkapitals auf breiter Front, mit Folgen für das demokratische Gemeinwesen: So hat sich nicht nur die Beteiligung an Wahlen von einem Höhepunkt in den 1960er Jahren bis in die 1990er Jahre hinein um ein Viertel reduziert (S. 32), auch andere Formen politischer Partizipation, wie die Mitarbeit in Parteien, die Beteiligung an Kundgebungen oder das Schreiben eines Leserbriefs sind in ihrer Häufigkeit zurückgegangen. Damit einher geht ein Rückgang der Mitgliedschaft in einer ganzen Reihe von Vereinen und zivilgesellschaftlichen Assoziationen, von Elternbeiräten in Schulen („Parent-Teacher-Associations") über Gewerkschaften, Kirchen, Religionsgemeinschaften, den Pfadfindern, dem Roten Kreuz bis hin zu informellen sozialen Beziehungen zu Nachbarn und Bekannten. Putnam

---

[1] Wenn nichts anders angegeben, beziehen sich Seitenzahlen im Folgenden auf diese Arbeit.

zeichnet den Rückgang der Aktivitäten in diesen Bereichen in insgesamt sechs Kapiteln auf einer breiten Basis empirischer Daten über lange Zeiträume nach, wobei eine Kombination unterschiedlichster Datenquellen sowie die Betrachtung unterschiedlich langer Zeiträume – von 1950er bzw. 1970er Jahren bis in die 1990er Jahre – unausweichlich ist. Neben objektiven Daten zu Mitgliedschaft in zivilgesellschaftlichen Assoziationen und der Beteiligung an entsprechenden Aktivitäten – der strukturellen Komponente sozialen Kapitals – betrachtet Putnam auch gemeinschaftsbezogene Einstellungen und Werthaltungen, besonders generalisiertes Vertrauen und Reziprozitätsnormen, die – als subjektive Komponente sozialen Kapitals – in dichten Netzwerken verankert sind und die Herausbildung und Stabilität selbiger wiederum befördern. Auch hier zeigt sich ein Rückgang des generalisierten Vertrauens in die Mitmenschen von den 1960er bis zu den 1990er Jahren (S. 140 f.). Zudem stützt sich Putnam hier nicht nur auf Einstellungsdaten, sondern berücksichtig auch Formen abweichenden Verhaltens als Indikator für einen Rückgang an Ehrlichkeit und Bürgertugenden, von der Missachtung von Stoppschilden bis zu Verbrechensraten (S. 143–145).

Was sind die Gründe für diesen Niedergang an sozialem Kapital? Putnam berücksichtigt eine ganze Reihe möglicher Erklärungsfaktoren. Dies sind zum einen ökonomische Gründe, wie finanzieller Druck, der wachsende Zeitumfang der Erwerbsarbeit, daraus resultierende Zeitnöte und der Anstieg der Frauenerwerbstätigkeit. Diese Faktoren erklären einen (moderaten) Teil des Rückgangs an sozialem Kapital. Da die Pflege und Aufrechterhaltung sozialer und zivilgesellschaftlicher Aktivitäten insbesondere von Frauen vorgenommen wurde, spielt dies eine Rolle – doch, so Putnam (S. 203), „neither time pressures nor financial distress nor the movement of women into the paid labor force is *the* primary cause of civic disengagement [...]". Ökonomische Faktoren sind somit nicht der Hauptgrund, da ein Rückgang zivilgesellschaftlicher Aktivität ebenso unter Männern, Verheirateten wie Unverheirateten, Armen und Reichen sowie Beschäftigen und Arbeitslosen zu verzeichnen ist. Zum anderen prüft Putnam, inwiefern demographische Veränderungen – der Anstieg residentieller Mobilität und die damit verbundene Auflösung von sozialen Beziehungen am ursprünglichen Wohnort, die Zunahme von Pendlern in die Metropolen, steigende Scheidungsraten – für den Rückgang an sozialen Bindungen verantwortlich sein könnte. Doch auch diese Faktoren erklären nur einen kleinen Teil des Gemeinschaftsverlusts.

Einen weiteren – und schließlich bedeutsameren – Grund für das Verschwinden des sozialen Kapitals erblickt Putnam im technologischen Wandel und einer damit verbundenen Veränderung des Freizeitverhaltens. Insbesondere die rapide Ausbreitung des Fernsehens in amerikanischen Privathaushalten, von denen 1950 nur 10 %, 1959 aber 90 % ein Fernsehgerät besaßen, spiele eine wesentliche Rolle für den Rückgang gemeinschaftlicher Bindungen. Über die Zeit hat der tägliche Fernsehkonsum über alle Altersgruppen kontinuierlich zugenommen, sodass die US-Bürger*innen Mitte der 1990er Jahre im Durchschnitt vier Stunden pro Tag fernsahen (S. 222). Diese Zunahme im Fernsehkonsum geht mit einer Privatisierung und Individualisierung der Freizeitaktivitäten einher, die sich zunehmend auf den häuslichen Kontext konzentrieren. Damit verringert sich nicht nur die Zeit, die für zivilgesellschaftliches Engagement aufgewendet werden könnte, sondern auch die entsprechenden Gelegenheitsstrukturen. Putnam (S. 228) konstatiert: „More television watching means less of virtually every form of civic participation and social involvement." Auch wenn die Kausalität hier nicht eindeutig und leicht zu etablieren ist – es könnte schließlich auch sein, dass sozial isolierte Personen von vornherein zu einem höheren Fernsehkonsum neigen – spricht die Summe der von Putnam vorgebrachten empirischen Belege ihm zufolge für eine ursächliche Wirkung des Fernsehens.

> „TV watching comes at the expense of nearly every social activity outside the home, especially social gatherings and informal conversations. The main casualties of increased TV viewing, according to time diaries, are religious participation, social visiting, shopping, parties, sports, and organizational participation" (S. 237).

Hinzu kommt ein weiterer Faktor, der mit dem technologischen Wandel im Verbund wirkt: ein Wandel zwischen den Generationen. Diese betrifft insbesondere die „long civic generation" der zwischen 1910 und 1940 Geborenen (Putnam 1995b, S. 674) und die zwischen 1950 und 1965 geborenen Baby-Boomer, die Putnam als „post-civic generation" bezeichnet (Putnam 1995b, S. 676). Die „long civic generation" sei „substantially more engaged in community affairs and more trusting than those younger than they" (S. 254). Solange zahlenmäßig bedeutsame Anteile dieser zivilgesellschaftlich aktiven Generation das politische Leben mitprägten, was etwa bis in die 1960er Jahre anhielt, ist kein drastischer Rückgang an sozialem Kapital und zivilgesellschaftlichem Engagement sichtbar. Je mehr aber die nach dem Zweiten Weltkrieg geborenen – und unter dem Einfluss des Fernsehens sozialisierten – Kohorten auch quantitativ an Bedeutung gewannen, umso stärker ging das soziale Kapital zurück. „In short", resümiert Putnam (S. 255), „the decades that have seen a national deterioration in social capital are the very decades during which the numerical dominance of an exceptionally civic generation was replaced by the dominion of ‚postcivic' cohorts."

Putnam beschäftigt sich in seinem Buch auch mit den – überwiegend negativen – Folgen eines geringen Niveaus an Sozialkapital für Bildung, Gesundheit, Nachbarschaften und Demokratie und benennt verschiedene Lösungsansätze, wie dem Niedergang an sozialem Kapital zu begegnen sei. Hierzu gehören etwa die Förderung zivilgesellschaftlicher Kompetenzen im Rahmen politischer Bildung, Freiwilligenarbeit, die Teilnahme an außerschulischen Aktivitäten, die Reduzierung des Erwerbsumfangs und vermehrte Teilzeitarbeit.

3   Diskussion

Putnams Buch löste weitreichende Debatten innerhalb der wissenschaftlichen Gemeinschaft wie auch der breiten Öffentlichkeit aus. Eine unmittelbare inhaltliche Rückwirkung der Studie war, dass sich auch in anderen Ländern eine vermehrte wissenschaftliche Aufmerksamkeit auf die Entwicklung zivilgesellschaftlichen Engagements richtete (vgl. z. B. Gabriel et al. 2002). In Deutschland hat sich beispielsweise eine Enquete-Kommission mit der Zukunft des bürgerschaftlichen Engagements befasst (Deutscher Bundestag 2002), und auch Stiftungen wie etwa die Bertelsmann-Stiftung arbeiten regelmäßig zu diesem Thema (Bertelsmann Stiftung 2016). Ein Grund für das breite fachliche wie auch öffentliche Interesse mag überdies sein, dass Putnam ein klassisches Thema der Soziologie, nämlich den Verlust des sozialen Bandes (Berger 2004), aufgreift und anhand einer breiten Datenbasis eine empirisch fundierte Gegenwartsdiagnose für die USA der 1990er Jahre formuliert. Obwohl es sich bei „Bowling Alone" um eine empirische Studie handelt, richtet sich die Darstellungsweise des Buches mit seinem anregenden Schreibstil und der überwiegend in Grafiken präsentierten Empirie an ein breites Publikum.

Darüber hinaus lieferte das Buch wichtige systematische Impulse für die Sozialkapital-Forschung. Zwar kann man sich während des Lesens gelegentlich des Eindrucks nicht erwehren, dass der Autor zu Romantisierungen des gemeinschaftlichen und zivilgesellschaftlichen Lebens in den USA der 1950er und 1960er Jahre neigt (Braun 2001; Haug 1997) – immerhin eine Ära, in der Bürgerrechte nicht für alle galten und in der Intoleranz und Verschwörungsdenken im Kontext der antikommunistischen Politik des damaligen Innensenators McCarthy auch in der Bevölkerung verbreitet waren. Doch Putnam widmet auch der dunklen Seite des Sozialkapitals ein eigenes Kapitel, das schlussendlich jedoch wiederum positive Zusammenhänge zwischen einem hohen Niveau an Sozialkapital und Toleranz oder ökonomischer Gleichheit aufzeigt. Als wichtig für die nachfolgende Forschung hat sich in diesem Zusammenhang die Unterscheidung zwischen zwei verschiedenen Formen sozialen Kapitals erwiesen, die unterschiedliche Wirkungen insbesondere auf kollektiver Ebene haben können. Als „bonding social capital" bezeichnet Putnam (S. 22) Netzwerke zwischen homogenen, einander ähnlichen Akteuren, in denen sich spezifische Reziprozitätsnormen und starke Solidarität entwickeln können, die zugleich aber auch die Bildung exklusiver Identitäten mit sich bringen und entsprechend zum Ausschluss der „Unähnlichen" neigen. „Bridging social capital" hingegen schafft Verknüpfungen zwischen heterogenen, unähnlichen Akteuren und kann inklusivere Identitätsformen generieren, die sich auf Gefühle generalisierter Reziprozität stützten (S. 23). Negative externe Effekte auf der kollektiven Ebene sind im Falle von „bonding social capital" eher zu erwarten als bei „bridging social capital", wobei es letztlich auch eine Frage der konkreten situativen Bedingungen ist, wann welche Form sozialen Kapitals positive oder negative Effekte hat.

Dies führt auf einen letzten Punkt. In theoretischer Hinsicht geht Putnam deutlich über Konzeptionen von Sozialkapital hinaus, die dieses primär als eine individuelle Ressource betrachten (beispielsweise Bourdieu 1983). Für Putnam stehen insbesondere die sozialintegrativen Wirkungen und Funktionen von Sozialkapital auf der Meso-Ebene lokaler Gemeinschaften beziehungsweise der Makro-Ebene der Gesamtgesellschaft im Vordergrund. Theoretisch plausibilisiert wird dies von Putnam über die vertrauensbildende und normstabilisierende Wirkung von sozialen Beziehungen, welche die Transaktionskosten zwischen Interaktionspartnern reduziere und so zur Überwindung von Dilemmata kollektiven Handelns beitrage. Gleichwohl sind die Kausalitäten hier nicht wirklich klar, was dem Autor auch bewusst ist: „The causal arrows among civic involvement, reciprocity, honesty, and social trust are as entangled as well-tossed spaghetti" (S. 137). Dies sollte man sich beim Blick auf die Empirie bewusstmachen, zumal diese zu nicht geringen Teilen auf aggregierten Makro-Daten beruht. Schon früh hat Portes (1998) mit Blick auf Putnams ursprünglichen Aufsatz (Putnam 1995a) auf diese Problematik sowie teilweise tautologische Argumentationen hingewiesen. In der Zwischenzeit sind bedeutende methodische Fortschritte erzielt worden, die es zu berücksichtigen gilt (Lin und Erickson 2008).

Literatur

Almond, Gabriel, und S. Verba. 1963. *The Civic Culture. Political Attitudes and Democracy in Five Nations*. Princeton: Princeton University Press.
Berger, Johannes, Hrsg. 2004. *Zerreißt das soziale Band? Beiträge zu einer aktuellen gesellschaftspolitischen Debatte*. Frankfurt am Main: Campus.
Bertelsmann Stiftung, Hrsg. 2016. *Der Kitt der Gesellschaft. Perspektiven auf den sozialen Zusammenhalt in Deutschland*. Gütersloh: Verlag Bertelsmann Stiftung

Bourdieu, Pierre. 1983. Ökonomisches Kapital, kulturelles Kapital, soziales Kapital. In *Soziale Ungleichheiten. Soziale Welt*, Hrsg. R. Kreckel Sonderband 2, Göttingen: Schwartz, 183–198.

Braun, Sebastian. 2001. Putnam und Bourdieu und das soziale Kapital in Deutschland. Der rhetorische Kurswert einer sozialwissenschaftlichen Kategorie. In *Leviathan* 29 (3): 337–354.

Deutscher Bundestag. 2002. Bürgerschaftliches Engagement. auf dem Weg in eine zukunftsfähige Bürgergesellschaft. Bericht der Enquete-Kommission „Zukunft des Bürgerschaftlichen Engagements". Berlin: Drucksache 14/8900. Zugegriffen: 23. Januar 2023.

Gabriel, O., W. Kunz, V. Roßteutscher, S. van Deth, W. Jan, Hrsg. 2002. *Sozialkapital und Demokratie. Zivilgesellschaftliche Ressourcen im Vergleich*. Wien: WUV Universitätsverlag.

Inglehart, Ronald. 2015 [1977]. *The Silent Revolution. Changing Values and Political Styles among Western Publics*. Princeton: Princeton University Press.

Haug, Sonja. 1997. Soziales Kapital. Ein kritischer Überblick über den aktuellen Forschungsstand. In *MZES Arbeitspapiere – Working Papers*. Mannheim: Mannheimer Zentrum für Europäische Sozialforschung, www.mzes.uni-mannheim.de/publications/wp/wp2-15.pdf. Zugegriffen: 23.Januar 2023.

Honneth, Axel, Hrsg. 1993. *Kommunitarismus. Eine Debatte über die moralischen Grundlagen moderner Gesellschaft*. Frankfurt am Main: Campus.

Lin, Nan, und B. Erickson, Hrsg. 2008. *Social Capital. An International Research Program*. Oxford: Oxford University Press.

Portes, Alejandro. 1998. Social Capital. Its Origins and Applications in Modern Sociology. In *Annual Review of Sociology* 24: 1–24.

Putnam, Robert D. 1993. *Making Democracy Work. Civic Traditions in Modern Italy*. Princeton: Princeton University Press

Putnam, Robert D. 1995a. Bowling Alone. America's Declining Social Capital. In *Journal of Democracy* 6 (1): 65–78.

Putnam, Robert D. 1995b. Tuning In, Tuning Out. The Strange Disappearance of Social Capital in America. In *PS: Political Science and Politics* 28 (4): 664–683.

Putnam, Robert D. 2020 [2000]. *Bowling Alone. The Collapse and Revival of American Community. 20th Anniversary Edition*. New York: Simon & Schuster

Tocqueville, Alexis D. 1986 [1835]. *Über die Demokratie in Amerika*. Stuttgart: Reclam.

Die Macht der Eliten und die Ohnmacht des ‚common man'. *Postdemokratie* von Colin Crouch

Jasmin Siri

1 Einführung

Der folgende Text beschäftigt sich mit dem 2004 im englischen Original erschienenen Buch „Post-Democracy" (dt. Erstauflage 2008 unter dem Titel „Postdemokratie") des Politikwissenschaftlers Colin Crouch. Crouch studierte Soziologie an der London School of Economics und promovierte 1975 am Oxforder Nuffield College mit einer Arbeit über „Class Conflict and the Industrial Relations Crisis: Compromise and Corporatism in the Policies of the British State" (Crouch 1977). In dieser Schrift untersuchte Crouch Dilemmata von Klassen- und Arbeitsverhältnissen in der Industriegesellschaft. Schwerpunkt der empirischen Auseinandersetzung mit diesem Themenkomplex ist das politische System Großbritanniens, wobei er die *industrial relations policies* und Einkommenspolitiken der Britischen Regierungen seit 1957–1971 genauer untersucht und typologisiert. Inspiriert ist diese frühe Arbeit von marxistischen Klassenanalysen und der Soziologie Max Webers. Die Auseinandersetzung mit Industrial Relations, Einkommenspolitiken und der Rolle der Gewerkschaften prägt aber auch das weitere Werk Colin Crouchs, der im Sinne der im deutschen Sprachraum so beliebten ‚Bindestrichisierung' der soziologischen Disziplin wohl als Industrie- und Arbeitssoziologe bezeichnet werden würde.

Ab den 2000er Jahren interessiert sich Colin Crouch stärker für die Auseinandersetzung mit Postdemokratie, Globalisierung und Neoliberalismus. Neben seinen fein ausgearbeiteten empirischen Studien findet sich nun auch ein zeitdiagnostisch-publizistisch inspiriertes Oeuvre. Kein Wunder, hatte Crouch

J. Siri (✉)
LMU München, München, Deutschland
E-Mail: j.siri@lmu.de

© Springer Fachmedien Wiesbaden GmbH, ein Teil von Springer Nature 2023   51
S. Farzin und H. Laux (Hrsg.), *Soziologische Gegenwartsdiagnosen 3*,
https://doi.org/10.1007/978-3-658-41328-6_6

sich doch vor seiner wissenschaftlichen Karriere auch als Journalist versucht. Er scheut die öffentliche Debatte keineswegs. Crouch tritt in politischen wie öffentlichen Kontexten mit seinen Thesen auf. Stets vertritt er dabei eine scharfe Kritik der Elitenherrschaft und des Marktradikalismus. 2004 erschien mit „Post-Democracy" (dt.: Postdemokratie, hier verwendet wird die Neuauflage von 2017) seine bisher populärste Publikation. Auch im Anschluss an dieses hier besprochene Buch beschäftigen ihn diese Themen weiter, so erschien 2012 ein zweiter Band zu Postdemokratie, „Das befremdliche Überleben des Neoliberalismus. Postdemokratie II" (Crouch 2012b). In diesem zweiten Band hinterfragt er die Selbstbeschreibungen klassischer Markttheorien und diskutiert, inwiefern es eine freie Marktwirtschaft überhaupt je gegeben habe. Mit Fokus auf die Macht der Großkonzerne und der Bankenwelt diskutiert er den Machtverlust der Politik und der Zivilgesellschaft. Ohne vorgreifen zu wollen kann hier bereits festgestellt werden, dass die These von der Postdemokratie, mit der wir uns im Folgenden beschäftigen, im zweiten Band anhand einer weiteren Empirie und auf der Folie der europäischen Finanzkrisen weiterdiskutiert wird.

Colin Crouch ist ein Wissenschaftler, der sich vielfach auch als politischer Bürger geäußert hat, der in seiner öffentlichen Selbstdarstellung keine strikte Trennung der beiden Sphären Wissenschaft und Engagement probt und auch keine politische Enthaltsamkeit predigt. Selbst bezeichnet er die Postdemokratie-Bücher als „meine politischen Bücher" (Crouch 2012a, S. 36) und nimmt damit eine Haltung ein, wie wir sie im deutschen Sprachraum bspw. auch von Jürgen Habermas und anderen politisch engagierten Denkern kennen, nämlich eine Trennung der politischen Schriften von den explizit wissenschaftlichen. Diese Einschätzung des Buches als ‚politisches Buch' ist entsprechend in der Bewertung und Kritik zu beachten, um zu einer fairen Beurteilung seines Mehrwertes für politische und wissenschaftliche Diskussionen zu kommen.

2   Diagnose: Postdemokratie

Bei „Postdemokratie", so habe ich gerade einführend festgestellt, handelt es sich qua Selbstbeschreibung des Autors also um ein *politisches* Buch. Bevor ich in die ausführliche Darlegung der These der Postdemokratie einsteige, ist es darum sinnvoll, die politische Position und das adressierte Publikum des Autors kurz anzusprechen.

Der Begriff der Postdemokratie schlug Ende der 2000er Jahre in der europäischen politischen Diskussion – insbesondere in linken und sozialdemokratischen Parteien und Bewegungen – mit einem Donnerschlag ein. Es schien, als würde dieser zeitdiagnostische Begriff ein Unbehagen formulieren, mit dem viele Leser*innen, die sich politisch betätigten oder interessierten, etwas anfangen konnten. Und in der Tat versteht sich das bei Suhrkamp im Deutschen erschienene Bändchen als ein Debattenbeitrag, der sich weniger an die wissenschaftliche Community richtet. Es richte sich, so der Autor, an „Sozialdemokraten und alle anderen Menschen, die an das Ideal der politischen Gleichheit glauben" (Crouch 2017, S. 11)[1]. Die These von der Postdemokratie ist also eine *politische* These, die aus einer bereits in der Einleitung offengelegten, sozialdemokratischen Perspektive heraus argumentiert wird, wenngleich die Analyse unter Zuhilfenahme wissenschaftlicher Quellen vollzogen wird. Und wie es politische Kommentare so an sich haben, diskutiert, kommentiert und kritisiert der Band – implizit wie explizit – aktuelle Geschehnisse und Entwicklungen die sich rund um die 2000er Jahre, insbesondere in Europa, zugetragen haben. Angesichts dessen, dass es sich um einen britischen Autor handelt, ist es sinnvoll, insbesondere den „Dritten Weg" New Labours und seine Ausstrahlungskraft innerhalb der europäischen Sozialdemokratie im Hinterkopf zu haben (vgl. Giddens 1999; Gohr 2003), wenn man die politische Botschaft von „Postdemokratie" genauer einordnen möchte. Man könnte den Dritten Weg, überspitzt formuliert, nachgerade als ‚Endgegner' der Postdemokratie-Diagnose einordnen.

Aber worum geht es Crouch nun genau? Das *Ziel des Buches* ist es, die Chancen für „egalitäre politische Projekte zur Umverteilung von Wohlstand und Macht sowie die Eindämmung des Einflusses mächtiger Interessengruppen" (S. 11) zu diskutieren und danach zu fragen, was die von ihm konstatierte negative Entwicklung der Demokratie befördert und wie ihr Abhilfe zu schaffen wäre.

Die Argumentation des Buches baut Crouch wie folgt auf: Im Anschluss an die Diskussion von Ziel und Publikum der Untersuchung formuliert er die Gefährdung von „Errungenschaften des 20. Jahrhunderts" als Signum der Postdemokratie (S. 11). Zur Stützung dieses Argument zieht er die „Parabel des politischen Einflusses der Arbeiterklasse" (S. 12) heran. Diese habe im 20. Jahrhundert „kurze Zeit im Zentrum der Macht" gestanden (S. 12). Die Zeit des Wohlfahrtsstaats, der keynesianistischen Nachfragepolitik und der starken Gewerkschaften sei ihre – nun vergangene – Blütezeit gewesen. Im Anschluss sei ihr „Niedergang" erfolgt, „der zunehmende Zerfall ihrer Organisationen und ihre Marginalisierung in einer Zeit, in der sie zusammen mit den Errungenschaften der Jahrhundertmitte über Bord geworfen wird" (S. 12). Damit verbunden beschreibt Crouch die Demokratie im 21. Jahrhundert als eine *nurmehr formale*. Politische Verfahren der Beteiligung würden zurückgefahren und die Elitenmacht

---

[1] Wenn nicht anders angegeben, beziehen sich Seitenzahlen im Folgenden auf diese Arbeit.

nehme zu: „in der Folge ist das egalitäre Projekt zunehmend mit der eigenen Ohnmacht konfrontiert" (S. 13).

Crouch entwirft im *ersten Kapitel* des Buches ein idealtypisches Modell der (insbesondere) europäischen (Nachkriegs-)Demokratie, welches vom Enthusiasmus für diese und vom Einfluss der „gewöhnlichen" oder „normalen" Menschen, wie er sie immer wieder nennt, auf politische Entscheidungen bestimmt gewesen sei (z. B. S. 14). Er beschreibt diesen „Augenblick der Demokratie" (S. 14) als eine Phase, in der es gelungen sei, „einen sozialen Kompromiss zwischen den Interessen der kapitalistischen Wirtschaft und denen der arbeitenden Bevölkerung herzustellen" (S. 15), eng gebunden an einen Nationalstaat mit blühenden Parteien und starken Gewerkschaften. In der Folge der Ölkrisen der 1970er Jahre (S. 17) sowie der Vorbildfunktion der US-Administration in der Abwicklung wohlfahrtsstaatlicher Errungenschaften (S. 19 f.) für Regierungen der gesamten Welt wurde Demokratie auf das „Abhalten von Wahlen" reduziert (S. 20) und der Kapitalismus nahm einen neuen Siegeszug auf.

Die Krise der Demokratie (S. 20 ff.) macht Crouch an der zunehmenden „Macht der Wirtschaftseliten" (S. 22) fest. Er setzt sich aber auch mit möglichen Gegenargumenten auseinander. So bietet er bspw. eine kluge Perspektive auf eine Verklärung und Idealisierung der Wirkungsmacht von NGOs und Protestbewegungen im Hinblick auf die Bewertung der Qualität einer Demokratie an. An Beispielen wie Initiativen, die den Rückbau des Wohlfahrtsstaats zu kompensieren suchen, diskutiert er, dass die meisten dieser Initiativen zwar „interessant, nützlich und ehrenwert" (S. 23) seien. „Da sie jedoch gerade mit einer Abwendung von den politischen Institutionen einhergehen, können sie nicht als Indizien für die Gesundheit der Demokratie (…) angeführt werden." (S. 23) Zudem sei die Einflusschance von Interessensverbänden deutlich höher (S. 28). Dies könne zu einer systematischen Verzerrung der politischen Debatte führen (vgl. ebd.). *„Je mehr sich der Staat aus der Fürsorge für das Leben der normalen Menschen zurückzieht und zuläßt, daß diese in politische Apathie versinken, desto leichter können Wirtschaftsverbände ihn – mehr oder minder unbemerkt – zu einem Selbstbedienungsladen machen."* (S. 29 f., Kursivierung i. O.)

Eben diese Konstellation ist es, worauf der Begriff der Postdemokratie begrifflich abzielt und womit sich Crouch im Laufe des Bandes anhand zahlreicher Beispiele auseinandersetzt: die Manipulation inaktiver Bürger*innen durch Methoden des „Showbusiness und des Marketing" (S. 32), der wachsende Einfluss der Meinungsforschung auf politische Prozesse und die Beeinflussung dieser (S. 33), die Personalisierung der Politik (S. 38 f.) „Demokratiemüdigkeit" (S. 34) und die „Globalisierung wirtschaftlicher Eliten" (S. 34) stehen hierbei im Fokus seiner Betrachtungen.

Dabei ist die postdemokratische Tendenz stets paradox und doppeldeutig. Einerseits höben Ideale der Demokratie Hörigkeit auf und führten zu Rufen nach Transparenz und stetiger kritischer Beobachtung des politischen Systems durch Massenmedien und Bürger*innen. Andererseits entstehe hieraus eine Konstellation, in der sich Wirtschaftseliten die neue Machtlosigkeit der Politiker*innen zu Nutze machten, z. B. um den aktiven Staat zu zügeln und Regulierungen abzubauen (S. 35). Personalisierung und politisches Marketing seien also einerseits Reaktionen der demokratischen Politik auf die neue Konstellation einer prekären Öffentlichkeit, trügen aber zugleich zu dieser bei (S. 41).

Im *zweiten Kapitel*, „das globale Unternehmen" (S. 45–70) beschäftigt Crouch sich mit dem Wandel der Unternehmensformen und -kulturen und beschreibt „seine Folgen für die Mechanismen des Regierens und somit auch die Bedeutung der großen Firmen für den Abschwung im parabelförmigen Verlauf der Geschichte der Demokratie" (S. 42). Fluchtpunkt der Überlegungen ist dabei der Bedeutungsverlust des keynesianistischen Paradigmas (S. 45 f.). Äquivalent zum Niedergang des Keynesianismus und der Gewerkschaften beschreibt Crouch den Bedeutungsverlust der Industrieverbände als einen Faktor, der die postdemokratische Entwicklung angeregt habe (S. 51). Neue Unternehmenskultur, Digitalisierung und Flexibilisierungsprozesse führten zu „Phantomunternehmen" (S. 50), welche die Herstellung von Waren an Subunternehmen ausgliedern und sich darauf konzentrierten, wechselnde, vom Produkt entkoppelte Markenidentitäten zu erzeugen (S. 53). Die Postdemokratisierung mache auch vor Medienunternehmen nicht halt, mit erheblichen Folgen für die Demokratie. Eine kleine Zahl „außerordentlich reicher Individuen" (S. 68) kontrolliere die politische Nachrichtenberichterstattung, politische Nachrichten in diesen Medien folgten einer straffen Marktlogik und Politiker*innen hätten gar keine andere Möglichkeit, als sich dem zu unterwerfen, wenn sie wollten, dass über sie berichtet wird. Die steigende Abhängigkeit der Regierungen von Spitzenkräften der Wirtschaft und die Abhängigkeit der Parteien von Geldgebern führe zu einer neuen Klasse hocheinflussreicher, global agierender Führungskräfte mit sehr guten Zugängen zu politischen Entscheidungen (S. 70).

Das *dritte Kapitel* behandelt die Veränderung der Arbeitswelt und den Niedergang jener Berufe, aus denen die traditionellen Arbeitnehmerorganisationen hervorgingen (S. 43). Der Umstand, so Crouch, dass viele Menschen nicht mehr an die Existenz von Klassen glaubten, sei selbst ein Symptom der Postdemokratie (S. 71). In der Postdemokratie würden sowohl das Vorhandensein von Klassenprivilegien als auch von sozialen Hierarchien geleugnet (S. 71). Zunächst beschreibt Crouch hier den Aufstieg und den Niedergang der Arbeiterklasse, die sich Ende des 20. Jahrhunderts nicht mehr als „Klasse der Zukunft" (S. 74) begreifen konnte und in zahlreiche Abwehrkämpfe um die Verteidigung des zuvor Erreichten verstrickt wurde (S. 74). Die Mittelklasse bewertet Crouch als politisch vernachlässigenswert: „Vor allem sie werden zum Objekt der Manipulation, als Gruppe bleiben sie passiv, sie lassen jede politische Selbständigkeit vermissen." (S. 79) Das Kapitel endet mit der Analyse der Widersprüche reformistischer Positionen insbesondere am Beispiel von ‚New Labour' und der Politik der ‚Neuen Mitte'. Während diese Politik elektoral zunächst Erfolge zeitigte, führte sie doch auch zum Verlust der sozialen Verankerung der Labour Party.

Das *vierte Kapitel* widmet sich dem Verhältnis von Parteien und Wählerschaft und konstatiert die Geburt der „postdemokratischen Partei" (S. 43), als deren Beispiel bereits zuvor die Parteien der Neuen Mitte und insbesondere ‚New Labour' eingeführt wurden. Diese Parteien zeichnen sich dadurch aus, dass sie den Kontakt zu Aktivist*innen reduzieren, und denen zu Unternehmen und externen Beratenden ausweiten. In der Folge konstatiert Crouch ihnen einen Verlust an Authentizität und Repräsentation, wofür er das Bild der „Ellipse" (S. 93 ff.) wählt.

Das *fünfte Kapitel* behandelt die Bedeutung postdemokratischer Politik für die Reform des öffentlichen Dienstes und öffentlicher Leistungen, die im allgemeinen unter dem Stichwort der ‚Privatisierung' diskutiert wird. „Genau wie die Phantomunternehmen versuchen auch die Regierungen, Schritt für Schritt die unmittelbare Verantwortung für die Leitung des öffentlichen Dienstes abzulegen" (S. 57), indem Teile des öffentlichen Dienstes privatisiert und Behörden dazu angehalten werden, sich wie Unternehmen zu verstehen. Unternehmen versteht Crouch als „Konzentrationen von Macht" (S. 60), die der „Klasse der Kapitaleigner" (S. 60) neue, herausgehobene Möglichkeiten zur politischen Einflussnahme verschaffe, nicht zuletzt durch Sponsoring gemeinnütziger Aktivitäten (S. 61). Der Kapitalismus sei so in der Lage, seinen Einflussbereich auf vormals private und öffentlich geregelte Kontexte auszuweiten, die in der Konsequenz Qualitätsverluste erlitten. Markt und Bürger*innenrechte geraten in einen Widerspruch, der zugunsten der Marktlogik aufgelöst und zur Erosion von Bürger*innenrechten und des Wohlfahrtsstaates führe.

Im letzten, *sechsten Kapitel* beschäftigt sich Crouch mit der Frage, welche Reformen und politischen Modi dazu geeignet sein könnten, die Entwicklung der Postdemokratie zurückzudrängen. Wahlen, so Crouch, würden in der Postdemokratie zu „Marketingkampagnen, die relativ offen auf manipulative Techniken setzen, um Waren zu verkaufen" (S. 132). Die Dystopie des Niedergangs der Demokratie scheint aus dieser Sicht eines übermächtigen kapitalistischen Narrativs kaum mehr aufzuhalten. Eine „wirkliche Wende" (S. 133) sei so aus Sicht des Autors auch nicht in Sicht, wenngleich es drei Modi gebe, die dem Trend zumindest zuwiderliefen: Erstens „Maßnahmen, die darauf zielen, die wachsende Dominanz der ökonomischen Eliten zu begrenzen, zweitens mit Reformen der politischen Praxis als solcher; und drittens gibt es Handlungsmöglichkeiten, die den Bürgern selbst offenstehen." (S. 133) Im ersten Punkt verhandelt Crouch insbesondere die Notwendigkeit der Einhegung globaler Finanzmärkte, nicht zuletzt durch europäische Regelungen (S. 137). Reformbedarf der politischen Praxis sieht er einerseits im mangelnden Austausch zwischen Parteien und Sozialen Bewegungen (S. 141 f.) wie auch in der Stärkung der Bürger*innenschaft, z. B. durch direkte Beteiligungsverfahren wie Bürger*innenversammlungen (S. 144). Drittens plädiert er für die Mobilisierung neuer Identitäten „um damit die Welt der konventionellen postdemokratischen Kampagnenpolitik mit all ihren Inszenierungen und schrecklichen Phrasen zu stören" (S. 148) und auch dafür, ganz unterschiedliche Bewegungen in Parteiarbeit und etablierte Politik zu integrieren. Wenngleich solche Identitäten nicht essentiell gegeben wären, würde ein Verzicht der Linken auf ihre Mobilisierung gleichsam bedeuten, die Politik mit Identitäten dem Rechtspopulismus zu überlassen, der sie dann tatsächlich essentialisiere und gegen andere ausspiele (S. 152 f.). Insbesondere diese letzte Beobachtung scheint ,gut gealtert' zu sein und weis darauf hin, dass es durchaus lohnenswert ist, Crouchs Zeitdiagnose in einem weiteren Gedankengang auf ihre Aktualität hin zu befragen.

3 Diskussion: Was kann die Diagnose der Postdemokratie leisten – und was nicht?

„Meine politischen Bücher sind, was wir Dystopien nennen. Eine Dystopie ist das Gegenteil von Utopie. In der Utopie macht man alles schön, in der Dystopie macht man alles schlecht – wie George Orwell in seinen zwei Dystopien „Animal Farm" und „1984". Warum schreibt man solche Bücher? Weil man alles schlechtmachen will? Nein. Man schreibt solche Bücher, um Menschen zu ermutigen, etwas anders zu machen. Ich hoffe, dass ich mit meinen Büchern etwas dazu beitragen kann." (Crouch 2012a, S. 36)

Colin Crouch scheint es zu gelingen – dafür spricht zumindest der Erfolg seiner politischen Bücher – das Unbehagen an den Egalitätsproblematiken moderner Demokratien auf den Punkt zu bringen. Politikverdrossenheit, Elitismus, Privatisierung und der Abbau des Wohlfahrtsstaats, die Macht von Konzernen, die Ohnmacht von Politik und Bürgerschaft sind einige der Themen, die er in „Postdemokratie" ausführlich beleuchtet. Dabei schränkt sich die Perspektive aber auch ein, womit das Publikum leben muss und was – fairerweise – auch einführend ausdrücklich geklärt wird. Denn positiver Fluchtpunkt seiner Überlegungen ist für Crouch die Blütezeit der sozialdemokratischen und gewerkschaftlichen Organisierung, die insbesondere nach Krisenzeiten und der Neugründung von Staaten einen Schub erfährt. Hier stellt sich aus einer ‚deutschen' Perspektive auf die Gründung der Bundesrepublik freilich eine Irritation ein, zumindest bei der Autorin dieses Textes: War zum Beispiel die junge Bundesrepublik, kämpfend mit inneren autoritären Bestrebungen, mitregiert von ehemaligen und rasch konvertierten Nazis, wirklich ein Hort der Demokratie und der Beteiligung? Ist der Autoritarismus, der nicht nur in allen Institutionen, sondern auch in der Sozialdemokratie und den Gewerkschaften der jungen Bundesrepublik noch eine beträchtliche Rolle spielte (man denke z. B. an das Selbstverständnis der „Kanalarbeiter" in der SPD) wirklich vernachlässigenswert, wenn wir die ‚Demokratiegüte' eines politischen Systems beurteilen wollen? Bedeutet eine starke Sozialdemokratie wirklich automatisch ‚mehr Demokratie'? Hier werden wohl nur besonders überzeugte Sozialdemokrat*innen mitgehen, die aber auch explizit auch das avisierte Publikum des Textes darstellen. Nicht umsonst wurde das Buch zur Grundlagenlektüre progressiver Sozialdemokrat*innen und Linker in Europa Mitte der 2000er Jahre und vielfach mit sozialdemokratischen Buchpreisen bedacht.

Und auch abseits dieser partikularen deutschen Perspektive stellt sich die berechtigte Frage, ob in den Zeiten, die Crouch als Hochzeit der Parabel der Demokratieentwicklung beschreibt, alles Gold war (ganz abgesehen davon, ob das Bild einer Parabel sich überhaupt eignet, um eine komplexe gesellschaftliche Entwicklung begrifflich zu fassen). Die Beschreibung Crouchs, das sollte man sich während der Lektüre stets vergegenwärtigen, ist, wenngleich im modernen Ton formuliert, letztendlich eine klassenanalytisch-marxistische. Sie ist darum stark auf die Entwicklung des Arbeitsmarktes fokussiert und nutzt die Macht der Gewerkschaften und Sozialdemokratie als Medium einer selbstbewussten Arbeiter*innenklasse als *den* empirischen Anker für Demokratieentwicklung. Hinsichtlich der Egalität von Männern und Frauen, von Heimischen und Zugewanderten oder hinsichtlich der Rechte von Menschen, deren sexuelle Identität von der Heteronorm abwich, waren die Zeiten, die aus seiner Perspektive die Blütezeit markieren, eher weniger golden. Postkoloniale Perspektiven hätten hierzu einiges zu kommentieren. Nur aus einer sehr stark an der gewerkschaftlichen Organisierung orientierten, westeuropäischen, demokratisch-sozialistischen Perspektive heraus erscheint diese Beschreibung einer ‚Blütezeit' plausibel. Denn aus dieser stellt ein Schwinden des Klassenbewusstseins und der Machtverlust des ‚Common Man' in der Tat ein Problem dar, dass durch zunehmende rechtliche Liberalisierung, durch Liberalisierung des Privaten und die Beteiligung ehemals ausgeschlossener Gruppen am öffentlichen und politischen Diskurs nicht kompensiert werden kann. Und nur eine solche Perspektive, die ohne das Kollektivsingular ihres revolutionären Subjektes aus theoriestrategischen Gründen nicht auskommt, kann noch selbstbewusst annehmen, dass es etwas wie ‚den normalen Menschen' überhaupt gibt.

Eine Studierende formulierte in meinem Kurs „Der Begriff des Politischen" an der Universität Erfurt ihre Lektüreerfahrung des ersten Kapitels von „Postdemokratie" folgendermaßen „Mir kommt es vor, als wolle er mir Angst machen und nicht etwas erklären."[2] Deutlich wurde in der folgenden Diskussion, dass die oben geschildert Strategie der ‚anregenden Dystopie' für das kleine Publikum der Studierenden nicht so gut funktionierte. Einig waren wir uns aber auch, dass die Lektüre anregend war und wichtige Punkte ansprach. Im Hinblick auf eine historisierende Beurteilung des Textes war interessant, dass insbesondere die Figur des ‚Common Man' für die Studierenden weniger anschlussfähig war. So formulierte ein Studierender die Assoziation des „alten weißen Mannes", der um seine Claims fürchte.

Bei all dieser Kritik wäre es aber unfair, Crouch zu unterstellen, die Rechte von Frauen, von Homosexuellen, von Zugewanderten oder anderen marginalisierten Gruppen wären ihm gleich, er würde Neue Soziale Bewegungen nicht sehen oder gar missachten. Vielmehr nennt er sie, sich selbst auf mögliche Lösungen hin befragend, als Vitalisierungsmöglichkeit der Postdemokratie: „Allerdings kann die Demokratie auf zwei Wegen wiederbelebt werden: Durch Krisen und Veränderungen, die ein erneutes politisches Engagement hervorrufen; oder aber (…) durch die Entstehung neuer kollektiver Identitäten, die die Form der Partizipation an Debatten und Entscheidungen verändern", formuliert er (S. 20). So sieht er die ökologischen und feministischen (S. 80 ff.) Bewegungen in den 1960er–1980er Jahren als Beispiel für eine solche Neuformierung des Kollektiven, die aus der Exklusion heraus zu neuer Identitätsformierung und Kollektivität fänden. Gerade der Aufstieg des Feminismus, den er in zwei Kapiteln ausführlich als gelungene Form Sozialer Bewegung diskutiert, stelle einen „demokratischen Augenblick dar, der uns daran erinnert, daß man (oder frau) gegen historische Trends etwas tun kann" (S. 83).

Das Buch stellt einen über weite Strecken gelungenen Versuch dar, die Kompetenzen marxistischer Klassenanalysen, die das linke soziologische Denken über viele Jahrzehnte geprägt hat, in das 21. Jahrhundert zu überführen. Crouch

---

[2] Ich danke den Studierenden des Seminars „Der Begriff des Politischen" im Wintersemester 2020/2021 an der Universität Erfurt für die produktive und rege Diskussion zur Postdemokratiesitzung, die mich im Abschluss dieses Aufsatzes inspiriert und bereichert hat.

argumentiert, dass der Klassenbegriff sich durchaus eigne, um postdemokratische Kontexte zu beschreiben: „Viele Menschen neigen heute dazu, Klassen
auf bestimmte kulturelle Attribute – Kleidung, Sprache, typische Freizeitaktivitäten – zu reduzieren und das Ende der Klassengesellschaft zu verkünden, sobald
eines dieser Merkmale an Bedeutung verliert. Doch wenn man den Begriff der
Klasse ernst nimmt, so bezeichnet er Zusammenhänge zwischen ökonomischen
Positionen und dem Ausmaß an Zugang zu politischer Macht, über die die entsprechenden Gruppen verfügen. Und diese Zusammenhänge werden alles andere
als schwächer." S. 70)

Dieses Argument scheint angesichts von Formen der ‚neuen' Ausbeutung in
Kontexten wie bspw. der Platform Work oder der Lieferdienstorganisation mehr
als berechtigt. Nur die formalen demokratischen Merkmale bleiben in der Post-
demokratie erhalten, so einer der bekanntesten Gedanken aus „Postdemokratie".
Um diese Setzung machen zu können, vollzieht die Perspektive eine Selbstein-
schränkung, die sich aus ihrer ideologisch-programmatischen Position ergibt: Der
Liberalismus und seine Wirkungen auf die Freiheitsgrade der persönlichen Entwicklung von Menschen werden als potenziell entsolidarisierend und damit als
Feind kollektiver Bestrebungen (und damit eben auch der Demokratie) konzipiert.
Bereits früh in seinem Buch unterscheidet Crouch zwischen positiven und negativen Bürgerrechten. Erstere sind Beteiligungsrechte, die die Vorstellung enthalten,
zu wählen, sich zu beteiligen, Organisationen zu gründen und exakte Informationen zu erhalten. Negative Rechte „sind diejenigen, die das Individuum gegen
andere schützen, insbesondere gegen den Staat: das Recht, Anklage zu erheben,
sowie die Eigentumsrechte." (S. 22) Crouch stellt fest, dass die Demokratie beide
Arten von Rechten brauche, das negative Modell aber die Oberhand gewinne. So
würden die kreativen Elemente der Demokratie blockiert und aggressive, affektive
und entsolidarisierende Elemente befördert. Damit einher geht eine Vorstellung
der Elitenmacht, die man auch durch Beschreibungen des Populismus kennt: „die
Idee, daß die Politik im Wesentlichen eine Angelegenheit von Eliten sei, die
von der wütenden Masse der Zuschauer mit Schimpf und Schande bedacht werden, wenn sie entdecken, daß etwas schiefgelaufen ist." (S. 23) Nicht genauer
ausformuliert wird, durch wen und inwiefern die Beteiligungsrechte ausgehöhlt
würden. Zwar kritisiert Crouch vielfach die Massenmedien, den professionellen
Wahlkampf und die Meinungsforschung. Unklar bleibt dabei aber, weshalb aus
diesen automatisch eine Passivierung des bürgerschaftlichen Engagements resul-
tieren muss. Ebenso verhält es sich mit seinem Hinweis, dass insbesondere Krisen
und Exklusion dazu führen, dass Kreativität in das politische System gespült
werde. Widersprüchlich ist hieran auch, dass Crouch selbst die Entstehung neuer

Sozialer Bewegung hoffnungsvoll beobachtet und dazu aufruft, diese in die etablierte Politik einzubinden. Nicht zuletzt die Entstehung einer neuen ökologischen Jugendbewegung wie Fridays for Future weist darauf hin, dass Kreativität und soziales Engagement auch unter kapitalistischen Bedingungen (durch individuell nicht übermäßig exkludierte oder krisengeplagte junge Menschen und unter dem Blick der Massenmedien) nicht unmöglich zu sein scheinen.[3]

Aber vielleicht darf eine Dystopie, und eine solche wollte unser Autor ja formulieren, so etwas ja gar nicht sehen.

Literatur

Crouch, Colin. 1977. Class Conflict and the Industrial Relations Crisis: Compromise and Corporatism in the Policies of the British State. Atlantic Highlands, N. J.: Humanities Press.

Crouch, Colin. 2012a. Dankesrede. In *Dokumentation der Preisverleihung ‚Das politische Buch 2012a'*. Berlin: Friedrich-Ebert-Stiftung.

Crouch, Colin. 2012b. Das befremdliche Überleben des Neoliberalismus. Postdemokratie II. Frankfurt/M.: Suhrkamp.

Crouch, Colin. 2017. Postdemokratie. Frankfurt/M.: Suhrkamp.

Giddens, Anthony. 1999. Der Der dritte Weg. Die Erneuerung der sozialen Demokratie. Frankfurt/M.: Suhrkamp.

Gohr, Antonia. 2003. Auf dem „dritten Weg" in den „aktivierenden Sozialstaat"? Programmatische Ziele von Rot-Grün. In *Sozial- und Wirtschaftspolitik unter Rot-Grün*. Hrsg. Dies. und M. Seeleib-Kaiser, 33–70. Opladen: Westdeutscher Verlag.

---

[3] Dieses Beispiel ist freilich jüngeren Datums als das Buch, aber in der globalisierungskritischen europäischen und anglo-amerikanischen Szene der 1990er und 2000er Jahre, von einer ähnlichen Zielgruppe dominiert, ließe sich z. B. ein funktionales Äquivalent konzipieren.

Das Gespür für die (Spät-)Moderne. *Beschleunigung* und *Resonanz* von Hartmut Rosa

Ingmar Mundt

1 Einführung

Hartmut Rosa (Jahrgang 1965) ist seit 2005 Professor für Allgemeine und Theoretische Soziologie an der Friedrich-Schiller-Universität Jena sowie seit 2013 Direktor des Max-Weber-Kollegs der Universität Erfurt. Als einer der neueren Vertreter der gegenwärtigen deutschsprachigen sowie internationalen Kritischen Theorie steht er in seinen Werken dem Denken deren wichtigsten Vertreter nahe, auch wenn die sozialphilosophischen Grundlagen der Rosa'schen Werke insbesondere bei Charles Taylor und dessen Arbeiten zu subjektiven Selbstverhältnissen in der (Spät-)Moderne zu finden sind (Rosa 1998a). Ganz im Sinne Adornos oder Honneths, aber auch klassischer Soziologen wie Weber, Simmel oder Durkheim, sieht Rosa die Aufgabe der Soziologie vor allem in der Gesellschaftskritik im Allgemeinen und der Kritik von Lebensformen im Kapitalismus im Besonderen verankert.

Zu Rosas wohl bekanntesten Werken zählen zweifellos die hier besprochenen Werke „Beschleunigung: die Veränderung der Zeitstrukturen in der Moderne" (2005) sowie „Resonanz: eine Soziologie der Weltbeziehung" (2016), aber auch die ‚Zwischenwerke' „Weltbeziehungen im Zeitalter der Beschleunigung" (2012), „Beschleunigung und Entfremdung" (2013) sowie der später erschienene Essay „Unverfügbarkeit" (2019) bilden die wichtigsten Grundlagen der Gegenwartsdiagnosen des Autors.

Dieser Beitrag bezieht sich auf die Theorie der sozialen Beschleunigung (Abschn. 2.1) sowie auf Rosas Soziologie der Weltbeziehung (Abschn. 2.3), geht

I. Mundt (✉)
Weizenbaum-Institut, Berlin, Deutschland
E-Mail: ingmar.mundt@weizenbaum-institut.de

© Springer Fachmedien Wiesbaden GmbH, ein Teil von Springer Nature 2023   63
S. Farzin und H. Laux (Hrsg.), *Soziologische Gegenwartsdiagnosen 3*,
https://doi.org/10.1007/978-3-658-41328-6_7

aber auch auf die Begriffe der dynamischen Stabilisierung sowie der Unverfügbarkeit ein (Abschn. 2.2), die für das Verstehen der Werke Rosas von Bedeutung
sind. Sie bilden zudem die theoretische Grundlage für eine der einflussreichsten Gegenwartsdiagnosen der modernen Gesellschaft im 21. Jahrhundert, welche
mittlerweile ein breites Anwendungsfeld gefunden hat (Kap. 3).

2   Diagnosen

2.1   Die Theorie der sozialen Beschleunigung

Die vielleicht bekannteste Diagnose Hartmut Rosas beginnt mit der Feststellung
eines Grundgefühls der Moderne: dass die Zeit selbst aus den Fugen geraten
sei. Dabei geht er der Frage nach, warum Gesellschaften trotz immer schnel-
lerer Technologien zur Einsparung oder Disziplinierung der Zeit sich über ein
zunehmendes Gefühl der Knappheit und des Stresses eben jener Zeit beklagen.
Es ist aber nicht die Zeit selbst, die sich beschleunigt, sondern kulturelle und
gesellschaftliche Strukturen und Prozesse, die sich in einem immer schnelleren
Tempo verändern und der Aneignung durch die Subjekte entziehen. Rosa legt
daher die gesellschaftliche Diagnose zugrunde, dass die gegenwärtige Gesellschaft eine „Beschleunigungsgesellschaft" ist und somit die Moderne als eine
Geschichte der Beschleunigung aufgefasst werden kann.

2.1.1   Desynchronisation und das Grundgefühl der Moderne

Rosa betrachtet Zeitstrukturen und Zeithorizonte als gesellschaftliche Ausgangs-
bzw. Verknüpfungspunkte für Akteurs- und Systemperspektiven. Temporale Muster spielen sowohl auf der makrosoziologischen Ebene (z. B. in Form von
Arbeitszeiten), als auch auf der mikrosoziologischen Ebene (z. B. in Biographien)
eine wichtige Rolle und sind konstitutiv für Handlungslogiken und Selbstverhält-
nisse von Systemen und Subjekten. Eine Veränderung auf einer Ebene muss daher
über kurz oder lang auch Auswirkungen auf die andere Ebene haben. Zeitstrukturen haben für Rosa Bedeutung in der Form, dass diese 1) nicht nur durch die
physikalische Zeitmessung bestimmt werden, sondern auch die subjektiven Zeit-
wahrnehmungen kulturelle Bedeutungen haben und sich mit den Sozialstrukturen
einer Gesellschaft wandeln, als auch, 2) dass diese Zeitstrukturen einen kognitiv
sowie normativ verbindlichen Charakter haben. Sie koordinieren und synchroni-
sieren unterschiedliche Zeitstrukturen innerhalb einer Gesellschaft. Zeit lässt sich
für Rosa nicht neben anderen soziologischen Grundbegriffen wie Kultur, Struktur
oder Gesellschaft stellen, sondern ist vielmehr eine konstitutive Dimension eben

dieser Begrifflichkeiten (Rosa 2005, S. 110)[1]. Rosas leitende Hypothese lautet daher, dass Modernisierung nicht nur ein Prozess in der Zeit, sondern selbst ein Transformationsprozess von Temporalstrukturen und -horizonten im Sinne einer sozialen Beschleunigung ist.

Rosa beschreibt Beschleunigung zunächst als einen zielgerichteten und physikalischen Prozess im Sinne einer Mengenzunahme pro Zeiteinheit (z. B. Produktion von Gütern, Transport, Verarbeitung von Informationen). Problematisch wird diese erst, wenn es zur *Desynchronisation* von Prozessen und Systemen kommt, die einseitig verlaufen, sich also Beschleunigungsphänomene in einem gesellschaftlichen Teilbereich nicht oder nicht gleichermaßen in andere Teilbereiche übersetzen lassen. Desynchronisation kann sich einstellen, wenn 1) ein in einem Teilbereich institutionalisiertes und systemisches Zeitmuster den Zeitmustern der Akteure aufgezwungen wird und dort auf Widerstand stößt, 2) wenn die oben beschriebenen akteursleitenden Zeithorizonte beginnen auseinanderzufallen sowie 3) wenn Systeme untereinander nicht mehr reibungslos miteinander interagieren, z. B. wenn festgestellt wird, dass die Politik zu langsam ist im Angesicht einer sich beschleunigenden Digitalisierung aller Lebenswelten.

Rosas Gegenwartsdiagnose lautet daher, dass die soziale Beschleunigung, die in der Moderne entstanden ist, einen kritischen Punkt überstiegen hat, an dem sich gesellschaftliche Synchronisation und soziale Integration kaum noch vereinen lassen (S. 50; Bohmann et al. 2018).

2.1.2 Die drei Kategorien der Beschleunigung

Die Theorie der sozialen Beschleunigung umfasst drei voneinander unabhängige, aber doch miteinander verwobene Kategorien der Beschleunigung: 1) die technische Beschleunigung, 2) die Zunahme sozialer Veränderungsraten bzw. des sozialen Wandels sowie 3) eine Erhöhung des Lebenstempos.

1) Technische Beschleunigung: Zunächst kann soziale Beschleunigung als eine intentionale, technisch-maschinelle Beschleunigung zielgerichteter Vorgänge beschrieben werden, welche vor allem durch den Einsatz neuer Technologien beobachtbar ist, beispielsweise durch das Messen von Durchschnittsgeschwindigkeiten. Dies findet sich in vielen Bereichen der modernen Gesellschaft, sei es bei der Produktion von Gütern, schnelleren Transport- und Reisewegen, dem Verbrauch von Energie oder der digitalen Verarbeitung und Versendung von Daten und Informationen. Durch die zeitlich immer schnellere Überbrückung des Raums, kommt es zu einer Verkleinerung des Raums und zu einer steigenden

---

[1] Wenn nichts anders angegeben, beziehen sich Seitenzahlen im Folgenden auf diese Arbeit.

Bedeutung von temporalen Entitäten, wie z. B. Lieferzeiten, Flugdauer oder Internetverbindungen, ein Prozess den bereits David Harvey (1990) als „time-space compression" beschrieben hat. Als Hauptantriebsmoment technischer Beschleunigung sieht Rosa vor allem ökonomische Imperative wie „Zeit ist Geld" sowie die Wettbewerbslogik kapitalistischer Systeme, die ein stetiges Beschleunigen und Innovieren wirtschaftlicher und gesellschaftlicher Prozesse voraussetzen.

2) Beschleunigung des sozialen Wandels: Als zweiten Antriebsmotor der Beschleunigung identifiziert Rosa die Zunahme gesteigerter sozialer Veränderungsraten pro Zeiteinheit. Beschleunigung des sozialen Wandels lässt sich definieren, als „Steigerung der Verfallsraten von handlungsorientierenden Erfahrungen und Erwartungen und als Verkürzung der für die jeweiligen Funktions-, Wert-, und Handlungssphären als Gegenwart zu bestimmenden Zeiträumen" (S. 129). Damit zielt Rosa auf das Tempo, mit dem sich neue Praxisformen, handlungsleitgebende Routinen, Assoziationsstrukturen oder Beziehungsstrukturen verändern, wie bspw. die Wechsel von Berufen und Arbeitsplätzen in Biografien, Kunststilen oder Innovationszyklen. Es sind die Veränderungsraten selbst, die sich zunehmend beschleunigen und eingespielte Routinen und Erfahrungen destabilisieren. Die Proliferation neuer Technologien kann nicht allein durch die technische Seite der Beschleunigung erklärt werden, sondern auch durch die Adaption dieser durch die Subjekte. Für die Subjekte geht dies mit dem Phänomen der Gegenwartsschrumpfung einher, welches Rosa von Hermann Lübbe (1983) übernimmt. Durch den Verfall von Handlungsroutinen und -strukturen verlieren die Erfahrungsräume der Vergangenheit und die Erwartungshorizonte der Subjekte an stabilisierender Funktion. Diese müssen in immer kürzeren Zeiträumen umgeschrieben und den neuen Entwicklungen angepasst werden. Damit verliert auch die Gegenwart ihre haltgebende Funktion, in der stabile Temporalstrukturen ausgebildet werden können. Dies kann in den verschiedenen sozialen Dimensionen unterschiedlich schnell passieren, sodass es zu Desynchronisationseffekten kommen kann, von Rosa als die „Ungleichzeitigkeit des Gleichzeitigen" beschrieben. Für die Subjekte bedeutet dies, dass diese immer langfristigere Pläne lebensweltlich entwerfen müssen bei gleichzeitiger Kontingenz des Gegenwärtigen. Neuere Forschung zeigt aber auch, dass es zu Ausdehnungen der Gegenwart als Folgereaktion von Beschleunigung kommen kann (Weidenhaus 2015; Mundt 2020b).

3) Beschleunigung des Lebenstempos: Die dritte Kategorie der sozialen Beschleunigung umfasst die Erhöhung des Tempos des Lebens durch die Steigerung von Handlungs- und Erlebnisepisoden pro Zeiteinheit. Subjekte reagieren auf das Empfinden von Zeitnot oder Zeitstress mit einer Verkürzung oder Verdichtung von Handlungen, z. B. durch Multitasking oder die vermeintlich

effizientere Nutzung von freien Zeitressourcen. Die Steigerung des Lebenstempos ist eine direkte Folge der Verknappung von Zeitressourcen, was besagt, dass wenn die Steigerung der Handlungsmengen über der technischen Steigerung der Bewältigungsgeschwindigkeit liegt, sich diese subjektiv in einer Zunahme der Empfindung von Zeitdruck und stressförmigen Zwängen niederschlägt. Es entsteht das Gefühl „nicht mehr mithalten zu können". Hervorzuheben ist hierbei eine kontraintuitive Feststellung. Denn obwohl auf vielen technischen sowie sozialen Feldern Zeitgewinne durch neue Technologien und Praktiken der Beschleunigung erzielbar sind, scheint die wahrgenommene Zeitnot sich nicht zu reduzieren, sondern zumeist ins Gegenteil umzuschlagen. Beide Prozesse – die Steigerung des Lebenstempos sowie die Verknappung der Zeit – sind unabhängige Prozesse gegenüber der technischen Beschleunigung. Auf den ersten Blick ist es erklärungsbedürftig, warum schnellere technische Möglichkeiten zu einer Zunahme des Gefühls von Zeitnot führen. Rosa erklärt dies dadurch, dass die Wachstumsraten der Handlungsepisoden über denen der technischen Beschleunigung liegen, sodass keine Zeitressourcen freigesetzt werden.

Für die Subjekte fühlt sich diese Form der Beschleunigung an wie das, was Virilio (1997) als „Rasenden Stillstand" beschreibt: da Beschleunigung ein endloser Prozess ist, liegt sein einziger Fluchtpunkt in der Erstarrung. Es entsteht ein „Belagerungszustand der Zeit." (ebd., S. 30). Die Zukunft kommt in immer schnelleren Abläufen in der Gegenwart an, „ohne dass noch die Notwendigkeit der Abfahrt bestünde" (Virilio 1997, S. 31; Mundt 2020a).

2.1.3   Der Akzelerationszirkel

Die drei Kategorien der sozialen Beschleunigung stehen nicht für sich allein, vielmehr unterliegen diese in der Moderne einem sich selbst antreibenden Prozess. Eine Funktion fast jeder Technologie ist das Einsparen von Zeit für eine Tätigkeit im Vergleich zu der vorherigen Technologie. Zugleich ist der Bedarf nach zeitsparenden Technologien umso höher, je größer der empfundene Zeitdruck der Subjekte ist. Für Rosa ist die Erwartung der Subjekte an technologische Beschleunigungen immer schon „eingebaut", technische Beschleunigung ist daher eine direkte Folge knapper Zeitressourcen bzw. eines gesteigerten Lebenstempos (S. 245). Zugleich führen neue technische Entwicklungen zu einem gesteigerten sozialen Wandel, in dem sich Handlungsroutinen und -strukturen ändern und neu einschreiben müssen. Technologien schaffen neue Möglichkeiten bspw. der individuellen Lebensführung und führen zu sich immer schneller verändernden Sinnstrukturen. Beschleunigt sich diese Entwicklung, kommt es zu den oben beschriebenen Tendenzen des Auseinanderfallens von Erfahrungsräumen und Erwartungshorizonten. Das dadurch entstehende Gefühl der Gegenwartsschrumpfung führt dazu, dass bspw. immer mehr Entscheidungen in kürzerer Zeit getroffen werden müssen, wodurch es zu Empfindungen von Zeitstress kommt. Es kommt zu einer Erhöhung des Lebenstempos und damit zum Bedarf nach neuen Technologien, mit denen sich Zeitressourcen einsparen lassen. Ein Beispiel soll dies verdeutlichen: Wissen spielt eine herausragende Bedeutung in der Moderne, der Zugang zu Wissen ist aber an Zugangsberechtigungen wie Hochschulabschlüsse oder Zugriffe durch Bibliotheken gebunden, was jeweils für sich sehr zeitintensive Tätigkeiten sind. Die Entwicklung digitaler Technologien hat den Zugang zu Wissensbeständen vereinfacht und demokratisiert (z. B. Wikipedia). Das Wissen wird freier verfügbar, vermehrt sich aber durch die digitalen Möglichkeiten des Austauschs und der Informationsverarbeitung zunehmend. Wissen bekommt eine kürzere Halbwertszeit, sodass Subjekte nicht nur mehr Wissen erwerben müssen, sondern sich auch immer „up to date" halten müssen (sozialer Wandel). Dies führt zu einer Erhöhung des Lebenstempos, da die Subjekte mit der Menge an neuem Wissen kaum Schritt halten können und so ein neuer Bedarf nach technologischen Möglichkeiten besteht, sich mehr Wissen in kürzerer Zeit anzueignen.

2.2   Dynamische Stabilisierung und Unverfügbarkeit

Um die beiden Haupttheoriegebäude von Hartmut Rosa, die Theorie der sozialen Beschleunigung sowie die Theorie der Weltbeziehungen, miteinander verbinden zu können, kommt zwei Begriffen bei Rosa eine wichtige Bedeutung zu. Zum einen Rosas Definition der Moderne als einem Zustand der *dynamischen Stabilisierung* sowie des kulturellen und gesellschaftlichen Umgangs mit *Unverfügbarkeit*. Der ‚Umweg' über diese beiden Begriffe verdeutlicht, dass diese eine wichtige Klammer setzen und für das Zusammenführen von Rosas Theorien bedeutsam sind.

2.2.1   Dynamische Stabilisierung
Rosa setzt den zahlreichen und in ihren Erklärungsansätzen sehr heterogenen Definitionen und Charakteristika der Moderne eine eigene, beschleunigungstheoretische Beschreibung gegenüber. Den gängigen Modernisierungstheorien, welche vor allem für einen Prozess der Transformation von Differenzierungen, Rationalisierung, Individualisierung und Naturbeherrschung stehen, stellt Rosa nicht nur

seine Theorie der sozialen Beschleunigung gegenüber, sondern sieht das Muster temporaler Beschleunigung in all diesen Bereichen als konstitutiv an, sodass diese in der Theorie der Beschleunigung aufgehen können.

Für Rosa ist die Moderne vor allem durch die technische, ökonomische sowie sozial-kulturelle Dynamisierung sämtlicher Gesellschaftsbereiche gekennzeichnet, in der, wie bereits zuvor gezeigt, die Dynamisierung einer Eigenlogik folgt. Moderne Gesellschaften sind für Rosa dadurch gekennzeichnet, dass sie all ihre Teilbereiche nur durch einen immerwährenden Prozess der Steigerung aufrechterhalten können. Stabilität wird dadurch erreicht, indem diese permanent in Bewegung versetzt und gehalten werden, wobei diese Bewegung zwangsläufig eine Steigerungsbewegung ist. Eine Gesellschaft ist demnach nur dann modern, „wenn sie sich nur (noch) dynamisch zu stabilisieren vermag, wenn sie also systematisch auf Wachstum, Innovationsverdichtung und Beschleunigung angewiesen ist, um ihre Struktur zu erhalten und zu reproduzieren" (Rosa 2019, S. 673). Luhmann folgend, ordnet Rosa hierbei Beschleunigung der zeitlichen Dimension, Wachstum der sachlichen Dimension sowie Innovationsverdichtung der sozialen Dimension einer modernen Gesellschaft zu, wobei die zeitliche Dimension, der Beschleunigung, in Rosas Arbeit eine hervorgehobene Position einnimmt. Rosa sieht dadurch eine umfassendere Definition der Moderne, welche die klassischen Prozesse der Moderne in sich aufnehmen kann und hierdurch „multiple Modernen" ermöglichen kann. Dynamische Stabilisierung nimmt dabei die „Operationslogik der Moderne" ein, wobei es die Logik der Steigerung selbst ist, die sich stabilisiert: trotz ökonomischen Wachstums, technologischen und gesellschaftlichen Fortschritts, bleibt der Zwang zur Steigerung und zum Wettbewerb stets erhalten (Rosa 2019, S. 677). Unabhängig davon, wie erfolgreich ein Unterheman gewirtschaftet, eine Managerin ihre Quartalsziele erreicht oder ein Sportler seine Zeit gesteigert hat, kann dies nur die Vorstufe für weitere Steigerung sein.

2.2.2 Unverfügbarkeit

Neben der ökonomischen Analyse der dynamischen Stabilisierung, bedarf es auch einer gesellschaftskulturellen Erklärung dafür, warum diese Steigerungsdynamik persistent ist. Rosa erklärt dies mit dem Begriff der „Unverfügbarkeit", welchen er als konstitutiv für die Weltaneignung der Gegenwartsgesellschaft betrachtet: Welt verfügbar zu machen, diese in Reichweite zu bringen, ist der Antriebsmoment moderner Lebensformen (Rosa 2018, S. 8). Hier rekurriert Rosa auf Georg Simmel (1900), der in der Philosophie des Geldes, die Rolle des Geldes in der Form beschreibt, dass es individuelle Freiheit ermöglicht und die Welt verfügbar macht. Rosas Analysefokus liegt hierbei auf der Frage wie Subjekte individuell, kulturell, institutionell und strukturell zum Unverfügbaren in Beziehung treten.

Dynamische Stabilisierung und die Steigerungslogik der sozialen Beschleunigung überträgt sich auf die Subjekte, sodass der Antrieb besteht, das Unverfügbare durch Sichtbar-, Erreichbar-, Beherrschbar- und Nutzbarmachung verfügbar zu machen (ebd., S. 29).

Rosas Hauptthese ist, dass Subjekte in der Spätmoderne die Welt als Aggressionspunkt sehen, in der alles beherrschbar und damit auch erwartbar gemacht werden muss. Als Beispiel nennt er To-do-Listen, welche stets einen Aufforderungscharakter haben mehr zu erreichen, aber gleichzeitig aufgrund der Endlosigkeit möglicher Weltanverwandlungen ein Aggressionspotenzial in sich tragen. Dass etwa „nie genug ist" oder „immer noch mehr erreicht werden kann", wird zu einem Grundgefühl der Spätmoderne. Letztendlich, so Rosa, entziehen sich aber die meisten Dinge der Verfügbarmachung, sodass das Gefühl der Weltreichweitenvergrößerung schnell in Gefühle von Angst, Frust, Wut, ja Verzweiflung führt und sich der Anverwandlung, der Resonanz, entziehen (ebd., S. 10). Aus der Unerreichbarkeit des Unverfügbaren und dem immerwährenden Steigerungs- und Optimierungsdrucks, dem Rationalisierungsprozess die eigene Lebensführung berechenbar zu machen, resultiert letztendlich ein Weltverstummen, das Rosa als die Grundangst der Moderne beschreibt (ebd., S. 29).

Dynamische Stabilisierung und Unverfügbarkeit sind zwei wesentliche Antriebsmotoren der Spätmoderne, in der die Subjekte strukturell (von außen in Form dynamischer Stabilisierung) sowie kulturell (von innen durch das Prinzip der Unverfügbarkeit) dazu getrieben werden, die Welt zum Aggressionspunkt zu machen. Hier schließen sich auch andere Überlegungen Rosas an, wie beispielsweise die Etablierung situativer Identitäten sowie der Zwang zur ständigen Selbstthematisierung bei gleichzeitiger Artikulationsnot der Subjekte (Rosa 2012). Diese Prinzipien entfremden Welt und Subjekt voneinander und verhindern die Ausprägung positiver Weltbeziehungen.

2.3 Theorie der Weltbeziehung

Soziale Beschleunigung, dynamische Stabilisierung sowie Unverfügbarkeit sind das Grundgerüst von Rosas Theorie der (Spät-)Moderne, in denen sich die Subjekte zunehmend von gelingenden Selbst- und Weltverhältnissen – genauer: dem guten Leben – entfernen. Hierfür definiert er den aus der Kritischen Theorie entlehnten Begriff der Entfremdung neu, um hieraus die Frage abzuleiten, was gelingende Weltbeziehungen sein können und wie diese theoretisch wie praktisch zu fassen sind.

2.3.1 Weltbeziehung als Entfremdung

Rosa entwickelt eine Definition des Entfremdungsbegriffs mit einem nicht-essentialistischen Anspruch, der darüber hinaus die Perspektive auf ein gutes Leben ermöglichen soll (Rosa 2013). Anders als Marx oder Honneth, definiert Rosa Entfremdung nicht als eine Entfremdung von Produktions- oder fehlenden Anerkennungsverhältnissen, sondern als einen Zustand der Abwesenheit gelingender Weltverhältnisse. Angelehnt an seine Beschleunigungstheorie sieht er die „qualitätslose Zeit", die Verdinglichung statt Verlebendigung, als einen Zustand der beziehungslosen Beziehung, in der sich „Subjekt und Welt innerlich unverbunden, gleichgültig oder sogar feindlich gegenüberstehen" (ebd., S. 37).

Als ein Ergebnis der Beschleunigungsgesellschaft kommt es zu zunehmend fragmentierten Zeitstrukturen, in denen sich die soziale und technische Welt schneller wandelt, als es die Subjekte schaffen, sich diese Erlebnisse als Erfahrung anzuverwandeln und in ein sinnhaftes Narrativ des Selbst zu überführen. Was Rosa (2012) als „situative Identität" beschreibt, bedeutet, dass die permanente Wandlungsfähigkeit an Stelle der Narration tritt. Das Subjekt entfremdet sich, da es keine sinnhaften Bezüge mehr zu seiner Um- und Mitwelt herstellen kann und nur auf Selbst- und Sachzwänge reagiert (Schulz 2015, S. 109).

2.3.2 Resonanz als positive Weltbeziehung

Rosas Konzeption einer positiven Beziehung zwischen Subjekt und Welt beginnt, ähnlich wie bei dem Begriff der Beschleunigung, mit einer physikalischen Begriffsherleitung. Den Begriff der Resonanz leitet er aus der Akustik ab und beschreibt diesen als eine spezifische Beziehung zwischen zwei schwingungsfähigen Körpern, die nur entsteht, wenn durch die Schwingung des einen Körpers die Eigenfrequenz des anderen stimuliert wird. Rosas Soziologie der Weltbeziehung versteht sich als ein spezifischer Modus des „In-die-Welt-Gestelltseins" und wie Subjekt und Welt miteinander in Beziehung treten. Subjekt und Welt sind somit nicht die Voraussetzung, sondern „das Ergebnis unserer Bezogenheit auf die Gegenwart" (Rosa 2016, S. 11). Subjekt und Welt müssen jeweils mit ihrer eigenen Stimme sprechen, über eine Eigenschwingung verfügen, sich aber auch durch die Schwingung des jeweils anderen in Schwingung versetzen lassen können. Vier Kernelemente sind für eine gelingende Beziehung von Relevanz: 1) *Berührung,* andere zu berühren als auch berührt zu werden, 2) *Selbstwirksamkeit,* auf die Berührung muss eine Antwort folgen und diese auch erfahren, 3) *Transformation,* von einer Erfahrung anverwandelt zu werden, dass diese etwas auslöst, 4) *Unverfügbarkeit,* es ist unmöglich die Schwingung des anderen zu

erzwingen und gleichzeitig sind beide auf die Schwingungen des anderen konstitutiv angewiesen, sodass Subjekt und Welt erst in einem relationalen Prozess und
als gegenseitiges Resonanzmedium wirksam werden.

Resonanz ist für Rosa eine Beziehung, in der die Welt „als ein antwortendes,
atmendes, tragendes, in manchen Momenten sogar wohlwollendes, entgegen-
kommendes oder gütiges Resonanzsystem erscheint" (Rosa 2012, S. 9). Damit
bringt er einen anthropologischen und (leib)phänomenologischen Ansatz in seine
Theorie, angelehnt an die exzentrische Positionalität von Plessner oder die neo-
phänomenologischen Ansätze von Schmitz oder Gugutzer. Subjekt und Welt sind
somit keine unabhängigen Entitäten, die für sich existieren, sondern gehen aus
einer wechselseitigen Beziehung hervor.

Rosa identifiziert drei Resonanzachsen als Bezugspunkte anhand derer sich
gelingende Weltbeziehungen formieren können, die sich zugleich auch an den
Kategorien der Mitwelt, Außenwelt und Innenwelt nach Plessner orientieren
(Henkel 2016). Die horizontale Achse der sozialen Welt, welche Beziehungen
in der Familie, Freundschaften aber auch Politik beschreibt; die diagonale Achse
der Objekte, die Arbeit, Schule, Sport, Konsum, aber auch Materialität und Körper betreffen sowie die vertikalen Resonanzachsen der affektierten Innenwelt
wie Religion, Kunst, Natur oder Geschichte. Jede Gesellschaft ist dann als eine
soziokulturelle Formation dadurch bestimmt, dass sie die Weltbeziehungen der
Subjekte in allen diesen Dimensionen formt und vorstrukturiert und dabei spezifische kulturelle Resonanzsphären schafft, in denen die Gesellschaftsmitglieder
ihre mehr oder minder individuellen Resonanzachsen entdecken und ausbauen
können. Resonanzsphären stellen in diesem Sinne kollektive Erfahrungsbezirke
dar, wofür Rosa auch den Begriff der „kognitiven Landkarten" von Taylor nutzt
(Rosa 2016, S. 215 ff.). Das gute Leben gelingt, um auf die Ausgangsfrage von
Rosas Gegenentwurf zur Entfremdung zurückzukommen, wenn die gesellschaftlichen Verhältnisse die Ausbildung von tragenden Resonanzachsen in allen drei
Dimensionen ermöglichen (ebd., S. 319).

Hier verbindet Rosa nun seine Theorie der Beschleunigungsgesellschaft mit
der Resonanztheorie: Eine auf Wettbewerb und dynamische Stabilisierung ausgerichtete Gesellschaft erzwingt demnach eine ressourcenorientierte Lebensführung,
in der die Welt in ihren verschiedenen Dimensionen als verdinglicht behandelt
wird. Damit aber brechen die für die Subjekte konstitutiven Resonanzachsen tendenziell zusammen. Rosa zieht den dialektischen Schluss, dass es die Ursachen
der Krisen der Moderne sind, die zugleich das Potenzial ihrer eigenen Beseitigung
beinhalten. Eine Kritik der Resonanzverhältnisse kann durch eine Beförderung
der Einsicht in die Verhältnisse zur Überwindung der Krisen beitragen.

3   Diskussion

Hartmut Rosas Arbeiten gehören zweifellos zu den mit am meisten rezipierten und öffentlichkeitswirksamsten soziologischen Theorien im deutschsprachigen Raum. Wie kaum ein anderer Soziologe schafft er es, ein den meisten Menschen bekanntes Gefühl der modernen Welt in ein großes Theoriegebäude zu fassen, welches hier nur skizzenhaft erfasst werden kann. Was das Werk von Rosa spannend macht, ist, dass es sowohl als Gegenwartsdiagnose, Modernisierungstheorie, Entfremdungstheorie sowie als Gesellschaftstheorie gelesen werden kann (Schulz 2015, S. 102). Rosas Arbeiten sind daher zwischen einer Theorie mittlerer Reichweite und einer Gesellschaftstheorie einzuordnen. Für den weiteren diskursiven Ausblick sollen drei Perspektivierungen hervorgehoben werden: 1) Rosas Beitrag zur Kritischen Theorie; 2) der Beitrag als wissenschaftliche Zeitdiagnose sowie 3) die wissenschaftliche Anwendbarkeit von Rosas Arbeit und damit einhergehende mögliche Probleme.

Eine *erste* Perspektivierung kann hinsichtlich der soziologischen Tradition, welche der Arbeit Hartmut Rosas zugrunde liegt, erfolgen. Mit seinen Werken steht Rosa in der Denktradition der Kritischen Theorie der traditionsreichen Frankfurter Schule. Insbesondere mit seinen Arbeiten zur Resonanz begründet Rosa, gut 30 Jahre nach dem letzten großen Werk von Axel Honneth, zusammen mit weiteren Wissenschaftler*innen aus Soziologie und Sozialphilosophie, wie beispielsweise Rahel Jaeggi (2016), die vierte Generation der Kritischen Theorie. Rosa knüpft in all seinen Werken bei bekannten Vertretern der vorherigen Generationen an, sei es Theodor W. Adorno, Herbert Marcuse, Jürgen Habermas oder Axel Honneth, grenzt sich jedoch anhand von der Weiterentwicklung zentraler Begrifflichkeiten der Kritischen Theorie zugleich von diesen ab, beispielsweise mit einer eigenen Ausarbeitung des Begriffs der Entfremdung (Rosa 2016, S. 306). Darüber hinaus ist es Rosa auch zu verdanken, dass er mit seiner Resonanztheorie speziell den Arbeiten Erich Fromms neue Aufmerksamkeit schenkt, welche dieser Mitbegründer des Frankfurter Instituts für Sozialforschung aus seiner eigenen Denkrichtung lange Zeit nicht erhalten hat. Der Beitrag für eine Kritische Theorie, den Rosa leistet, lässt sich darüber hinaus mit Bezugnahme auf Adorno am besten hervorheben. Eben jener Vordenker der Frankfurter Schule bekräftige stets die Differenz von dem, was richtig und falsch ist und hob dabei hervor, stets den Sinn für das Richtige aufrechtzuerhalten (Adorno 1997, S. 43). So gesehen kann auf der einen Seite die Analyse gesellschaftlicher Beschleunigungsverhältnisse als das Falsche bzw. als das Problematische und auf der anderen Seite die Bezugnahme auf Resonanzverhältnisse als das Richtige bzw. Erstrebenswerte gelesen werden. Damit erfüllt

Rosa nicht nur den Anspruch an eine kritische Analyse moderner Lebensformen, sondern schafft auch einen utopischen Bezugspunkt, eine Möglichkeit, das „In-die-Welt-Gestelltsein" zu ändern.

Zweitens sticht Rosas Arbeit vor allem als wissenschaftliche Gegenwartsdiagnose zur modernen Gesellschaft hervor. Rosas Theorien finden Bezugspunkte zu anderen großen Theorien, die über die Kritische Theorie hinausgehen, wie bspw. zur Systemtheorie, (Neo-)Phänomenologie, Handlungstheorien oder dem Sozial-Konstruktivismus. Rosa schafft es, die unterschiedlichen Modernisierungstheorien mit ihrer heterogenen Vielfalt, was Veränderungsprozesse betrifft, zu systematisieren und findet eine Erklärung dafür, warum Beschleunigung und Erstarrung zusammen auftreten können. Dementsprechend weit gefasst sind auch die Anwendungsmöglichkeiten seiner Theorie, die den Wert von Rosas Werken als ein Ausgangspunkt für gesellschaftliche Gegenwartsdiagnosen verdeutlichen Es finden sich mittlerweile diverse Anwendungen sowohl der Beschleunigungs- als auch der Resonanztheorie im gesellschaftlichen Diskurs, teilweise von Rosa selbst (mit-)veröffentlicht. Diese mitunter über die Soziologie hinausgehenden Arbeiten behandeln unter anderem psychologisch-somatische Themen in der Arbeitswelt (King et al. 2018), neue Achtsamkeits- und Selbstfindungsbewegungen (Schmidt 2020; Bauer 2022), Fragen der Digitalisierung (Wajcman 2015; Hübner und Weiss 2020), der Religion (Rosa 2022), der Sozialethik (Wils 2019), der Pädagogik (Rosa und Endres 2016), der Demokratie (Ketterer und Becker 2019; Rosa und Laux 2009) oder des kapitalistischen Wirtschaftssystems (z. B. Dörre et al. 2009).

Diese breite Deutungs- und Kritikfähigkeit der Rosa'schen Theorie auf Alltagsphänomene kann zurecht als die große Stärke, zugleich aber auch als eine wesentliche Schwäche ausgelegt werden (Dörre 2009, S. 185). Denn Resonanz kann nicht nur als ein Maßstab für ein gelingendes Leben gelesen werden, sondern auch als ein Bestandteil von sozialer Beschleunigung (ebd.). Denn letztendlich lässt sich in den Arbeiten Rosas der Widerspruch nicht auflösen, warum Resonanzverhältnisse nicht ebenso beschleunigungs- bzw. steigerungsfähig sein sollten. Ein anderer Kritikstrang verweist auf das fehlende Bewusstsein für soziale Ungleichheit und die Bedeutung sozialer Stratifikation zur Realisierung von Resonanzverhältnissen. Materielle sowie sozio-ökonomische Ausgangsbedingungen können die Fähigkeit zur Ausbildung resonanter Beziehungen stark beeinflussen. So weist Haubner (2017) auf die Gefahr hin, dass die prekarisierten Arbeitswelten der einen, die Resonanzmöglichkeiten anderer – besserverdienender Haushalte – erst ermöglichen könnten. Dieser fehlende Ansatz einer Politischen Ökonomie von Resonanzbeziehungen ist für ein Werk der Kritischen Theorie zumindest irritierend (Wimmer 2018; Brumlik 2016).

Diese oftmals an Rosas Arbeiten geübte Kritik zielt darauf, dass seine Arbeiten zwar viele Anwendungsfelder für zeitdiagnostische Analysen bieten, jedoch tatsächliche gesellschaftspolitische Lösungen aus der Theorie nur schwer abzuleiten sind (Wimmer 2018; Haubner 2017). Sofern ein solcher Anspruch an eine Sozialtheorie oder Sozialphilosophie überhaupt zu stellen ist, so finden sich in Rosas Werken sehr wohl Überlegungen zu gesellschaftspolitischen Ansätzen. Bereits in seinen frühen Publikationen bezieht sich Rosa auf die Frage nach dem „guten Leben" (Rosa 1999, S. 736), welches er als eine „ethical perspective" (Rosa 1998b, S. 201) in seinen Arbeiten vorweg- und als einen Startpunkt seines Denkens einnimmt (Peters und Schulz 2017, S. 14). Die gesellschaftlichen Verhältnisse werden von Rosa hinsichtlich ihrer Dysfunktionalität zur Erreichung eines gelingenden Lebens und der „Ausübung individueller und kollektiver Autonomie" (Rosa und Schrader 2004, S. 330) untersucht. Konkreter wird Rosa am Ende seines Resonanz-Werkes mit Blick auf mögliche gesellschaftspolitische Veränderungen. So wie Resonanz die Antwort auf Beschleunigungsverhältnisse lautet, so ist die Postwachstumsgesellschaft die Antwort auf das „schneller, höher, weiter" der Wachstumsgesellschaften (Rosa 2016, S. 707). Hierin sieht er eine positive Zukunftsvision, mit der neben den in diesen Beitrag skizzierten Krisen der modernen Gesellschaft auch Fragen der Nachhaltigkeit und des Klimawandels angegangen werden können. Um seine Vorstellungen von qualitativen Beziehungen als Ermöglichung von Resonanzverhältnissen umzusetzen, plädiert Rosa zudem für ein Bedingungsloses Grundeinkommen, welche den Subjekten ein Mehr an Zeit und ein Weniger an Zwang ermöglichen kann (Rosa 2016, S. 729). Ohne an dieser Stelle diese Themen weiter diskutieren zu können, so bieten seine Vorschläge dennoch ein mögliches Konzept, für deren Realisierung jedoch die politische Ebene verantwortlich ist und sicherlich nicht Bestandteil einer Sozialphilosophie sein muss.

Die *dritte Perspektive* betrifft die wissenschaftliche Anwendbarkeit. Ordnet man die Entstehung von Rosas zentralen Werken in ihrem zeitlichen Verlauf an, so lässt sich eine Verschiebung hinsichtlich der Erklärbarkeit sozialer Phänomene erkennen. Die Theorie sozialer Beschleunigung liest sich als eine Sozialtheorie zu (spät-)modernen Lebensverhältnissen. Ihre Prämissen und Ausgangsüberlegungen, beispielsweise die Definition von Beschleunigung als die Mengenzunahme pro Zeiteinheit, lassen sich auf eine Vielzahl von Alltagsphänomenen anwenden und ermöglichen damit eine empirische Überprüfbarkeit, wie das bereits oben aufgezeigte breite Anwendungsfeld der Beschleunigungstheorie zeigt. Demgegenüber weisen die späteren Arbeiten zur Resonanztheorie ein deutlich höheres Abstraktionsniveau auf, was eine empirische Untersuchung erschwert. Somit ist eine Verschiebung von der Kritik einer Sozialtheorie beschleunigter Lebensverhältnisse hin zu einer Sozialphilosophie gelingender Lebensführung erkennbar. Dies soll keineswegs ein Kritikpunkt sein, sondern verdeutlichen, dass mit der Hinwendung an eine positive und utopistische (Kritische) Theorie von Resonanzverhältnissen ein Verlust begrifflicher Genauigkeit einhergeht und wohl auch einhergehen muss. So fehlt es nicht nur dem Resonanzbegriff und seinen Achsen-Ausprägungen an Präzision, sondern es ist auch fraglich, ob es eine einheitliche Theorie eines guten Lebens überhaupt geben kann oder dieses nicht viel mehr ein sozialphilosophisches Ideal bleiben muss. Gleichzeitig muss eine solche Theorie Offenheit zulassen, möchte diese die vielfältigen Möglichkeiten und individuellen Vorstellungen eines guten Lebens nicht paternalistisch vorwegnehmen. So liest sich die Resonanztheorie weniger als ein gesellschaftspolitisches Manifest, sondern vor allem als eine mögliche individuelle Gebrauchsanweisung für ein gutes Leben. Die Gefahr der fehlenden begrifflichen Genauigkeiten und notwendigen Offenheit der Resonanztheorie muss also in Kauf genommen werden, auch wenn sie sich damit der Kritik der Beliebigkeit aussetzt und sowohl linke Kapitalismuskritik als auch liberal-konservative Modernisierungskritik an Rosa andocken (Lessenich 2009).

Auch übergeht Rosa stellenweise Inkonsistenzen, wenn er zueinander ambivalente Theorietraditionen miteinander verbindet, die aber unter einzelnen Begriffen konträre Positionen zueinander einnehmen. So unterscheidet sich die Funktionsweise von Wirtschaft beispielsweise stark zwischen Marx und Luhmann (Schulz 2015). Hervorzuheben ist auch die klar erkennbare Verwendung von physikalisch-naturwissenschaftlichen Begriffe wie Beschleunigung und Resonanz, welche von Rosa auf die gesellschaftliche Ebene gebracht werden. Auch wenn dies nicht per se kritisiert werden soll, so lassen sich dennoch naturwissenschaftliche Denkweisen in Rosas Arbeiten finden, welche zwar eine eingängige Erklärbarkeit von Phänomenen erlauben, jedoch auch zu einer vereinfachenden Sichtweise einladen könnten. Beispielhaft kann hierfür der oben erwähnte Beschleunigungszirkel stehen, welcher zwar in sich logische Beziehungen zwischen den Beschleunigungsprozessen knüpft und wonach soziale Phänomene wahlweise von einem Startpunkt des technologischen Wandels, des sozialen Wandels oder eines beschleunigten Lebenstempos aus erklärt werden können, welche dann den Akzelerationszirkel in Bewegung setzen. Dieses Denken in Zirkularität lädt jedoch auch zu einem mechanistischen Denken ein, sodass man verleitet sein könnte, den Zirkel durch die Lösung eines der drei Beschleunigungsprozesse zum Stillstand – oder Zusammenbruch – führen zu können. Insbesondere mit Blick auf Arbeiten aus den Science and Technology Studies und insbesondere von Bruno

Latour lässt sich hierzu kritisch anmerken, dass das Zusammenspiel von Gesellschaft, Kultur und Technik nicht ein mechanistisches Kausalitätenmodell ist, in
dem ein Punkt mehr oder weniger unweigerlich zum nächsten führt, sondern vielmehr ein kontingentes, gleichzeitiges Zusammenspiel all dieser Faktoren ist, die
sich in den unterschiedlichen sozialen Feldern auf vielfältige Weise manifestieren
können (Latour 2010).

Zusammenfassend lässt sich bilanzieren, dass Hartmut Rosa mit seinem Werken eine wichtige Analyse der modernen Gesellschaft und ihrer (dysfunktionalen)
Prozesse bietet. Nicht nur erlaubt sie eine historische Erklärung von Modernisie-
rungsprozessen des 20. Jahrhunderts, sondern bietet auch Erklärungen für die
gesellschaftlichen Veränderungen des 21. Jahrhunderts, wie nicht nur die vielfältigen Anwendungsmöglichkeiten und kritischen Rezeptionen seiner Arbeiten
zeigen. Letztendlich ist es jedoch Rosas großer Verdienst, die Moderne sowohl
als Katastrophe zu analysieren als auch als Ermöglichung zu konzipieren, was
insbesondere für die Kritische Theorie eine fast schon positive Wendung darstellt
(Henkel 2016).

Literatur

Adorno, Theodor W. 1997. *Minima Moralia. Reflexionen aus dem beschäftigten Leben.*
   Frankfurt/M.: Suhrkamp.
Bauer, Joachim. 2022: *Wie wir werden, wer wir sind. Die Entstehung des menschlichen Selbst*
   durch Resonanz. München: Heyne Verlag.
Bohmann, U., H. Laux und H. Rosa. 2018. Desynchronisation und Populismus. Ein zeitso-
   ziologischer Versuch über die Demokratiekrise am Beispiel der Finanzmarktregulierung.
   Kölner Zeitschrift für Soziologie und Sozialpsychologie 70 (1): 195–226.
Brumlik, Micha. 2016. Resonanz oder: Das Ende der kritischen Theorie. *Blätter für deutsche*
   und internationale Politik: 120–123
Dörre, Klaus. 2009. Kapitalismus, Beschleunigung, Aktivierung – eine Kritik. In *Soziolo-*
   gie, Kapitalismus, Kritik. Eine Debatte, Hrsg. K. Dörre, S. Lessenich, H. Rosa, 181–204.
   Frankfurt/M.: Suhrkamp.
Dörre, Klaus, S. Lessenich, H. Rosa. 2009. *Soziologie – Kapitalismus – Kritik: Eine Debatte.*
   Frankfurt/M.: Suhrkamp.
Harvey, David. 1990. *The Condition of Postmodernity. An Enquiry into the Origins of Cultural*
   Change. Cambridge, MA: Blackwell.
Haubner, Tine. 2017. Auf der Suche nach Dingresonanz. Zum Verhältnis von Arbeit und
   Gesellschaftskritik in Hartmut Rosas kritischer Soziologie. In *Resonanzen und Dissonan-*
   zen, Hrsg. C. H. Peters, P. Schulz, 217–232. Bielefeld: transcript Verlag.
Henkel, Anna. 2016. „Positive Dialektik". *Soziopolis* (blog). https://soziopolis.de/lesen/bue
   cher/artikel/positive-dialektik/. Zugegriffen: 20. Januar 2023.

Hübner, Edwin, und L. Weiss (Hrsg.). 2020. *Resonanz und Lebensqualität: Weltbeziehung in Zeiten der Digitalisierung. Pädagogische Perspektiven.* Opladen: Verlag Barbara Budrich.

Jaeggi, Rahel. 2016. *Entfremdung. Zur Aktualität eines sozialphilosophischen Problems.* Frankfurt/M.: Suhrkamp.

Ketterer, H., und K. Becker, Hrsg. 2019. *Was stimmt nicht mit unserer Demokratie? Eine Debatte mit Klaus Dörre, Stephan Lessenich und Hartmut Rosa.* Frankfurt/M.: Suhrkamp.

King, Vera, B. Gerisch, H. Rosa, J. Schreiber, und B. Salfeld. 2018. Überforderung als neue Normalität. Widersprüche optimierender Lebensführung und ihre Folgen. In *Das überforderte Subjekt. Zeitdiagnosen einer beschleunigten Gesellschaft,* Hrsg. T. Fuchs, L. Iwer, und S. Micali, 227–257, Frankfurt/M.: Suhrkamp.

Latour, Bruno. 2010. *Eine neue Soziologie für eine neue Gesellschaft.* Frankfurt am Main: Suhrkamp.

Lessenich, Stephan. 2009. Künstler oder Sozialethik? Zur Problematisierung einer falschen Debatte. In *Soziologie – Kapitalismus – Kritik: eine Debatte,* Hrsg. K. Dörre, S. Lessenich, und H. Rosa, 224–244. Frankfurt/M.: Suhrkamp.

Lübbe, Hermann. 1983. Zeit-Verhältnisse. Zur Kulturphilosophie des Fortschritts. *Herkunft und Zukunft* Bd. 1. Graz: Verlag Styria.

Mundt, Ingmar. 2020a. Die Vorwegnahme der Zukunft. Digitale Technologien und ihr Verhältnis zur Zeit. *éngageé Magazin for philosophy, politics & theory* Disobedient Futures 9: 170–74.

Mundt, Ingmar. 2020b. Polarised Futures. How to analyse future narratives and self-relations of young people in times of social polarization by using biographical-narrative interviews. In *Frontiers in Time Research,* Hrsg. E. Schilling und M. O'Neil. Heidelberg: Springer Wissenschaft.

Peters, Helge Christian, und P. Schulz. 2017. *Resonanzen und Dissonanzen.* Bielefeld: transcript Verlag.

Rosa, Hartmut. 1998a. *Identität und kulturelle Praxis. Politische Philosophie nach Charles Taylor.* Frankfurt a. M., New York: Campus.

Rosa, Hartmut. 1998b. On Defining the Good Life. Liberal Freedom and Capitalist Necessity. *Constellations* 5 (2): 201–214.

Rosa, Hartmut. 1999. Kapitalismus und Lebensführung. Perspektiven einer ethischen Kritik der liberalen Marktwirtschaft. *Deutsche Zeitschrift für Philosophie* 47 (5): 735–758.

Rosa, Hartmut. 2005. *Beschleunigung. Die Veränderung der Zeitstrukturen in der Moderne.* Frankfurt/M.: Suhrkamp.

Rosa, Hartmut. 2012. *Weltbeziehungen im Zeitalter der Beschleunigung: Umrisse einer neuen Gesellschaftskritik.* Berlin: Suhrkamp.

Rosa, Hartmut. 2013. *Beschleunigung und Entfremdung. Entwurf einer kritischen Theorie spätmoderner Zeitlichkeit.* Berlin: Suhrkamp.

Rosa, Hartmut. 2016. *Resonanz: eine Soziologie der Weltbeziehung.* Berlin: Suhrkamp.

Rosa, Hartmut. 2018. *Unverfügbarkeit.* Wien Salzburg: Residenz Verlag.

Rosa, Hartmut. 2022. *Demokratie braucht Religion.* München: Kösel-Verlag

Rosa, Hartmut, und E. Wolfgang. 2016. *Resonanzpädagogik. Wenn ein Klassenzimmer knistert.* Weinheim: Beltz Verlag.

Rosa, Hartmut, und H. Laux. 2009. Die beschleunigte Demokratie. Überlegungen zur Weltwirtschaftskrise. *WSI Mitteilungen*: 547–552.

Rosa, Hartmut, und R. Schrader. 2004. Ökonomie, Soziologie und das gelingende Leben. Zum normativen Potential kritischer Sozialwissenschaften. *Handlung, Kultur, Interpretation* 13 (2): 313–332.

Schmidt, Jacob. 2020. *Achtsamkeit als kulturelle Praxis. Zu den Selbst-Welt-Modellen eines populären Phänomens.* Bielefeld: transcript Verlag. https://doi.org/10.14361/978383945 2301. Zugegriffen: 20. Januar 2023.

Schulz, Peter. 2015. „Kritik woran?" Zeitschrift für kritische Sozialtheorie und *Philosophie* 2 (1). https://doi.org/10.1515/zksp-2015-0005. Zugegriffen: 20. Januar 2023.

Simmel, Georg. (1900) 1989. *Philosophie des Geldes.* Frankfurt/M.: Suhrkamp.

Virilio, Paul. 1997. *Rasender Stillstand*: Essay. Frankfurt am Main: S. Fischer Verlag.

Wajcman, Judy. 2015. *Pressed for Time. The Acceleration of Life in Digital Capitalism.* Paperback edition 2016. Chicago London: The University of Chicago Press.

Weidenhaus, Gunter. 2015. *Soziale Raumzeit.* Berlin: Suhrkamp.

Wils, Jean-Pierre. 2019. Resonanz. Im interdisziplinären Gespräch mit Hartmut Rosa. Nomos Verlagsgesellschaft. https://doi.org/10.5771/9783845288734. Zugegriffen: 20. Januar 2023.

Wimmer, Christopher. 2018. Die notwendige Kritik an einer Soziologie des Sockenstopfens. Hypotheses Soziologieblog. https://soziologieblog.hypotheses.org/10942. Zugegriffen: 20. Januar 2023.

Die Subjektivierungsform der Gegenwart. *Das unternehmerische Selbst* von Ulrich Bröckling

Peter Schulz

1   Einführung

Das unternehmerische Selbst erschien 2007 als Veröffentlichung der von Ulrich Bröckling 2006 abgeschlossenen Habilitation. Bröckling, geboren 1959, studierte zunächst Heilpädagogik, danach ab 1985 Soziologie, Philosophie und neuere Geschichte in Freiburg. 1996 promovierte er mit der Arbeit *Disziplin. Soziologie und Geschichte militärischer Gehorsamsproduktion* in der Soziologie. Mit der Veröffentlichung des *unternehmerischen Selbst* avancierte er zum führenden Gouvernementalitätstheoretiker in Deutschland und prägt seitdem die soziologische Subjektivierungsforschung. An Michel Foucault anschließend ist seine Arbeit davon geprägt, nach dem ‚Wie‘ der Formation von Subjektivität zu fragen und dieses ‚Wie‘ detailreich nachzuzeichnen. Seine beiden zuletzt erschienenen Monographien *Gute Hirten führen sanft. Über Menschenregierungskünste* 2017 und *Postheroische Helden. Ein Zeitbild* 2020 setzen diese Forschungslinie fort.

P. Schulz (✉)
Friedrich-Schiller-Universität Jena, Jena, Deutschland
E-Mail: schulz.peter@uni-jena.de

© Springer Fachmedien Wiesbaden GmbH, ein Teil von Springer Nature 2023   81
S. Farzin und H. Laux (Hrsg.), *Soziologische Gegenwartsdiagnosen 3*,
https://doi.org/10.1007/978-3-658-41328-6_8

2 Diagnose

2.1 Eine Reihe von Einzeluntersuchungen

Bröckling antizipiert zu Beginn des *unternehmerischen Selbst*[1] ein zentrales Missverständnis in der Rezeption seiner Studie: dass mit dem ‚unternehmerischen Selbst' (u. S.) bestimmte Subjekte der Gegenwartsgesellschaft beschrieben sind. Im Gegensatz dazu betont er, dass „[e]in Exemplar dieser Spezies […] weder in den Büros von Start-up-Firmen noch sonst irgendwo [zu] finden [ist]" (Bröckling 2007: 46)[2] und grenzt sich entsprechend gegenüber verschiedenen soziologischen Konstruktionen ab. Das u. S. sei weder eine „Modalpersönlichkeit" – eine Beschreibung statistisch häufig gemeinsam auftretender subjektiver Ressourcen – noch ein „Rollenskript" – eine erwartbare Verhaltensweise. Es ist auch weder ein „Sozialisationstyp", noch eine „Charaktermaske" (ebd.), beantwortet also weder die Frage, wie Subjekte aufgrund ihrer Vergangenheit geworden sind, noch wie sie aufgrund systemischer Anforderungen sein müssen. Stattdessen beschreibt Bröckling mit dem u. S. ein „Regime der Subjektivierung" (S. 10), also diskursiv und praktisch vermittelte Anforderungen an Subjekte, nicht die Subjekte selbst.

Zur Untersuchung dieses Subjektivierungsregimes schließt Bröckling vor allem an Foucaults Genealogie an und bezeichnet sein Forschungsprogramm selbst als „Genealogie der Subjektivierung" (S. 7). In Anschluss an Foucault befragt er dieses Regime dabei nicht nach seiner Ursache, sondern nach seiner Wirkung – nicht „*warum* oder *wozu,* sondern *wie* ist [die] Leitfrage." (S. 36). Da das u. S. aus verschiedenen Elementen ohne übergeordnete Synthesis, ohne „kohärentes Integrationsprinzip, […] herrschende Ideologie oder ein organisierendes Zentrum" (S. 27) besteht, liefert das Buch auch keine Gesellschaftstheorie oder auch nur eine Zeitdiagnose der gesamten gegenwärtigen Gesellschaft, sondern beschreibt ein „Bündel" (S. 7) von die Gegenwartsgesellschaft durchziehenden Fäden.

Methodisch beruht *das unternehmerische Selbst* auf einer „Reihe von Einzeluntersuchungen" (S. 13) beziehungsweise „lokalen Analysen" (S. 40) von einzelnen dieser Fäden, deren Konvergenz in bestimmten Motiven und Anforderungen an die Subjekte Bröckling herausarbeitet. Diese Konvergenzen werden

---

[1] Im Folgenden kennzeichnet die Kursivschreibung den Titel des Buchs *Das unternehmerische Selbst,* während das theoretische Konzept des ‚unternehmerischen Selbst' folgend mit „u. S." abgekürzt wird. Taucht das unternehmerische Selbst ohne derartige Markierungen auf, ist ein Selbst gemeint, das unternehmerisch ist.

[2] Wenn nicht anders angegeben, beziehen sich Seitenzahlen im Folgenden auf diese Arbeit.

dann – ebenfalls an Foucault anschließend – in einer „aufsteigenden Analyse" (S. 42) herauspräpariert und bilden so das u. S. Bröckling untersucht dazu (im dritten Kapitel des Buchs) verschiedene neoliberale Theorien – teils in einer Relektüre ihrer Analyse durch Foucault (S. 77) – und (im vierten Kapitel) „vier Schlüsselkonzepte – Kreativität, Empowerment, Qualität, Projekt" (S. 16), die die Anforderungen des u. S. in außerwirtschaftliche Lebensbereiche transportieren.

2.2 Die Leitidee des unternehmerischen Selbst

Startpunkt der Untersuchung bildete für Bröckling dabei der Abschlussbericht der *Kommission für Zukunftsfragen Bayern – Sachsen* von 1997 (S. 7), ein Strategiepapier der Bundesländer Bayern und Sachsen, das unter dem Vorsitz von Meinhard Miegel und unter Mitarbeit von Ulrich Beck den Begriff u. S., wie die Anforderungen an Eigeninitiative und Selbstverantwortung (vgl. S. 7 f.), in ihr Zentrum stellten. Insbesondere Becks Mitarbeit ordnet das Papier in eine Reihe von Reformbestrebungen ein: Ein Jahr zuvor hatte die britische Labour-Party unter Tony Blair ihr Manifest *New Labour, New Life for Britain* veröffentlicht, ein Jahr später sollte der Soziologie Anthony Giddens *The Third Way: The Renewal of Social Democracy* veröffentlichen und in Deutschland die rot-grüne Schröder-Regierung an die Macht kommen – alle getragen von einem neuen Vorschlag sozialdemokratischer Politik, der mit Eigenverantwortung, Chancengerechtigkeit und ähnlichen Konzepten eine Reformpolitik anstieß, die für Bröckling mit dem Abschlussbericht der Zukunftskommission und dem u. S. (vgl. S. 7) korrespondieren. Die Reformen entsprachen den Anforderungen der neoliberalen Wirtschaftswissenschaften an den Staat, aktiv die Grundlagen für den funktionierenden Markt inklusive der passenden Subjekte zu schaffen. Dem folgend zielten sie – von der Reform der Sozial- und Arbeitslosenhilfe bis zur Hochschulreform – darauf, dass die Subjekte ihre eigene Lebensführung als unternehmerische Tätigkeit und letztlich als Humankapital erfassen; und entsprachen damit der Kernbestandteile der Subjektivierung des u. S.

2.3 Bröcklings theoretische Grundlagen

Im Abschlussbericht der *Kommission für Zukunftsfragen Bayern – Sachsen* taucht das u. S. als Leitbild auf. Bröckling greift diese begriffliche Bestimmung auf, versteht sie aber nicht als monolithisches Bild, sondern als „Bündel aus Deutungsschemata, mit denen heute Menschen sich selbst und ihre Existenzweisen verstehen" (S. 7), ohne, dass diese Deutungsschemata einem Zwang zur Identität unterworfen sind. Bröckling grenzt sich damit gegen soziologische Theorien ab, die „ein kohärentes Integrationsprinzip, [...] eine herrschende Ideologie oder ein organisiertes Zentrum" (S. 27) unterstellen. Er schließt stattdessen an Foucault an, indem er das u. S. als „Regime der Subjektivierung" (S. 10) und „Regierungsprogramm" (S. 9) versteht, das sich in den Wirkungen der Macht entfaltet und so das Subjekt konstituiert. Das Subjekt, auf das sich dieses Programm richtet, wird dabei durch die Macht erst konstituiert und bewegt sich (logisch, nicht zeitlich) immer schon im Diskursfeld des u. S. (vgl. S. 19 f.).

Das u. S. versteht Bröckling dabei allerdings als mehr als nur ein Diskursfeld (S. 10) und zieht, um diesen Überhang über den Diskurs zu bestimmen, den Begriff der „Realfiktion" (S. 36) aus der systemtheoretischen Rechtssoziologie Michael Hutters und Gunther Teubners heran: Menschen werden in bestimmten Kontexten als unternehmerisches Selbst adressiert und müssen auf diese Adressierung antworten können, um in der Lage zu sein, erfolgreich innerhalb dieser Kontexte zu handeln. Das entspricht in etwa dem Konzept der Anrufung bei dem marxistischen Theoretiker Louis Althusser, auf das Bröckling ebenfalls wiederholt Bezug nimmt (S. 27 ff., 167, 283). Die Anrufung – oder genauer: die Anerkennung der Anrufung – ist nach Althusser dasjenige, was das Subjekt erst konstituiert und damit den Menschen zugleich unterwirft und handlungsfähig macht. Diese Verschiebung des Konzepts des Diskursfeldes hin zum Fokus auf die praktische Umsetzung der Diskurse (S. 10) fasst Bröckling im Begriff des „Kraftfelds" (ebd.). An ihm wird einerseits deutlich, dass Bröckling neben Foucault und Althusser zentral an Gilles Deleuze anschließt (weiter unten mehr dazu), andererseits bringt Bröckling damit zum Ausdruck, dass die Anrufungen und der Druck, der Realfiktion zu entsprechend, je nach praktischer Umsetzung der diskursiven Anforderungen unterschiedlich stark sind.

Um Subjektivierung zu verstehen, ist also der Begriff des Subjekts und der des Kraftfeldes aufzuschließen. Das Subjekt ist für Bröckling „zugleich Wirkung und Voraussetzung, Schauplatz, Adressat und Urheber von Machtinterventionen" (S. 21). Wirkung und Voraussetzung ist es dabei ganz im Sinne Foucaults und Althussers. Das Subjekt selbst wird von der Macht erst hervorgebracht und muss zugleich über gewisse Freiheit verfügen, damit es von der Macht überhaupt ergriffen werden kann (Foucault 1987); die Anrufung setzt immer schon voraus, dass das Subjekt frei ist, sie anzuerkennen (Althusser 2010). In diesem Sinne ist das Subjekt auch Adressat der Machtintervention. Schauplatz der Machtintervention ist das Subjekt dabei insofern, als dass die Macht nur im Subjekt wirksam werden kann. Zwar untersucht Bröckling im *unternehmerischen Selbst* den Diskurs, aber die Wirkkraft dieses Diskurses ist letztlich nur im Subjekt oder an dem vom Subjekt ausgehenden Praktiken zu beobachten.

Das Subjekt als Urheber der Machtintervention scheint dieser Subjekttheorie, die das Subjekt als Effekt der Macht versteht, zu widersprechen. Bröckling versteht das Subjekt aber als Massekörper im Kraftfeld, dass die Kräfte aufnimmt und „ihre Ansatzpunkte, Richtungen und Intensitäten" (S. 20) modifiziert. Die Urheberschaft ist dabei nicht im Sinne der klassisch-modernen Vorstellung der Autonomie zu verstehen, sondern schließt eher an Deleuzes Konzept der notwendigen Iteration in der Wiederholung an (Deleuze 1992), die ähnlich wie für Bröckling auch für die Subjekttheorie Judith Butlers zentral ist (Butler 1991). Die Modifikation der Kräfte ist dabei so stark, dass sie teilweise vom Subjekt auf das Subjekt selbst zurückgewendet werden – ein Selbstverhältnis als „Faltung" (S. 20) entsteht. Bröckling macht dieses Phänomen mit Bezug auf Frank Kafka als Selbstanrufung (vgl. S. 29 f.) verständlich und das u. S. zielt gerade auf eine Subjektivität, die sich konstant selbst anruft. Durch diese Rolle als Kräftemodifikator ist das Subjekt „kein Produkt, sondern Produktionsverhältnis" (S. 22) wie Bröckling in Anspielung auf Karl Marx formuliert.

Wenn das Subjekt das Produktionsverhältnis, also die gesellschaftliche Form, ist, dann sind sein stofflicher Inhalt die Produktivkräfte der Macht. Diese Produktivkräfte, die die Macht entfaltet, konstituieren das u. S. als Kraftfeld oder als „Sog" (S. 7, 38). Bröckling konzipiert dieses Kraftfeld dabei entlang einer Gravitationsmetapher, sodass sich Subjekte als Massekörper im Feld befinden. Sie werden zugleich durch den Sog der Kräfte beeinflusst, modifizieren durch ihre eigene Masse aber auch die Feldstärke, von der Bewegungen durch das Feld beeinflusst werden, ohne dass die Untersuchung des Kraftfeldes im *unternehmerischen Selbst* erlaubt, zu beschreiben, „wie die Menschen sich tatsächlich in ihm bewegen" (S. 10).

Die konkreten Bewegungen im Kraftfeld sind für Bröckling dabei ebenso von Widerständen (vgl. S. 41) und „Gegenkräften" (S. 284) bestimmt, die passiv wirken können oder ein „Gegenregime" (S. 41) konstituieren, sodass sich mehrere Kraftfelder überlagern. Das Spezifische des u. S. ist für Bröckling, dass es nur „in der Konfrontation mit seinen Gegenkräften [] Form an[nimmt]." (S. 284) Als unternehmerisches Selbst sind Subjekte angerufen, beständig auf ihre eigenen Widerstände zu reagieren und diese produktiv zu wenden, ohne dass ihr Gegensatz dadurch aufgelöst werden könnte. Entsprechend lehnt Bröckling sowohl das Konzept des dialektischen Widerspruchs, der zur Aufhebung strebt, als auch der Ambivalenz, die ausgehalten werden kann und sollte, ab und schlägt stattdessen vor, von Paradoxien zu sprechen, die „als Probleme" „prozessieren" (S. 21).

2.4   Die Krise des Fordismus

Das u. S., das von Bröckling als aktuelle Erscheinung beschrieben wird, ist
Gegenwartsdiagnose. Zugleich bleibt aber das Gestern zu diesem Heute blass und
nur aus Andeutungen zu rekonstruieren. Bröckling verwendet keine systematische
Bemühung darauf, darzustellen, welches Subjektivierungsregime vom ‚unternehmerischen Selbst' abgelöst wird. Aus den Andeutungen wird aber deutlich, dass
es das „Leitbild des ‚organization man'" (S. 65) und des „kühl kalkulierenden
Nutzenmaximierers" (S. 111) ist, das den Vorgänger des u. S. darstellt, also
ein – oder mehrere – Subjektivierungsregime, die nüchtern-rationales, ökonomisches Agieren in hierarchisch-organisierten, institutionalisierten Kollektiven
subjektivieren. Klar wird, dass Bröckling damit das u. S. in Abgrenzung zum
Subjektivierungsregime des Fordismus beschreibt.

Der Fordismus wird dabei im *unternehmerischen Selbst* aber nur indirekt
rekonstruiert, indem Bröckling Paul Thibauds ‚Triumph des Entrepeneurs' darstellt, um an ihm seinen Blick auf das u. S. zu entwickeln. Thibaud geht dabei
von einer „Krise des sozialdemokratischen Zeitalters" (S. 50) am Ende des Fordismus aus. Das Wirtschaftswachstum des Fordismus erlaubte einen Sozialstaat,
der nach Thibaud „soziale Sicherheit um den Preis sozialer Disziplinierung und
Normalisierung" versprach und in dem die „Gesellschaft […] als ein Arrangement
von Rechten [erschien], die Bildungswege, Freizeit, Lohn usw. der Individuen
definierten," während im Konsum „normiert[e] Bedürfnisse" (ebd.: 51) seriell
befriedigt wurden, eine Konstellation, die in den 1970er Jahren in die Krise
geriet. Die Anrufung an die Subjekte basierte im Fordismus zentral auf normierter
Leistungs- und Konsumfähigkeit, in deren Rahmen Fähigkeiten und Bedürfnisse
diszipliniert zur Anwendung kommen sollten.

2.5   Was enthält das Bündel des ‚unternehmerischen Selbst'

Da das ‚unternehmerische Selbst' von Bröckling als „Bündel aus Deutungsschemata" (S. 7) verstanden wird, rekonstruiert er es aus einer Reihe von
Untersuchungen. Im dritten Kapitel des *unternehmerischen Selbst* arbeitet er
Aspekte des u. S. in neoliberalen Wirtschaftstheorien heraus, während das vierte
Kapitel dann an „vier Schlüsselkonzepte[n] –Kreativität, Empowerment, Qualität, Projekt" (S. 16) die Verbreitung des ‚unternehmerischen Selbst' weit über die
ökonomische Theorie und die Wirtschaftssphäre hinaus ausweist.

Das u. S. weist dabei deutliche Ähnlichkeiten mit dem Konzept des Arbeitskraftunternehmers von Gerd-Günter Voß und Hans J. Pongratz auf (vgl. S. 48), einem Idealtyp postfordistischer Subjektivität, der von ihnen ab Ende der 1990er Jahre dargestellt wurde. Der „Arbeitskraftunternehmer" beschreibt dabei im Unterschied zum u. S. eine Subjektivität und nicht das Subjektivierungsregime, das sie hervorbringt. Arbeitskraftunternehmer sind – um die Kraftfeldmetapher aufzugreifen – Subjekte nah dem Gravitationszentrum des Kraftfeldes, also eine Lagebeschreibung innerhalb des Feldes, nicht eine Beschreibung der wirksamen Kräfte.

Bröcklings Ausgangspunkt für die Analyse des Kraftfeldes u. S. ist daher auch nicht die Untersuchung von bestimmten Arbeitsverhältnissen, sondern der Entwicklungsfelder neoliberaler Wirtschaftstheorie (vgl. S. 77). Er geht dabei vom Dreieck Markt, Staat und Subjekt aus, das für die liberale wie neoliberale Wirtschaftstheorie zentral ist. Der Liberalismus konzentriert sich auf einen quasi-naturwüchsigen Markt und beschreibt den Staat als dem Markt äußerlich. Seine Funktion ist es, die für den Markt nötigen (rechtlichen und polizeilichen) Bedingungen her- und die passenden Subjekte – durch ein Disziplinarregime – bereitzustellen (vgl. S. 78 f.). Die neoliberalen Wirtschaftstheorien – auf die Krise des Liberalismus Anfang des 20. Jahrhunderts reagierend – fassen dieses Verhältnis anders. Bröckling rekonstruiert daher im dritten Kapitel des *unternehmerischen Selbst* nacheinander den Ordoliberalismus, die Humankapitaltheorie der Chicago School und die neoliberale Theorie Friedrich August von Hayeks.

Auf die ökonomischen Krisen vom Gründerkrach 1873 bis zur Weltwirtschaftskrise 1929 reagiert der Ordoliberalismus, in dem er den Markt nicht mehr als selbststabilisierend konzipiert (S. 82). Während im Liberalismus staatliche Intervention als Stabilitätsrisiko abgelehnt wurde, soll nun alles staatliche Handeln auf die Anforderungen des Marktes ausgerichtet sein, um so Menschen zu Marktteilnehmer:innen zu machen (vgl. S. 84). Die Humankapitaltheorie fokussiert ergänzend dazu den dritten Pol, das Subjekt. Bröcklings Rekonstruktion betont, dass die Theorie das Konkurrenzprinzip des Marktes anthropologisiert und damit zugleich die Subjekte nicht mehr – wie der Liberalismus – zentral als Tauschpartner:innen, sondern als unternehmerische agierende Subjekte versteht, die ihren Konsum als Investition in sich selbst verstehen (vgl. S. 88 f.). Analog zur im 20. Jahrhundert wachsenden Bedeutung von Konsum und Konsumsteuerung durch Werbung und ähnliches ist also in der Humankapitaltheorie der Konsum nicht mehr das Ausgeschlossene der Produktion und Zirkulation von Waren und Dienstleistungen auf Märkten, sondern integraler Bestandteil des unternehmerischen Agierens aller Marktteilnehmer:innen. Hayek wird von Bröckling vorrangig als interner Gegenspieler des Ordoliberalismus positioniert,

der die staatliche Möglichkeit, in das Marktgeschehen einzugreifen, infrage stellt
(vgl. ebd.: 100). Der Markt erscheint bei Hayek als evolutionäre, kybernetische
Maschine der Informationsverarbeitung, die für Subjekte und den Staat letztlich
undurchschaubar bleibt (vgl. S. 96 ff.).

Diese Theorieelemente bilden für Bröckling die Grundlage für das u. S., das
„gleichermaßen eine Wiederkehr wie eine radikale Inversion des Homo oeco-
nomicus darstellt" (S. 59). Ebenso wie der stabile Markt nicht naturwüchsig
emergiert, muss auch das unternehmerische Selbst geschaffen werden – der Neoliberalismus ist im Kern also eine De-Naturisierung des Marktes (vgl. S. 81),
die einerseits mit der Anthropologisierung von Wettbewerb und Konkurrenz
einhergeht, zugleich aber den Menschen als defizitär gegenüber den Marktan-
forderungen darstellt. Erst die Selbstherstellung als Humankapital, die sich selbst
in jedem Moment „nicht nur [als] einen passiven Verbraucher, sondern auch [als]
einen aktiven Produzenten" (S. 88) begreift, die von staatlichen Maßnahmen des
Förderns und Forderns begleitet wird, erlaubt es auf dem Markt erfolgreich zu
agieren.

Die Doppelstruktur von Anthropologisierung und De-Naturisierung wird
besonders deutlich an der Vertragsfähigkeit, die für das Subjekt des u. S. zentral ist. Einerseits sollen ihm zufolge „letztlich alle sozialen Beziehungen nach
dem Modell des Kontrakts gestaltet werden" und entsprechend „nur jene im vol-
len Sinne als Menschen gelten, die sich vertragskonform verhalten (können)"
(S. 144), andererseits ist „Vertragsfähigkeit [...] ein Humankapital, in das inves-
tiert, das Vertragssubjekt ein Subjektivierungsmodus, der durch entsprechende
Sozial- und Selbsttechnologien angeregt und abgestützt werden muss. Niemand
besetzt die erforderlichen Eigenschaften von Geburt an und erwirbt diese ohne
entsprechende Anreize, weshalb diese gar nicht früh genug einsetzen können. Die
hegemoniale Macht des neuen Kontraktualismus zeigt sich nicht zuletzt daran,
dass die Kompetenz, Vereinbarungen zu treffen und sie vor allem einzuhalten,
in nahezu allen Lehrplänen als Erziehungsziel verankert und das pädagogische
Personal geschult ist, entsprechende Lerngelegenheiten zu schaffen." (S. 145).

Diese strukturelle Paradoxie liegt im Grunde des Subjektivierungsregimes
des u. S. und wird selbst subjektiviert. Sie führt zu einer „strukturellen Überforderung" (S. 71), die zentraler Bestandteil der Antriebsmotivation des unternehmerischen Selbst ist – gestützt von einem marktvermittelten, generalisierten
Konkurrenzzwang (vgl. S. 72).

Bröckling beschreibt anschließend an diese Grundcharakteristik des u. S. als
Forderung an den Menschen, sich gänzlich, unentwegt und dynamisch zu erfassen, die Ausdehnung des Konzepts aus der Sphäre des Ökonomischen auf das
ganze Leben. Neben der angesprochenen Verankerung in der Pädagogik (vgl.

S. 130) finden sich laut Bröckling der Kontraktualismus und die (geforderte) Selbsterfassung als Humankapital in der Entscheidung zur und Führung der Ehe (vgl. S. 91) und der Elternschaft (vgl. ebd.: 92), die als Investitionen in die Zukunft begriffen werden sollen, ebenso der Sphäre des Medizinischen – von der Pränataldiagnostik (vgl. S. 93) bis zur Patientenverfügung (vgl. S. 145). Soziale Beziehungen von dem Umgang des Arbeitsamts mit seinen „Kunden" bis zur Intimbeziehung (vgl. S. 147) werden auf die Basis scheinbar konsensualer, vertraglicher Regelungen gestellt, die angeblich Win-win-Situationen konstituieren, und dabei ein unternehmerisches Selbst voraussetzen. Als Beschreibung eines ökonomischen Anforderungsprofils begonnen wird für Bröckling also rasch deutlich, dass im Kraftfeld des u. S. alle Lebensbereiche gegenwärtiger Menschen liegen.

Das u. S. ist also davon geprägt, dass alle Lebensvollzüge als Investitionspraktiken und alle Lebenssituationen als Investitionsmöglichkeiten be- und ergriffen werden sollen. Es fordert vom Subjekt ein ständiges Engagement in andauernder Ungewissheit – Bröcklings Beschreibung erinnert an Max Webers Beschreibungen des Protestantismus als „Geist" des Kapitalismus (Weber 2016; vgl. S. 237). Im Unterschied zum „protestantischen Selbst", das Weber beschreibt, ist das' u. S. aber aufgerufen, in seinen Investitionen seine Individualität auszudrücken und zu reproduzieren, die „Programme fordern Distinktion statt Konformität, Überschreitung statt Regelbefolgung" (S. 285). Das verallgemeinerte Leitbild des Unternehmers stellt nicht mehr Pflichterfüllung und Askese in sein Zentrum, sondern das Wagnis in einem nie ganz durchschauten Markt sowie die Forderung nach permanenter Steigerung. Dem unternehmerischen Selbst bleibt somit „als einzige Konstante im Individuum die Notwendigkeit [...], sich fortwährend zu ändern, um die diskontinuierlichen und immer schnelleren Marktturbulenzen bewältigen zu können." (S. 125) Das *unternehmerische* Selbst ist so immer auch ein strukturell *überfordertes* Selbst.

Im Fortgang der Studie führt Bröckling das Subjektivierungsregime dann in Einzeluntersuchungen zu vier Konzepten aus: Kreativität, Qualität, Empowerment und Projekt, die hier nicht en détail nachgezeichnet werden können. Verbindendes Element ist dabei, dass diese Konzepte (auch) als Kritik an vorherrschenden Konzepten und mit Emanzipationsanspruch formuliert werden. Sie haben also einen deskriptiven und präskriptiven Doppelcharakter.

„Qualität" ist dabei das Konzept, dessen kritischer Anspruch an wenigsten deutlich ist, ist es doch vorrangig ein neues Steuerungskonzept für Betriebsabläufe. Dennoch beinhaltet auch die Orientierung „[n]icht an Senkung der Kosten, sondern Verbesserung der Qualität" (S. 220) über seine Gebrauchswertorientierung einen kritischen Anspruch innerhalb des Massenkonsumkapitalismus des

Fordismus. „Kreativität" dagegen entstand als Kritik der Einseitigkeit von Intelligenztests (vgl. S. 160) und war eingebettet in eine breitere Kritik des Konformismus in Erziehung und Konsumkultur (vgl. S. 163), während „Empowerment" seine erste Verwendung im Kontext der schwarzen Bürgerrechtsbewegung in den USA hatte (vgl. S. 185), während das „Projekt" schließlich „als Gegenentwurf zu Fabrik, Kleinfamilie oder Universität" (S. 257) in der *counterculture* der 1970er Jahre verankert war. Diese kritische Seite verleiht den Konzepten, so Bröckling, ihre modernisierende Schlagkraft und speist gleichsam das Versprechen, dass das ‚unternehmerische Selbst' attraktiv erscheinen lässt. Dass die vier Konzepte dabei zugleich deskriptiv und präskriptiv sind, weil in ihnen „Gegebenes wie Aufgegebenes, Tatsachen und Telos" (S. 215) zusammenfließen, erzeugt eine offene Entwicklungsdynamik, die für diese Subjektformation von entscheidender Bedeutung ist. Kreativität, Qualitätsorientierung, Wirkmächtigkeit und freie Produktivität werden zugleich als anthropologisierte Potenziale aller Menschen angerufen, müssen zugleich aber stets gefördert werden und bleiben immer steigerbar. Sie entsprechen damit der unabgeschlossenen Dynamik, die das u. S. prägt.

Schließlich ist für das u. S. entscheidend, dass es die Subjekte nicht mehr auffordert, ihre Authentizität zu ergründen: „Subjektivierung ist hier Oberflächenbearbeitung, die auf hermeneutische Tiefenbohrungen schon deshalb verzichten kann, weil sie das Sichverstehen vollständig dem Sichverändern unterordnet." (S. 243) Bröckling spricht mehrfach explizit den kybernetischen Charakter an, den sowohl der Markt, insbesondere Hayeks Theorie (vgl. S. 99), aber auch das Subjekt als unternehmerisches Selbst annimmt (vgl. S. 239, 284). Auch über diese expliziten Verweise hinaus wird bei Bröckling deutlich, dass das u. S. geprägt ist vom Reagieren in komplexen Systemen durch rekursive Selbststeuerung und Selbstevaluierung ohne Ende (vgl. S. 218, 236), sodass konstante Neuorientierung gefragt ist (vgl. S. 96, 269). Im Kern des ‚unternehmerischen Selbst' steht eine kybernetische Steuerungsvorstellung, in der nicht mehr die Realisierung von Authentizität und Autonomie, sondern den Anforderungen entsprechende Anpassungs- und Leistungsfähigkeit das zu erreichende Ziel des Subjekts ist.

3   Diskussion

Das unternehmerische Selbst gehört zu den erfolgreichsten und meist zitierten Publikationen der zeitgenössischen deutschsprachigen Soziologie. Der Erfolg des Buches ist dabei nicht allein auf seinen pointierten Titel zurückzuführen, aber sicherlich damit verbunden, dass das Buch und das in ihm dargestellte Konzept des u.s. eingebettet ist in weitere soziologische Gegenwartsdiagnosen mit ähnlicher Stoßrichtung. Bröckling nimmt auf den „Arbeitskraftunternehmer" von Günter Voß und Hans Pongratz (S. 239), das „erschöpfte Selbst" bei Alain Ehrenberg (S. 289) und auf den „neuen Geist des Kapitalismus" von Luc Boltanskis und Ève Chiapello Bezug (S. 260 f.). Aber auch Verweise auf das „Aktivierungsgebot" (S. 198, vgl. Lessenich 2013) des u. S. und seinen „Steigerungszwang" (S. 243, vgl. Rosa 2005) betten Bröcklings Befunde und Thesen in eine breitere Strömung der Gegenwartsdiagnostik ein.

Die Rezeption beschränkt sich dabei jedoch immer wieder auf die bloße Verwendung des *unternehmerischen Selbst* als Referenz für diese breitere soziologische Gegenwartsdiagnose, das u. S. scheint dabei in dieser Lesart eher als Beschreibung einer Subjektivität im Sinne des Arbeitskraftunternehmers verstanden zu werden, denn als Kraftfeld im Sinne Bröcklings. Kritiken an Bröcklings Arbeit heben dann dieser Lesart entsprechend hervor, dass Subjekte, die den Anforderungen des u. S. entsprechen, selten sind und die Reichweite des Subjektivierungsregimes beschränkt ist. Eine Kritik, die freilich ins Leere läuft, betont Bröckling doch ganz explizit, dass seine Untersuchungen darauf „verzichten [...] zu überprüfen, welche Reichweite die Anrufung des unternehmerischen Selbst besitzt und mit welchen anderen Anrufungen sie konkurriert." (S. 49).

Ohne die Bestimmung dieses Verhältnisses zu anderen wirkmächtigen Dispositiven bleibt *das unternehmerische Selbst* aber eher ein Aufruf an die Soziologie als eine Bestimmung postfordistischer Subjektivität. Als solcher ist es hoch produktiv und stiftet seit Jahren eine Reihe von Forschungsvorhaben an, die dem u. S. in verschiedenen empirischen Feldern nachspüren. Die weiterführenden Implikationen des *unternehmerischen Selbst* und insbesondere die Frage, inwiefern im u. S. allgemein kapitalistische, spezifisch postfordistische und vom sozialen Ort abhängige Anforderungen ineinandergreifen, werden dabei aber nicht gesellschaftstheoretisch beantwortet. Dabei liefert Bröckling eine Reihe von Hinweisen auf das unternehmerische Selbst, die etwa an Subjektivitätstheorien in der Tradition Marx' erinnern: Für das u. S. ist „die Vorstellung des Individuums als Eigentümer" (S. 146) konstitutiv, eine Überlegung, die sich bei Marx für das Subjekt im Kapitalismus überhaupt findet (Marx 2008: 99 f.). Bröcklings daran anschließende Überlegungen zur „Selbstverdopplung" in „konkretes Individuum" und „vollkommen abstrakten, von Körperlichkeit, Geschlecht, Biografie und gesellschaftlicher Einbettung losgelösten Zurechnungspunkt" (S. 146) erinnert an Horkheimers und Adornos Beschreibung, dass das moderne Subjekt davon geprägt ist, von der eigenen Leiblichkeit und ihrer Nichtidentität zu abstrahieren (vgl. Horkheimer und Adorno 1988: 16). Zugleich korrespondieren auf

der anderen Seite Beschreibungen Bröcklings, dass für das unternehmerische
Selbst „kein autoritäres Regime des ‚Kopfs' über den ‚Bauch', sondern Mitbestimmung und partnerschaftliche Kooperation" (S. 281) gefordert ist, mit der
Gegenwartsdiagnose des Wandels von autoritärer zu narzisstischer Persönlichkeit
in der Tradition der Kritischen Theorie (vgl. Böckelmann 1987; Eichler 2013).
Bröcklings eigene Emanzipationsperspektive in der Verweigerung, der „Freiheit,
nicht wählen zu müssen" (S. 286) erinnert zum einen an Adornos Utopie, dass
das „auf dem Wasser liegen und friedlich in den Himmel schauen […] an die
Stelle von Prozeß, Tun, Erfüllung treten" (Adorno 1951: 208) könnte und zum
anderen auch an Herbert Marcuses „Große Weigerung" (Marcuse 1994: 268).

Ausgehend von den hier markierten Verbindungen zwischen Bröckling und
der Kritischen Theorie wird auch die widersprüchliche Position deutlich, in die
sich Bröckling im finalen Kapitel seines Buchs manövriert. Denn dort sucht er
nach „Fluchtlinien" (S. 283) und Widerstandspotenzialen gegenüber dem u. S.
und stellt klar fest, dass die

> „nomadischen, ‚queeren' oder hybriden Subjekte, die als emphatisch aufgeladene
> Gegenanrufungen poststrukturalistische Theorien – von Gilles Deleuze über Judith
> Butler bis Homi Bhaba – bevölkern, […] zwar den auch in einer nachdiszipli-
> nären Gesellschaft noch wirksamen Homogenisierungsdruck mit einem Vexierspiel
> unscharfer oder wechselnder Identitätskonstruktionen unterlaufen [mögen], dem Fle-
> xibilisierungsimperativ einer radikalisierten Marktökonomie [aber] wenig entgegen-
> zusetzen [haben]." (S. 285)

Seine eigenen Überlegungen zu den Fluchtlinien verbleiben aber in der Analyse
individueller Reaktionen von „Depression, Ironisierung und passive Resistenz"
(ebd.: 288), aus denen Bröckling als Schlussfolgerung den Vorschlag ablei-
tet, dass der Widerstand gegen das u. S. taktisch, nicht strategisch zu agieren
habe (vgl. S. 287). Sein Konzept der „Kunst, anders anders zu sein", die – so
der Schlusssatz des *unternehmerischen Selbst* – darin besteht „rechtzeitig auf-
zuhören – und anderswo von Neuem zu beginnen" (S. 297) postuliert selbst
ein hochflexibles Selbst, das auf ständige Wandelbarkeit und kybernetische,
rekursive Selbststeuerung setzt. Eine Gesellschaftstheorie, die die Analyse von
Subjektivierung mit der Analyse gesellschaftlicher Basisinstitutionen und ihrer
Funktionsprinzipien verbindet, würde dagegen durch ihre Perspektive auf strukturelle Veränderungen statt individueller Reaktionen erlauben, diese Persistenz
des ‚unternehmerischen Selbst' in seiner Kritik zu überwinden.

Literatur

Adorno, Theodor W. 1951. *Minima Moralia. Reflexionen aus dem beschädigten Leben.* Frankfurt/M.: Suhrkamp.

Althusser, Louis. 2010. Ideologie und ideologische Staatsapparate. In *Ideologie und ideologische Staatsapparate. 1. Halbband.* Hrsg. Fieder Otto Wolf, 37–102. Hamburg: VSA.

Bröckling, Ulrich. 2007. *Das unternehmerische Selbst.* Frankfurt/M.: Suhrkamp

Böckelmann, Frank. 1987. *Die schlechte Aufhebung der autoritären Persönlichkeit.* Freiburg i. Br.: Ça Ira.

Butler, Judith. 1991. *Das Unbehagen der Geschlechter.* Frankfurt/M.: Suhrkamp.

Deleuze, Gilles. 1992. *Differenz und Wiederholung.* München: Wilhelm Fink.

Eichler, Lutz. 2013. *System und Selbst. Arbeit und Subjektivität im Zeitalter ihrer strategischen Anerkennung.* Bielefeld: Transcript.

Foucault, Michel. 1987. *Der Wille zum Wissen. Sexualität und Wahrheit I.* Frankfurt/M.: Suhrkamp.

Horkheimer, Max und T. W. Adorno. 1988. *Dialektik der Aufklärung. Philosophische Fragmente.* Frankfurt/M.: Fischer.

Lessenich, Stephan. 2013. *Die Neuerfindung des Sozialen. Der Sozialstaat im flexiblen Kapitalismus.* Bielefeld: Transcript.

Marcuse, Herbert. 1994. *Der eindimensionale Mensch. Studien zur Ideologie der fortgeschrittenen Industriegesellschaft.* München: dtv.

Marx, Karl. 2008 [1867]. *Das Kapital. Kritik der politischen Ökonomie. Erster Band.* Berlin: Dietz.

Rosa, Hartmut. 2005. *Beschleunigung. Die Veränderung der Zeitstruktur in der Moderne.* Frankfurt/M.: Suhrkamp.

Weber, Max. 2016 [1904]. *Die protestantische Ethik und der „Geist" des Kapitalismus.* Wiesbaden: Springer.

Religion in einer entzauberten Welt. *Ein säkulares Zeitalter* von Charles Taylor

Marian Burchardt

1 Einführung

Soziologische Gegenwartsdiagnosen zur Rolle von Religion in der globalisierten Moderne haben seit den 1990er Jahren einen andauernden, wenngleich erstaunlichen, Bedeutungszuwachs erfahren. Transnationale Migrationsströme und der sich damit vertiefende religiöse Pluralismus stellen Nationalstaaten vor immer neue Integrationsansprüche (seitens der Mehrheitsgesellschaften) und Inklusionserwartungen (seitens religiöser Neuankömmlinge). Religiöse Minderheiten, in Europa in erste Linie Muslime, ihre Sichtbarkeit und ihre Forderungen nach gesellschaftlicher Teilhabe, sind zu einem gesellschaftlich zentralen Prisma geworden, durch das Fragen nach sozialem Zusammenhalt und normativer Integration in der Öffentlichkeit beobachtet und verhandelt werden.

Damit werden gleichzeitig auch permanent Fragen nach den historisch gewachsenen Grundlagen nationaler Identitäten aufgeworfen (Astor et al. 2017). Während liberale Positionen sich dem Narrativ einer aus der Aufklärung hervorgegangenen säkularen Moderne und den Grundsätzen individueller Freiheit und staatlicher Neutralität verschreiben, betonen Gegenpositionen die religiösen, vor allem christlichen, oder auch jüdisch-christlichen Quellen, Prägungen und normativen Bezugspunkte der Moderne. Noch komplexer wird die Debatte dadurch, dass intellektuelle Positionen zwischen der Anerkennung dieser historischen Prägungen und deren Affirmation oszillieren (Joas 2004). Und doch ist die Auseinandersetzung zumindest in ihrer Intensität erstaunlich; dies vor allem dann, wenn man unterstellt, dass Säkularisierungsprozesse dazu führen,

M. Burchardt (✉)
Universität Leipzig, Berlin, Deutschland
E-Mail: marian.burchardt@uni-leipzig.de

© Springer Fachmedien Wiesbaden GmbH, ein Teil von Springer Nature 2023 95
S. Farzin und H. Laux (Hrsg.), *Soziologische Gegenwartsdiagnosen 3*,
https://doi.org/10.1007/978-3-658-41328-6_9

dass säkulare Gesellschaften Themen wie religiöser Glauben und Zugehörigkeit mit einer gewissen Gleichgültigkeit begegnen. Dass sie dies offensichtlich nicht tun, scheint ein Beleg für das Heraufziehen neuer Unschärfen und Unsicherheiten im Spannungsfeld von Religion und säkularer Moderne zu sein.

Kein Werk hat diese intellektuellen und öffentlichen Diskussionen um die Rolle der Religion in westlichen Gegenwartsgesellschaften in den letzten zwei Jahrzehnten so sehr beeinflusst wie Charles Taylors Buch „Ein säkulares Zeitalter".[1] Dies mag zunächst verwundern, denn die Vorstellung, dass moderne, funktional differenzierte Gesellschaften säkulare Gesellschaften seien, bildet ein Kernelement des Selbstverständnisses der Moderne überhaupt. Sie ist zudem in der Soziologie über verschiedene Varianten von Säkularisierungstheorien ausformuliert worden, innerhalb derer Ursprünge und Folgen von Säkularisierungsprozessen erklärt werden (Martin 1979; Tschannen 1991; Dobbelaere 2002). Wenn also die Idee, wir lebten in einem säkularen Zeitalter, keinen Anspruch auf Originalität erheben kann, so doch die Art und Weise, in der Taylor das Heraufziehen dieses Zeitalters erzählt, nämlich als einen kontingenten, wechselvollen und zukunftsoffenen Prozess, der nicht von außen beobachtet, sondern nur von innen heraus hermeneutisch erschlossen werden kann. Bemerkenswert an Taylors Werk ist zudem, dass es sich der populären Gegendiagnose zur Religion in der Gegenwart, nämlich der von Jürgen Habermas (2008) vertretenen Vorstellung, wir lebten in einer „postsäkularen Gesellschaft", entgegenstellt.

Charles Taylor ist ein an der McGill Universität in Montreal lehrender kanadischer Sozialphilosoph. Bekannt wurde er zunächst mit seinem Buch über Hegel (1979), dessen Ausführungen zu wechselseitiger Anerkennung einflussreich für Taylors nachfolgende Arbeiten zu Multikulturalismus (Taylor 1994) und vor allem seine, an einer Kritik des abendländischen Anthropozentrismus orientierten, Studien zu den Quellen moderner Identität (Taylor 1993) wurden. Aus dieser anti-anthropozentrischen Haltung heraus setzte sich Taylor auch wiederholt mit der westlichen Religionsgeschichte und der politischen Theorie des Säkularismus auseinander. In diesem Zusammenhang vertrat Taylor die Auffassung, dass die Trennung von Religion und politischer Sphäre kein Zweck an sich sei, sondern ein Mittel zur Förderung politischer Werte wie Freiheit, Gleichheit und Solidarität (Taylor 1999, 2011). Während es in diesen Schriften in erster Linie um normative Fragen von gesellschaftlicher Teilhabe, staatlicher Neutralität und religiöser

---

[1] Meine Diskussion orientiert sich an der englischen Originalfassung „A Secular Age" (Taylor 2009). Wenn nicht anders angegeben, beziehen sich Seitenzahlen im Folgenden auf diese Arbeit.

.

Zugehörigkeit ging, fokussiert *Ein säkulares Zeitalter* auf die historische Genese von Säkularität als kulturellem Erfahrungshintergrund in der Moderne.

2 Diagnose

Um seine Ausgangsfrage zu beantworten, was es eigentlich bedeute, in einem „säkularen Zeitalter" zu leben, fächert Taylor zunächst das Bedeutungsfeld des Begriffs der Säkularität auf und unterscheidet drei unterschiedliche Verständnisse (siehe hierzu auch Wohlrab-Sahr und Burchardt 2011; Dobbelaere 2002; Tschannen 1991). Erstens kann sich der Begriff auf die institutionelle Ausdifferenzierung von Religion, und insbesondere auf die Differenzierung von Religion und Politik beziehen. In dieser Verwendungsweise kommen die multiplen Formen der Verhältnisbestimmung von Religion zu anderen institutionellen Bereichen der Gesellschaft in den Blick, häufig verbunden mit der Diagnose, dass Bereiche wie Recht, Wissenschaft, Erziehung oder eben Politik sich zunehmend autonomisiert hätten und dass diese Autonomisierung unweigerlich mit einem gesellschaftlichen Bedeutungsverlust der Religion einhergehe. Zweitens wird der Begriff häufig im Sinne der sinkenden individuellen Beteiligung an kollektiven religiösen Ritualen (Entkirchlichung) und dem Zurückgehen von Glaubensüberzeugungen verwendet. Taylor interessiert sich indessen für eine dritte Dimension von Säkularität, nämlich die Hintergrundbedingungen, vor denen Glauben und Nichtglauben ihre spezifische kulturelle Bedeutung und Form erhalten. Säkularität beschreibt in diesem Sinne den gesamten kulturellen Verständniskontext, in dem sich moralische, spirituelle und religiöse Erfahrungen entfalten. Dieser umfasse sowohl explizite Vorstellungen, wie etwa Optionsvielfalt, wie auch unhinterfragte Hintergrundannahmen, die ähnlich auch in phänomenologischen Theorien der Wirklichkeitskonstitution adressiert werden.

Diesen Verständniskontext fasst Taylor im Begriff des „immanenten Rahmens" zusammen. Damit bezeichnet er eine über einen langen historischen Wandlungsprozess entstandene Konstellation von kosmischen, sozialen und moralischen Ordnungen, die als unpersönlich (S. 543), selbstgenügsam und unabhängig von Transzendenzbezügen verstanden werden (S. 542). In methodischer Hinsicht setzt sich Taylor dabei sowohl über ideengeschichtliche Studien mit den über die Entwicklung von Theorien vermittelten intellektuellen Voraussetzungen dieses Wandlungsprozesses wie auch mit deren massenwirksamer Verbreitung und gesellschaftlicher Verankerung auseinander (Koenig 2011, S. 657).

Dabei beginnt Taylor zunächst mit der anthropologisch fundierten Annahme, dass menschliches Leben prinzipiell auf bestimmte Ideen von Erfüllung bezogen und von Menschen als solches erfahren werde. Erfahrungen von Erfüllung wiederum sieht Taylor als angeleitet von Gütern, die er in seinem Buch „Quellen des Selbst" (1993) als von starken Wertungen geprägt begreift. Die Entstehung des immanenten Rahmens ermögliche, dass sich Erfahrungen der Erfüllung in verschiedenen, historisch wandelbaren Modi vollzögen, von denen Glauben und Unglauben die Grundvarianten seien. Während die letzten Ziele des Lebens im Modus des Glaubens als transzendent und als rein menschliche Ziele überragend verstanden werden, sei deren Bestimmung im Modus des Unglaubens rein immanent. In dieser Variante suchen Akteure Erfüllung im menschlichen Gedeihen („human flourishing"), das ideengeschichtlich mit dem Durchbruch zum selbstgenügsamen bzw. exklusiven Humanismus und der damit einhergehenden Formulierung von rein immanenten Zielen an der Schwelle zum 18. Jahrhundert ermöglicht und als erreichbar erfahren wird. Es entstehen damit dem Christentum entgegenstehende alternative Weltsichten, die selbst wiederum Gegenreaktionen hervorrufen und einen unaufhörlichen, wenn auch zunächst noch auf Eliten begrenzten, Prozess der weltanschaulichen Pluralisierung auslösen, den Taylor mit dem Begriff der „spirituellen Supernova" auf den Punkt zu bringen sucht (S. 423). Diese Vervielfältigung von möglichen Weltbezügen führt letztlich zur Stabilisierung des immanenten Rahmens.

Um den Wandel dieser Hintergrundbedingungen historisch einzufangen, bemüht Taylor den Kontrast zwischen der Glaubenssituation um 1500 und der Gegenwart. In der Welt des Mittelalters wurde die natürliche Welt als göttliche Schöpfung, die subjektive Welt als durchzogen vom Wirken transzendenter Mächte und Geister und die soziale Welt als hierarchisch strukturierte Ordnung verstanden. Während es um 1500 beinah unmöglich gewesen sei, nicht an Gott zu glauben, sei religiöser Glaube in der Gegenwart eine Option unter vielen anderen, und dazu noch eine vergleichsweise unwahrscheinliche, die mit erheblichen Begründungspflichten verbunden ist (S. 25). Zur Frage steht also die Entstehungsgeschichte der Optionalität des Glaubens.

Ein zentraler Gedanke Taylors ist, dass die Entstehung des immanenten Rahmens sich weniger dem Wirken anonymer Prozesse der Modernisierung verdanke, die quasi von außen auf religiöse Glaubensvorstellungen und Praktiken einwirken, als vielmehr innerreligiösen Impulsen und Veränderungen. Diese beginnen mit einem massiven Drang zur Reformierung des religiösen Lebens, der im Hoch- und Spätmittelalter einsetzt. Religionsgeschichtliche Befunde belegen, dass die religiöse Welt des christlichen Mittelalters gekennzeichnet war von einer starken Kluft zwischen der methodischen Praxis religiöser Virtuosen (v. a. Priester und Mönche) und derjenigen der Laien. Während die Hochreligion des zölibatär lebenden Mönchs- und Priestertums sich an der völligen Hinwendung zu

Gott ausrichtete, war die religiöse Praxis der Laien durchzogen von magischen Praktiken und dem Glauben an die heilende Kraft einer Vielzahl von regional hochgradig variierenden Ritualen der Ehrerbietung gegenüber lokalen Heiligen. Im Schatten der hochreligiösen, doktrinär abgesicherten sakramentalen Ordnung entwickelte sich damit eine Welt der auf konkrete positive Wirkungen abzielenden Volksfrömmigkeit, der Geisteraustreibungen, bösen Flüche und Wundermittel (S. 45).

Diese multiplen Formen der Volksfrömmigkeit zielten jedoch nicht lediglich auf eine Bewältigung der Bewährungen des Alltagslebens, sondern beinhalteten ebenso Rituale, in denen die mittelalterliche kosmische Ordnung suspendiert, umgekehrt und ironisiert wurde. Diese Elemente, die im Karneval ihren paradigmatischen Ausdruck finden (Bakhtin 1984), wurden von Victor Turner (1969, S. 201) im Begriff der „Anti-Struktur" gefasst, womit eine periodisch wiederkehrende und im Ritual organisierte Affirmation von Strukturen ermöglicht wird (S. 49), die zugleich aber Raum für Kreativität, Spontaneität und die Entfaltung utopischer Imaginationen eröffnete.

Diese Kluft zwischen der offiziellen, in einen sinnstiftenden Kosmos eingebetteten Ordnung und ihrer periodisch wiederkehrenden Unterbrechung und Umkehrung, ist in der Geschichte immer wieder in verschiedene Formen des Gleichgewichts gebracht worden, mit denen die potenziell totalitären Ansprüche an die absolute Umsetzung einer als perfekt gedachten Vision von Gesellschaft abgepuffert werden sollten. Taylor räumt ein, dass politische Revolutionen und Revolten häufig eine zentrale Rolle bei der Aushebelung solcher historisch eingespielten Gleichgewichte einnahmen und in ihrer letztendlichen Stoßrichtung als „anti-structure to end all anti-structure" (S. 53) zu bewerten sind. Ein Ergebnis davon war die moderne Verbannung der karnevalesken Umkehrung aus der öffentlichen Sphäre in den Intimraum der Privatsphäre. Auch der Humanismus der Renaissance, die wissenschaftliche Revolution, der Aufstieg des Disziplinarstaates und die Reformation (S. 61) beförderten die Formulierung von sozialen Visionen zur Transformation der mittelalterlichen Ordnung.

Taylors zentrales Interesse gilt jedoch den viel breiteren religiösen Anstrengungen, diese mannigfaltigen Beziehungen zwischen Gott, Heiligen, Menschen und Dingen, neu zu ordnen und dem, was aus der Perspektive der Orthodoxie nun als Häresie, schwarze Magie und Aberglaube erscheint, ein Ende zu setzen. Ein die Vorstellungskraft ansprechendes Beispiel sind die durch den Mailänder Bischof Charles Borromeo eingeleiteten Reformen, der Tieren den Zutritt zu Kirchen, das Tanzen auf Friedhöfen sowie den Karneval und das Tragen von Talismanen verbot (ebd., S. 86). Die Ironie dieser Geschichte besteht darin, dass es letztlich dieser Jahrhunderte währende Anfall von religiöser Ordnungswut (S.

63) war, der die Entzauberung der Welt vorangetrieben und vollendet hat (siehe auch Soeffner 1992).

Eine zentrale, wenig beachtete Rolle im Entzauberungsprozess spielten die Priesterorden, deren „innere Kreuzzüge" (S. 68) den Drang nach religiöser Reform auf drei Achsen entwickelten: Erstens, die innere Hingabe an einen persönlichen Gott und Christus; zweitens, die Bekämpfung der sakramentalen Bräuche und von der Kirche sanktionierten magischen Praktiken; und drittens, die Idee der Erlösung durch den Glauben (S. 76). Die durch diese Reformen in Gang gesetzte Bewegung in Richtung Immanenz und selbstgenügsamem Humanismus führt dann dazu, dass das Ziel der Ordnung nicht mehr notwendigerweise als ein göttliches Ziel angesehen wird und auch nicht mehr Gottes Verehrung bedarf und dass wir die Befähigung zum Verfolgen dieses Ziels nicht notwendigerweise als von Gott verliehen verstehen, sondern als menschliche Fähigkeit bereits besitzen.

Dieses neue Kontrollbewusstsein ermöglicht also neue Konzeptionen menschlichen Gedeihens, die in der religiösen Sphäre vor allem von Bewegungen wie dem Calvinismus und dem Pietismus vorangetrieben werden, und es befördert gleichzeitig neue Ideale von Zivilität in der säkularen Sphäre (S. 87). Unter Bezugnahme auf die wegweisenden historisch-soziologischen Arbeiten von Norbert Elias und Michel Foucault (S. 540) beschreibt Taylor, wie das Entstehen neuer Bildungseliten Disziplinierungs- und Zivilisierungsprozesse vorantreibt (S. 85), die in den aufkommenden, von wachsenden staatlichen Bürokratien umgesetzten Armengesetzgebungen (S. 110) einerseits, und elitären Praktiken des „self-fashioning" (Greenblatt 2012) andererseits ihren Niederschlag finden.[2]

Wichtig für Taylors Verständnis von historischem Wandel ist das Verhältnis von artikulierten Theorien und sozialen Imaginationen. Letztere sind nicht lediglich Ideengebilde, sondern „what enables, through making sense of, the practices of a society" (Taylor 2004, S. 2). Soziale Imaginationen sind aufeinander bezogene Hintergrundannahmen und moralische Ordnungsvorstellungen, die von ganzen Gesellschaften geteilt werden und dadurch spezifische Praktiken erst ermöglichen. Der Wandel sozialer Imaginationen vollzieht sich dadurch, dass neue Theorien formuliert werden, die zunächst auf Eliten begrenzt sind, deren Wirksamkeit sich dann aber auf weitere Handlungsfelder auffächert und die letztlich von breiten Bevölkerungsgruppen übernommen und als selbstverständlich angesehen werden. Damit entstehen moderne moralische Ordnungen – Taylor

---

[2] Zu den durch den Protestantismus in Gang gesetzten Disziplinierungsprozessen, siehe Gorski (2003).

zitiert die Marktökonomie, die öffentliche Sphäre und die demokratische Staatsbürgerschaft –, die auf geteilten Annahmen etwa von entbetteter Individualität
und freiem Willen basieren (Warner et al. 2010, S. 19). Taylor geht dezidiert
davon aus, dass Theorien, etwa aus den Bereichen von Recht und Philosophie,
Trickle-Down-Effekte zeitigen und damit historischen Wandel beeinflussen.

Auf der Basis dieser Vorstellung des Wandels sozialer Imaginationen entwirft Taylor nun die Konzeption eines idealtypischen dreistufigen Übergangs
vom Szenarium des 18. Jahrhunderts, in dem Unglaube auf Eliten begrenzt
war, hin zur Massensäkularisierung des 21. Jahrhunderts. Die erste Stufe nennt
Taylor das Ancien Régime. Diese ist gekennzeichnet durch eine Ordnung hier-
archischer Komplementarität, religiöse Herrschaftslegitimation und Rangordnung
mit klar zugewiesenen sozialen Positionen und einer engen Kopplung von Kir-
chenmitgliedschaft und Zugehörigkeit zu nationalen und lokalen Gemeinschaften
(S. 440), die bereits das Ergebnis konfessioneller Disziplinierungs- und Moralisie-
rungsprozesse ist. Während in dieser Formation offizielle und inoffizielle rituelle
Praktiken noch koexistieren und auf der lokalen Ebene als organische Einheit
erscheinen, wird diese Koexistenz zunehmend durch elitäre Angriffe untermi-
niert, die gerade aufgrund der intellektuellen und politischen Macht der Eliten
folgenreich waren.

Abgelöst wird diese Formation vom „Zeitalter der Mobilisierung", in welchem
die Menschen vor dem Hintergrund von Urbanisierungs- und Industrialisierungs-
prozessen in neue soziale Strukturen eingebunden werden und sich neue soziale
Imaginationen zu eigen machen (S. 454). Das Zeitalter der Mobilisierung ist also
in erster Linie eine Epoche der Enttraditionalisierung, die in protestantischen und
katholischen Gesellschaften in deutlich unterschiedlichen Bahnen verläuft (Martin
1979). In protestantisch geprägten Gesellschaften wird die in der Mobilisierungs-
phase verschärfte Entbettung von Individuen besonders sichtbar im Aufkommen
der Denominationen als Form horizontaler religiöser Pluralisierung. Die zunächst
über Denominationen organisierte, religiöse Zugehörigkeit ist aber gleichzeitig
eng verbunden mit nationaler Zugehörigkeit und sogar den nun aufkommenden Vorstellungen von „Zivilisation", die es erlauben, andere als rückständig,
barbarisch und wild wahrzunehmen. Während die Ordnung des Ancien Régime
noch organisch war, sind mobilisierte Gesellschaften zunehmend von Vorstellungen von Gleichheit und Staatsbürgerschaft durchdrungen. Taylors zentrale
Einsicht ist es nun, dass die Mobilisierungsprozesse – entgegen den Annahmen
linearer Säkularisierungserzählungen – gerade nicht zu einem Verfall des religiösen Lebens, sondern zunächst zu religiösen Revitalisierungsbewegungen geführt
haben und dass es die neu entstehenden Sozialformen der Religion – wie etwa

die Denomination und die von Robert Bellah (1967) beschriebene amerikanische
Zivilreligion – waren, die diese Vitalität vermittelten.

Diese Situation verändert sich dann fundamental auf der dritten, von Taylor
als Zeitalter der Authentizität bezeichneten und mit den kulturellen Revolutionen der 1960er Jahre inaugurierten, Stufe. Zentral ist in dieser Formation die
Hochschätzung subjektiver Expressivität. Als Elitenphänomen von der Romantik
des 19. Jahrhunderts vorbereitet, wird der expressive Individualismus über die
Durchsetzung der modernen Konsumkultur nun zum Massenphänomen und zentralen Signum der Kultur der späten Moderne und die Idee der Wahl („choice")
zu deren unhintergehbaren Glaubenssatz (S. 478). Dies führt zu weitverbreite-
ten Deinstitutionalisierungsprozessen, die auch den Bereich der Religion erfassen
und somit die dominanten religiösen Formen des Zeitalters der Mobilisierung
schwächen und an den Rand ihrer Auflösung drängen.[3] Während damit die Möglichkeit erwächst, dass Unglauben zu einem Massenphänomen wird, beobachtet
Taylor gleichzeitig das Entstehen einer Unzahl individualisierter spiritueller Alternativen (S. 507), in denen Individuen sich – entgegen der allgemeinen Maxime
des „spiritual but not religious" – das religiöse Erbe kreativ aneignen. Zentraler
Maßstab ist hierbei die Authentizität der eigenen Erfahrung und die Möglichkeit,
Praktiken, die die Authentizität fördern, frei wählen zu können, die damit eben
immer auch als Optionen – neben anderen – erfahren werden.[4]

3   Diskussion

Taylors Buch zur Genese des säkularen Zeitalters erhält seine zeitdiagnostische
Bedeutung aus einer spezifischen intellektuellen Frontstellung. Auf der einen
Seite dieser Auseinandersetzung stehen die Verfechter*innen der Säkularisie-
rungstheorie, die an der Kernthese, dass der Durchbruch zur Moderne mit der
Durchsetzung und Ausbreitung von Säkularität kausal zusammenhängt, festhalten
(Bruce 2011). Auf der anderen Seite stehen Kritiker*innen, die das Säkularisie-
rungsparadigma aus konzeptionellen, normativen und empirischen Gründen für
untragbar halten.

In diesem Zusammenhang hat vor allem die von Jürgen Habermas (2008)
formulierte Idee einer postsäkularen Gesellschaft, in der religiös fundierte Wis-
sensbestände und ethische Einsichten durch Übersetzungsprozesse in öffentliche

---

[3] Taylors Beschreibung erinnert hier stark an Thomas Luckmanns einschlägiges Werk „Die
unsichtbare Religion" (1967).

[4] Ähnlich argumentierte bereits Berger (1980).

Aushandlungen einbezogen sind, ein weitreichendes Echo hervorgerufen. Mittlerweile werden unter dem Stichwort der Postsäkularität eine kaum noch zu überschauende Vielzahl von empirischen Beobachtungen und normativen Haltungen zur neuen Sichtbarkeit, Öffentlichkeit und gesellschaftlichen Relevanz von Religion verhandelt. In empirischer Hinsicht werden dabei Phänomene wie religiöse Nationalismen, das Interesse an alternativen Spiritualitäten und Therapien oder auch Fortschritts- und Technikskepsis als Säkularisierungstheorien widerlegende Befunde gewertet (kritisch hierzu: Hjelm 2015; Beckford 2012). In normativer Perspektive wird aus solchen Beobachtungen gefolgert, dass über Säkularisierungstheorien begründete, und um die Idee einer autonomen und selbstgenügsamen Vernunft organisierten, Fortschrittsnarrative gescheitert seien. Säkular begründete Vorstellungen von Demokratie, Menschenrechten, Staatsbürgerschaft und individuellen Freiheiten können in dieser Lesart keine übergeordnete universelle Gültigkeit beanspruchen, sondern sind selbst partikulare, wenngleich im Nimbus der distanzierten Neutralität auftretende Positionen (Burchardt 2020). Postkoloniale Lesarten betonen in diesem Zusammenhang zudem die über Gewalt gestützten Herrschaftsverhältnisse, innerhalb derer säkulare Hegemonien weltweit durch imperiale Expansion und koloniale Unterdrückung durchgesetzt worden seien (Mahmood 2006). Postsäkularen Ansätzen geht es insofern um eine radikale Destabilisierung der hegemonialen Position des Säkularen, um das Aufdecken der konfliktreichen Geschichte, die diese ermöglicht hat, und um die Provinzialisierung des säkularen Westens.

So plausibel postsäkulare Perspektiven gerade auch in Bezug auf ihre Resonanz mit anderen auf die Überwindung des Anthropozentrismus zielenden Ansätzen (etwa dem *new materialism* oder Bruno Latours Netzwerktheorie) erscheint, so wenig tragen sie doch zu einem differenzierten Verständnis von Säkularität bei. Und zwar aus folgendem Grund, wie Warner et al. (2013, S. 22) treffend anmerken: „The „secular" in „post-secular" must be exactly that dual sense of the secular against which [Taylor's] book takes its point of departure. In order to believe that we are post-secular, one must have a narrow and inadequate conception of what it means to be secular." Taylors Entwurf entgeht damit den konzeptuellen Engführungen, an denen sowohl die klassische Säkularisierungstheorie wie auch deren postsäkulare Gegenentwürfe leiden. Entgegen den orthodoxen soziologischen Säkularisierungstheorien kann Taylor deutlich zeigen, dass Modernisierungsprozesse keineswegs automatisch zu „mehr Säkularität" führen. Gegenüber postsäkularen Ansätzen besticht seine Studie im Aufzeigen der tiefgreifenden Veränderungen in der kulturellen und epistemologischen Tiefenstruktur der Moderne, die Säkularisierungsprozesse tatsächlich hervorgebracht haben.

Aus soziologischer Perspektive ergeben sich dennoch mindestens drei kritische Anfragen an Taylors Diagnose des säkularen Zeitalters: Erstens kann man einwenden, dass Taylors Studie verflechtungstheoretische Ansätze, die auf die Interdependenz von historischen Entwicklungen zwischen verschiedenen Weltregionen – und auch Weltreligionen – eingehen, außer Acht lässt. Bei aller Nuancierung von unterschiedlichen historischen Pfaden *innerhalb des Westens* bleibt er doch der Vorstellung eines autonomen Entwicklungspfads der westlichen Moderne verhaftet und ignoriert deren vor allem über Kulturkontakte aller Art und imperiale Beziehungen vermittelte Verwobenheit (Randeria 1999). Wie etwa van der Veer (2001) gezeigt hat, lässt sich beispielsweise die Geschichte des britischen Säkularismus nicht ohne die Einflüsse des Kolonialismus in Indien erklären.

Zweitens steht aus der Perspektive der global vergleichenden Soziologie immer stärker die Frage im Raum, ob Säkularität alleinig das Signum der *westlichen* Moderne und ihrer christlich-abendländischen Prägung ist. Taylors Studie ist dezidiert auf den Raum des westlichen Christentums beschränkt und betont dessen einzigartigen Einfluss auf Reformbestrebungen und die daraus hervorgehende Konstruktion des immanenten Rahmens. Nur ein Vergleich mit nichtwestlichen Zivilisationen und deren religiöser Prägung würde es indes ermöglichen, die kulturelle Spezifik des Christentums zu belegen. Ein vergleichender Ansatz liegt dem, an Eisenstadts Idee der *multiple modernities* orientierten, Konzept der *multiple secularities* (Wohlrab-Sahr und Burchardt 2012) zugrunde. Ausgangspunkt ist hier die Annahme, dass auch nichtwestliche Zivilisationen Quellen von Säkularität hervorgebracht haben, die dann in Auseinandersetzung mit dem Programm der westlichen Moderne in eigene, multiple Entwicklungspfade von Moderne und Säkularität geführt haben.[5]

Drittens muss gefragt werden, inwieweit Taylors Modell der Erklärung des immanenten Rahmens und darauf aufbauender Formen der gesellschaftlichen Ausdifferenzierung von Religion und religiöser Pluralisierung mittels sozialer Imaginationen soziologisch überhaupt tragfähig ist. Tatsächlich vermag es ein solcher Ansatz kaum, soziale Machtverhältnisse und Konfliktkonstellationen, in denen auch Akteure und soziale Kräfte beteiligt sind, in den Blick zu nehmen (siehe auch Koenig 2011, S. 667). Auf der Basis eines Verständnisses von Säkularisierung als Konflikt (Wohlrab-Sahr et al. 2008) geht demgegenüber etwa der Ansatz der *multiple secularities* davon aus, dass in Formen der Säkularität unterschiedliche kulturelle Logiken zum Ausdruck kommen, in denen sich

---

[5] Vergleichende Studien zu Säkularität in nichtwestlichen Gesellschaften finden sich bei Künkler et al. (2018), Bilgrami (2016), Zemmin et al. (2016) und Burchardt et al. (2015).

eine spezifische gesellschaftliche Konfliktgeschichte ebenso dokumentiert wie die Referenz auf andere, unter Umständen dominante Formen der Säkularität, wie sie etwa im Rahmen kolonialer Begegnung eine Rolle spielten. In unterschiedlichen Ländern und Regionen bilden sich demnach multiple Säkularitäten aus, die auf unterschiedliche gesellschaftliche Probleme antworten und dafür Lösungen präsentieren. Diese Probleme stellen sich in den meisten Gesellschaften irgendwann in irgendeiner Weise, aber sie stellen sich mit unterschiedlicher Dringlichkeit zu unterschiedlichen Zeitpunkten, etwa in Momenten der Verfassungsgebung (Wohlrab-Sahr und Burchardt 2011).

Taylors Verdienst besteht nicht lediglich darin, Debatten über Säkularität auch außerhalb des Westens wesentlich geprägt und im kritischen Dialog begleitet zu haben. Seine im Medium der Selbstvergewisserung angelegte kritische Reflexion über die normativen Grundlagen der säkularen Moderne bildet nach wie vor einen zentralen Anknüpfungspunkt für Auseinandersetzungen um Säkularisierung, in der sich die Teilnehmenden der Optionalität der eigenen – religiösen oder säkularen – Welthaltungen bewusst sind.

Literatur

Astor, A., M. Burchardt, M., und M. Griera. 2017. The Politics of Religious Heritage: Framing Claims to Religion as Culture in Spain. *Journal for the Scientific Study of Religion* 56 (1): 126–142.

Bakhtin, Michail. 1984. *Rabelais and his world*. Bloomington: Indiana University Press.

Beckford, James A. 2012. SSSR Presidential Address Public Religions and the Postsecular: Critical Reflections. *Journal for the Scientific Study of Religion* 51 (1): 1–19.

Bellah, Robert N. 1967. *Civil religion in America*. Daedalus, 1–21.

Berger, Peter L. 1980. *Der Zwang zur Häresie. Religion in der pluralistischen Gesellschaft*. Aus dem Amerikanischen von Willi Köhler. Frankfurt/M.: Herder.

Bilgrami, A., Hrsg. 2016. *Beyond the Secular West*. New York: Columbia University Press.

Bruce, Steve. 2011. *Secularization: In Defence of an Unfashionable Theory*. Oxford: Oxford University Press.

Burchardt, M. 2016. Does Religion need Rehabilitation? Charles Taylor and the Critique of Secularism. In *Working with a Secular Age: Interdisciplinary Perspectives on Charles Taylor's Master Narrative, Hrsg.* C Jager, G. Vanheeswijck, und F. Zemmin, 137–158. Boston, Berlin: De Gruyter.

Burchardt, Marian. 2020. *Regulating Difference: Religious Diversity and Nationhood in the Secular West*. New Brunswick, NJ: Rutgers University Press.

Burchardt, M., M. Wohlrab-Sahr, und M. Middell (Hrsg.). 2015. *Multiple Secularities Beyond the West: Religion and Modernity in the Global Age*. Boston, Berlin, München: De Gruyter.

Dobbelaere, Karel. 2002. *Secularization: An analysis at three levels.* Frankfurt/M.: Peter Lang.

Gorski, Philip S. 2003. *The Disciplinary Revolution: Calvinism and the Rise of the State in Early Modern Europe.* Chicago: University of Chicago Press.

Greenblatt, Stephen. 2012. *Renaissance self-fashioning: from More to Shakespeare.* Chicago: University of Chicago Press.

Habermas, Jürgen. 2008. Notes on Post-Secular Society. *New Perspectives Quarterly* 25 (4): 17–29.

Hjelm, Titus (Hg.). 2015. *Is God back?: reconsidering the new visibility of religion.* London: Bloomsbury Publishing.

Joas, Hans. 2004. *Braucht der Mensch Religion?: über Erfahrungen der Selbsttranszendenz.* Freiburg i. Br.: Herder.

Koenig, Matthias. 2011. Jenseits des Säkularisierungsparadigmas? Eine Auseinandersetzung mit Charles Taylor. *Kölner Zeitschrift für Soziologie und Sozialpsychologie* 63 (4): 649–673.

Künkler, M., J. Madeley, und S. Shankar (Hrsg.). 2018. *A Secular Age Beyond the West: religion, law and the state in Asia, the Middle East and North Africa.* Cambridge: Cambridge University Press.

Luckmann, Thomas. 1967. *The Invisible Religion: The Problem of Religion in Modern Society.* New York: Palgrave Macmillan.

Martin, David. 1979. *A General Theory of Secularization.* Aldershot: Gregg Revivals.

Mahmood, Saba. 2006. Secularism, hermeneutics, and empire: The politics of Islamic reformation. *Public Culture*, 18(2), 323–347.

Randeria, Shalini. 1999. *Jenseits von Soziologie und soziokultureller Anthropologie: Zur Ortsbestimmung der nichtwestlichen Welt in einer zukünftigen Sozialtheorie.* Soziale Welt, 373–382.

Soeffner, Hans Georg. 1992. *Die Ordnung der Rituale: die Auslegung des Alltags 2* (Vol. 2). Berlin: Suhrkamp.

Taylor, Charles. 1979. *Hegel and modern society.* Cambridge University Press.

Taylor, Charles. 1994. *Multiculturalism: Examining the Politics of Recognition.* Princeton, NJ: Princeton University Press.

Taylor, Charles. 1999. Two Theories of Modernity. *Public Culture* 11 (1): 153–174.

Taylor, Charles. 2004. *Modern Social Imaginaries.* Durham: Duke University Press.

Taylor, Charles. 2009. *A Secular Age. Cambridge.* Harvard University Press.

Taylor, Charles. 2011. Why We Need a Radical Redefinition of Secularism. In *The Power of Religion in the Public Sphere.* Hrsg. E. Mendieta und J. van Antwerpen. 34–59. New York: Columbia University Press.

Tschannen, Oliver. 1991. The secularization paradigm: A systematization. *Journal for the scientific study of religion*, 395–415.

Turner, Victor. 1969. *The Ritual Process: Structure and Anti-Structure.* New York: PAJ Publications.

Van der Veer, Peter. 2001. *Imperial encounters: Religion and modernity in India and Britain.* Princeton University Press.

Warner, Michael, J. VanAntwerpen, J., und C. Calhoun. 2010. *Varieties of Secularism in a Secular Age.* Cambridge: Harvard University Press.

Warner, Michael, J. VanAntwerpen, J., und C. Calhoun. 2013. Editor's Introduction. In *Varieties of secularism in a secular age*. Hrsg. Michael Warner, Jonathan VanAntwerpen, und Craig Calhoun. Boston: Harvard University Press, 1–31.

Wohlrab-Sahr, M. und M. Burchardt. 2011. Vielfältige Säkularitäten. *Denkströme. Journal der Sächsischen Akademie der Wissenschaften* 7: 53–71.

Wohlrab-Sahr, M. und M. Burchardt. 2012. Multiple Secularities: Toward a Cultural Sociology of Secular Modernities. *Comparative Sociology* 11 (6): 875–909.

Wohlrab-Sahr, M., T. Schmidt-Lux, und U. Karstein. 2008. Secularization as Conflict. *Social Compass* 55 (2): 127–139.

Zemmin, F., C. Jager und G.Vanheeswijck, Hrsg. 2016. *Working with A Secular Age: Interdisciplinary Perspectives on Charles Taylor's Master Narrative* (Vol. 3). Berlin, Boston: De Gruyter.

Biographie als Gegenwartsdiagnose. Rückkehr nach Reims von Didier Eribon

Sina Farzin

1 Einführung

„Rückkehr nach Reims" erscheint 2009 auf Französisch und 2016 in deutscher Übersetzung. Das Buch handelt von der Familien- und Lebensgeschichte Didier Eribons. Der 1953 geborene Soziologe erzählt die Rückkehr in die Stadt seiner Kindheit und Jugend nach dem Tod des Vaters, zu dem er als Erwachsener kaum Kontakt hatte, und verbindet dabei autobiographische Betrachtungen über seinen Lebensweg als Bildungsaufsteiger aus der französischen Arbeiterklasse mit weitreichenderen Analysen zur politischen und gesellschaftlichen Lage in Frankreich.

Didier Eribon ist zum Zeitpunkt der französischen Erstveröffentlichung einem sozialwissenschaftlichen Fachpublikum vor allem durch eine Biographie Michel Foucaults (1989, deutsch 1991) sowie eine Monographie zu Homosexualität (1999, deutsch 2019) bekannt. „Rückkehr nach Reims" ist in Frankreich erfolgreich und wird auch in Deutschland nach Erscheinen der Übersetzung, also mit siebenjähriger Verzögerung, zum vieldiskutieren Bestseller. Mit diesem Erfolg wird Didier Eribon, der nach beruflichen Stationen als Journalist und Dozent für Soziologie als Professor an der Université de Picardie Jules-Verne in Amiens arbeitet, zum gefragten öffentlichen Intellektuellen. Es folgen verschiedene Auslandsaufenthalte, internationale Lesereisen sowie mehrere Gastprofessuren, u. a. an der Universität Berkley (USA) und der ETH Zürich (CH).

„Rückkehr nach Reims" ist kein klassisches sozialwissenschaftliches Sachbuch und auch keine traditionelle Gegenwartsdiagnose. Eribon bezeichnet das

S. Farzin (✉)
Universität der Bundeswehr München, Neubiberg, Deutschland
E-Mail: sina.farzin@unibw.de

© Springer Fachmedien Wiesbaden GmbH, ein Teil von Springer Nature 2023   109
S. Farzin und H. Laux (Hrsg.), *Soziologische Gegenwartsdiagnosen 3*,
https://doi.org/10.1007/978-3-658-41328-6_10

Buch in einem Interview als „nonfiktionalen Roman"[1], der Suhrkamp-Verlag formuliert im Klappentext, es handele sich um ein Werk, „das autobiografisches
Schreiben mit soziologischer Reflexion verknüpft." Beide Charakterisierungen
verdeutlichen, dass Eribon sich im Grenzbereich literarischen und soziologischen
Schreibens bewegt. Die Referenzen auf die Gattung Roman und das Genre Autobiographie setzen einen literarischen Rahmen, die Verweise auf die nonfiktionale
Grundlage und die soziologisch gesättigte Reflexion untermauern den wirklich-
keitserschließenden, sozialwissenschaftlichen Anspruch. „Rückkehr nach Reims"
ist ein Text, der gerade aufgrund dieser hybriden Konstellation sowohl literarisch
als auch soziologisch gelesen wird. Damit unterläuft das Buch auch typische Gen-
remerkmale der soziologischen Gegenwartsdiagnostik, die sich häufig durch eine
objektivierende Ansprache des Abstraktum „Gesellschaft" auszeichnet, aus der
alle subjektiven Momente zugunsten der Diagnose eines epochalen Umbruchs
getilgt werden und die eher massenmedial etablierten Kommunikationsmustern
folgt (vgl. Osrecki 2018). Dass „Rückkehr nach Reims" dennoch als Gegenwartsdiagnose gelten kann, liegt einerseits am immanenten Anspruch Eribons,
der individuelle biographische Überlegungen gezielt mit einer Analyse der gegenwärtigen sozialen Spannungen Frankreichs verbindet und so eine Diagnose
des aktuellen politischen Moments entwickelt. Dieses Vorgehen wird im folgenden Abschn. (2) genauer erläutert. Andererseits zeigt die deutschsprachige
Rezeption, dass das Buch über die nationale Situation in Frankreich hinaus als
Gegenwartsdiagnose zur Erklärung einer gesellschaftlichen Konfliktkonstellation
herangezogen wird, die im politischen Feld vieler Gesellschaften des globalen
Nordens auftritt. Eribons autobiographische Reflektion wird als Deutungsangebot
für den Niedergang der politischen Linken und das Erstarken rechtspopulistischer
politischer Bewegungen und Parteien rezipiert. Dieser Kontext wird in Abschn. 3
ausführlicher diskutiert.

2   Diagnose

Eribons Diagnose vollzieht sich in Form einer Selbstanalyse in fünf lateinisch
nummerierten Abschnitten ohne Überschriften und schließt mit einem Epilog.
Dem klassischen, dramatischen Aufbau folgend formuliert Eribon im ersten Kapitel eine Exposition der folgenden Ausführungen. Der Tod des eigenen Vaters wird
für Eribon zum Auslöser, sich mit seiner sozialen Herkunft und seinem Heimat-
ort Reims auseinanderzusetzen. Er hatte den Kontakt zu seiner Familie – mit

---

[1] https://taz.de/Didier-Eribon-zur-Krise-der-Linken/!5340042/ (abgerufen am 20.1.2023).

Ausnahme seiner Mutter – über Jahrzehnte abgebrochen und die Stadt gemie-
den. Auch der Beerdigung des Vaters bleibt er, obwohl vor Ort, fern, und auf
den ersten Seiten des Buches wird vor allem die gewollte Unbedingtheit dieser selbstgewählten Entfremdung betont: „Ich war vor meiner Familie geflohen
und verspürte nicht die geringste Lust, sie wiederzusehen." (Eribon 2016, S. 9)[2]
An dieser Haltung ändert zunächst auch der Tod des Vaters nichts. „Ich mochte
ihn nicht, ich hatte ihn nie gemocht." (S. 12) „Nichts verband uns, nichts hatten wir gemeinsam. Wenigstens glaubte ich das [...]." (S. 13) Unterbrochen wird
diese Selbstdistanzierung erst, als Eribon beim Betrachten alter Bilder unvermit-
telt einen soziologischen Blick auf seine Familie einnimmt: „Ich hatte plötzlich
wieder – aber war es nicht die ganze Zeit in meinen Kopf und in meinen Leib ein-
geschrieben gewesen? – dieses Arbeitermilieu vor Augen, dieses Arbeiterelend,
das aus den Physiognomien der Häuser im Hintergrund spricht, aus den Innenein-
richtungen, aus den Klamotten, aus den Körpern selbst." (S. 17) Diese ästhetisch
vermittelte Wiederentdeckung der eigenen Familie wird zum Anlass der nun
folgenden soziologischen Selbst- und Gesellschaftsanalyse. Eribon erkennt in
der Ausblendung von Fragen sozialer Herkunft eine Leerstelle, die sowohl sein
Selbstbild als auch seine sozialwissenschaftliche Arbeit betrifft. Während er seine
Homosexualität und die mit ihr verbundenen sozialen Erfahrungen als wichtigen Einfluss für seine sozialwissenschaftliche Arbeit im Bereich der *gender* und
queer studies wertet, beschreibt er seine bisherige Auseinandersetzung mit seiner
Kindheit und Jugend in einer Arbeiterfamilie als geprägt von Verdrängung und
Scham (S. 25 f.). „Rückkehr nach Reims" tritt nun an, diese Leerstelle in der
eigenen Lebenserzählung und soziologischen (Selbst)Analyse zu füllen. Eribon
legt dabei den zentralen Akzent auf seine „Herkunftsscham" (S. 19), die durch
die „Klassendistanz" (S. 25) des Aufsteigers die sporadischen Kontakte zu seiner
Familie in seinem Intellektuellenleben in Paris begleitet. Als wichtige Einflüsse
für die Auseinandersetzung mit der eigenen sozialen Scham nennt er (S. 152 f.)
Pierre Bourdieus „Ein soziologischer Selbstversuch" (2004) sowie das Werk
der Schriftstellerin Annie Erneaux (S. 25), die ebenfalls die eigene bildungs-
vermittelte Aufstiegsbiographie zum Thema macht. Vor dem Hintergrund dieser
Grundkonstellation unternimmt Eribon nun verschiedene Annäherungen an sein
Herkunftsmilieu. Er setzt sich mit dem Arbeiterstolz des Vaters auseinander, für
den er als junger linker Student eine Art arrogantes Mitleid empfindet (S. 48 f.),
mit der Allgegenwart von Homophobie und Rassismus in seiner Jugend, mit den
mehrfach gebrochenen Arbeitsbiographien der Frauen in seiner Familie (S. 71 ff.)

---

[2] Wenn nicht anders angegeben, beziehen sich Seitenzahlen im Folgenden auf diese Arbeit.

sowie mit dem beruflichen Aufstieg seiner Brüder, der jeweils weniger spektaku-
lär ausfällt als sein eigener aber doch im Vergleich zu Eltern und Großeltern in
relativ gesicherte Mittelklasseexistenzen führt (S. 108 f.).

Die in Eribons Betrachtungen der eigenen Familie eingelassenen soziologischen Themen weisen über weite Strecken keinen gegenwartsdiagnostischen Anspruch auf. Vielmehr werden klassischen Themen der Bourdieuschen
Ungleichheitssoziologie – soziale Reproduktion durch Familie und Bildungssystem, Klassendistanz, symbolische Herrschaft – über den autobiographischen
Zugang erschlossen und als prägende Kräfte der eigenen Subjektivierungsge-
schichte erzählt. Über den Begriff der Scham fokussiert Eribon vor allem
die affektiv-körperliche Dimension der geschilderten sozialen Prozesse – ein
Vorgehen, das er sehr explizit als eine weitreichendere, weil konsequentere
Umsetzung der soziologischen Selbstanalyse Bourdieus versteht, die er als zu
zaghaft kritisiert (S. 153).

Wie schlägt Eribon nun den Bogen von dieser individuellen Selbst- und Fami-
lienanalyse zur Gegenwartsdiagnose? Er nimmt die Geschichte seiner Familie
und der eigenen Entfremdung als Ausgangspunkt, um die allgemeinere soziale
Entwicklung der französischen Arbeiterklasse und ihr Verhältnis zur politischen
Linken Frankreichs zu thematisieren. Im Mittelpunkt steht der Niedergang der
kommunistischen und sozialistischen Parteien und der Aufschwung rechtspopu-
lärer Kräfte wie dem Front National. Damit liefert er über die Verzahnung der
eigenen Familienbiographie mit den Verschiebungen in der Parteienlandschaft ein
Deutungsangebot für politische Dynamiken, die nicht allein Frankreich betreffen,
sondern in vielen Ländern des globalen Nordens stattfinden. Während die Übertragung auf andere politische Kontexte vor allem in der Rezeption eine wichtige
Rolle spielt (dazu ausführlicher Abschn. 3), ist die Verbindung, teilweise sogar
die Parallelisierung, der individuellen Lebensgeschichte mit der Diagnose der
gegenwärtigen politischen Landschaft Frankreichs im Text selbst angelegt. Sie
wird vor allem in Kap. III ausformuliert.

Kap. III richtet den Blick von dem zuvor zentralen Thema der Klassendistanz und Herkunftsscham auf die politische Dynamik in Frankreich seit den
1980er Jahren bis in die Gegenwart. Während die Eltern in Eribons Jugend mit
einer gewissen Selbstverständlichkeit die kommunistische Partei wählten und sich
als politisch „links" verstanden, wählen inzwischen die Brüder wie auch die
Eltern rechte Parteien, darunter nicht nur konservativ-rechte, sondern auch der
Front National. „Wie konnte es dazu kommen, dass man in derselben Familie
wenig später rechte oder rechtsextreme Parteien wählte und dies sogar manchmal als ,natürliche Wahl' empfand? Was war geschehen, dass nun so viele den
Front National wählten, die ihn zuvor intuitiv als Klassenfeind betrachtet […]

hatten?" (S. 117) Diese Fragen führen Eribon in die Analyse der gegenwärtigen politischen Dynamik Frankreichs und der Konjunktur rechter politischer Kräfte, die sich auch seit dem ersten Erscheinen des Buchs fortgesetzt hat und mit dem Präsidentschaftskandidaten Éric Zemmour 2022 eine weitere Verschiebung in Richtung rechtsradikaler Positionen erfuhr. Auch wenn Eribon anmerkt, dass diese Wahlerfolge sich nicht allein auf Wählerwanderungen aus der Arbeiterklasse zurückführen lassen, interessiert ihn doch vor allem diese Gruppe. Deren verändertes Wahlverhalten lässt sich, so Eribon, jedoch nicht auf eine Veränderung der Einstellung zum nun zentralen Themen der Migration zurückführen. Vielmehr bescheinigt Eribon der weißen französischen Arbeiterklasse eine über die Jahrzehnte unveränderte rassistische Grundeinstellung, die durch ein intaktes, identitätsstiftendes Bündnis mit der politischen „Linken" eingehegt wurde. Den in seiner Kindheit und Jugend allgegenwärtigen Alltagsrassismus gegenüber Einwanderern und deren Familien in den Arbeitervierteln und Fabriken beschreibt er als „rassistischen Reflex" und „Teil des eigenen Selbst". In seiner Familie steht diese Einstellung jedoch nicht im Widerspruch zur Wahl linker Parteien mit dezidiert antirassistischer Haltung (S. 135). Das gilt auch dann noch, als seine Eltern Mitte der 1960er Jahre aus der Sozialwohnung am Stadtrand in eine kleine Reihenhaussiedlung umziehen, weil ihr altes Viertel zunehmend von Einwanderern aus Nordafrika bewohnt wird. Zwar wird diese Entwicklung laut Eribon von einer Zunahme des Alltagsrassismus begleitet, dieser hat aber keine direkten Folgen für die politische Wahl: „[…] man fühlte sich politisch als linker Arbeiter." (S. 135).

Was hat sich also verändert? Ursächlich für die rechte Verschiebung ist laut Eribon die politische Entwicklung der französischen Linken. Nicht zuletzt durch die Bildungsexpansion und den Aufstieg breiter Bevölkerungsanteile in akademische Berufslaufbahnen verschiebt sich deren Programmatik. Die linksorientierte Studierendenschaft der 1960er Jahre, die sich zu einem großen Teil aus Bildungsaufsteigern aus nicht-akademischen Elternhäusern zusammensetzt, bleibt politisch in den folgenden Jahren den traditionellen linken Parteien treu und wandelt sich von der „selbsterklärten Avantgarde der Arbeiterklasse" (S. 119) zur etablierten Mittelklasse. Das neue Trägermilieu der linken Parteien, akademisch gebildet, urban und im Selbstverständnis linksliberal, verdrängt zunehmend die Arbeiter, „ihre Kultur, ihre spezifischen Lebensbedingungen, ihre Hoffnungen und Wünsche." (S. 118) Die veränderte Sozialstruktur ist aber nicht allein Anlass einer passiven Verdrängung, vielmehr führt die neue Zusammensetzung der Wählerschaft laut Eribon zu einer aktiven Herabsetzung der traditionellen Arbeiterkultur, von der sich die nun etablierten Aufsteiger in Übereinstimmung mit ihrer neuen, privilegierten Position abgrenzen: „[…] nach oftmals verblüffenden Karrieren sind sie politisch, intellektuell und persönlich in der Komfortzone

der sozialen Ordnung angekommen und verteidigen nunmehr den Status quo
einer Welt, die ganz und gar dem entspricht, was sie selbst geworden sind."
(S. 119) Damit einher geht eine symbolische Abwertung der Arbeiter und ihrer
Lebensweise und die Verdrängung der Arbeiterklasse als relevantes Kollektiv aus
dem Bereich politischer Repräsentation (S. 118). Machtasymmetrien und kollektive Interessen spielen in der neuen linken politischen Programmatik keine Rolle
mehr, Eigenverantwortung und Flexibilisierung sind die Schlagworte, vor deren
Hintergrund sich der Rückbau des Wohlfahrtsstaates und die Individualisierung
sozialer Sicherungssysteme vollzieht (S. 121). Der Um- und Rückbau der sozialen Sicherungssysteme, der wie in vielen europäischen Ländern in Frankreich
ab den 1990er Jahren auch von linken Parteien durchgesetzt wird, geht in Eribons Augen einher mit der Stigmatisierung von Armut als individuellem Makel.
Die betreffenden Gruppen verschwinden als kollektive, politische Akteure (neben
Arbeiterklasse verwendet Eribon den in Deutschland weniger gebräuchlichen
Begriff der populären Klasse (S. 118)) aus dem Diskurs und werden nur noch als
„passive und stumme potenzielle Empfänger technokratischer Hilfsmaßnahmen"
(S. 121) adressiert.

In dieser Situation wird das rechte politische Angebot attraktiv. Es über-
schreibt die traditionelle linkspopulistische Übersetzung der Differenz Arbeiter/
Bourgeois in „uns hier unten" vs. „denen da oben" (S. 124) durch ein national-
ethisches „Wir", das vor der Einwanderung der „Fremden" geschützt werden
muss. Damit, so Eribon, wandelt sich die politische Wahlentscheidung von einer
positiven zu einer negativen Selbstaffirmation. Während die Wahl der Kommunis-
ten die Gruppe der Arbeiterklasse politisch formiert, ist der fehlende umfassende
Bezug zur Klassenidentität für die Wahlentscheidung zugunsten des Front National unwichtig. Es geht nicht mehr vorrangig um kollektive Interessenvertretung,
sondern um die Abwehr einer Identitätsbedrohung, die in einem neuen, rechten
Block „große Teile der prekarisierten und verwundbaren Unterschicht mit Leuten aus Handelsberufen, mit wohlhabenden, in Südfrankreich lebenden Rentnern,
ja sogar mit faschistischen Exmilitärs und traditionalistischen Katholiken verbindet." (S. 128) Ursache dieser Verschiebung ist für Eribon also primär weder
die Zunahme rechter Einstellungen, noch ökonomische Einbußen der traditionellen Arbeiterklasse, noch die veränderte Einwanderungs- und Migrationspolitik
Frankreichs, sondern die kulturelle Entwertung der proletarischen Klassenidentität, vorangetrieben nicht zuletzt durch die erfolgreichen Klassenaufsteiger im
Zuge der Bildungs- und Wirtschaftsexpansionen der 1960er bis 1980er Jahre. Die
„Aufkündigung der Allianz zwischen Arbeitern und anderen gesellschaftlichen
Gruppen (Beamte, Angehörige des öffentlichen Dienstes, Lehrer…) innerhalb
des linken Lagers" (S. 127) führt laut Eribon in eine Konstellation, in der die

Wahlentscheidung für rechte Parteien als „eine Art politische Notwehr der unteren Schichten" (S. 124) und Akt der kollektiven Identitätsbehauptung interpretiert werden muss.

Soweit der gegenwartsdiagnostische Kern des Eribonschen Buchs. Er macht den kleineren Teil des Textes aus, als Schwerpunkt dominieren die Überlegungen zur politischen Entwicklung Frankreichs vor allem das dritte Kapitel. Es ist das einzige, in dem Familiengeschichte und autobiographische Erinnerungen gegenüber generellen Aussagen zu Politik und Parteienlandschaft den geringeren Anteil ausmachen. Bemerkenswert ist, dass Eribons fast vollständig auf klassische, empirische Verweise verzichtet (obwohl zum Thema Sozialstruktur und Wählerwanderung reichlich vorhanden, einzige Ausnahme ist ein Aufsatz von Jacques Lagroye, der auf S. 129 erwähnt wird.) und stattdessen auch hier Romane (mehrfach verwiesen wird auf Claire Etcherellis Roman „Elise oder das wahre Leben") und die eigene Biographie referenziert. Ausgehend von den Wahlentscheidungen seiner Brüder und Eltern generalisiert er die Dynamik zwischen unscharfen Großkollektiven wie der politischen Linken, Rechten und der Arbeiterklasse. Politische Gegenwartsdiagnose und autobiographische Erzählung funktionieren in „Rückkehr nach Reims" als spiegelbildliche Verstärkung. Denn die individuelle Biographie des Klassenaufsteigers, der sich in Paris zur intellektuellen Linken zählt aber vor Scham errötet, wenn er die Berufe seiner Eltern (S. 49) nennen muss, wird zur Miniatur der größeren gesellschaftlichen Verschiebung, die Eribon diagnostiziert. Der individuellen familiären Entfremdung entspricht die Entsolidarisierung der akademischen Linken mit den schwächeren gesellschaftlichen Gruppen. Die subjektiv empfundene Herkunftsscham spiegelt die kulturelle „Entwürdigung" der Arbeiterklasse und die Abwertung ihrer Kultur und Lebensweise. Diese Verschränkung der individuellen Biographie mit einer allgemeinen, gesellschaftlichen Analyse ist typisch für die Autosoziobiographie, eine Hybridgattung zwischen Literatur und Soziologie, die auf das autobiographisch gefärbte Werk der Autorin Annie Erneaux zurückgeht. Neu ist im Fall der „Rückkehr nach Reims" die gegenwartsdiagnostische Aufladung eines Erzählprinzips, das nicht aktualistisch angelegt ist, sondern dem langen Bogen eines Lebensweges, manchmal auch über Generationen hinweg, folgt. Dass Buch selbst drängt seine gegenwartsdiagnostische Lesart auch nicht unbedingt auf, dafür umfassen die Ausführungen mit Verallgemeinerungsanspruch zur politischen Situation in Frankreich einen viel zu kleinen Teil. In der Rezeption ist es jedoch dieser Aspekt, der den internationalen Erfolg der „Rückkehr nach Reims" begründet. Der folgende Abschnitt widmet sich daher dem öffentlichen Echo und der kritischen Diskussion, die auf die Veröffentlichung von „Rückkehr nach Reims" folgten.

3   Diskussion

„Rückkehr nach Reims" erscheint 2016 in deutscher Übersetzung, fast 7 Jahre nach der französischsprachigen Originalausgabe. Der vergleichsweise lange Zeitraum zwischen den beiden Erstveröffentlichungen scheint auf den ersten Blick gegen den gegenwartsdiagnostischen Gehalt des Buches zu sprechen. Gegenwartsdiagnosen, so die Erwartungshaltung, sollen schließlich Umbrüche und Spannungen im Hier-und-Jetzt auf den Begriff bringen und nicht die politische Landschaft Frankreichs der vergangenen Dekade beschreiben. Dennoch wird das Buch in der deutschsprachigen Rezeption sofort zum „Buch der Stunde" ausgerufen (Erdur 2017; Rühle 2016; sfr Literaturclub 13.12.2016), das den aktuellen gesellschaftlichen Moment auf den Punkt zu bringen vermag. Feuilleton und Kulturkritik veröffentlichen zahlreiche positive Rezensionen (z. B. Seibt 2016; Müller 2016). Auch wenn „Rückkehr nach Reims" in Frankreich als Autobiographie durchaus erfolgreich war, findet in der deutschen Debatte eine klare Akzentverschiebung in Richtung einer gegenwartsdiagnostischen Lektüre statt. Wie kommt es zu dieser teilweise euphorischen Vereinnahmung durch die Rezeption? Die Ursachen hierfür dürften weniger im Werk selbst liegen, als in der politischen Situation bei Erscheinen der deutschen Fassung. Ähnlich wie der Erfolg der „Risikogesellschaft" kaum ohne die kollektive Erfahrung des GAUs in Tschernobyl erklärt werden kann, berührt „Rückkehr nach Reims" bei Erscheinen neuralgische Punkte der aktuellen politischen Situation. Die AFD eilt im Fahrwasser der Debatte um die Fluchtbewegungen 2015 nach Europa von Umfragehoch zu Umfragehoch und wird nach den Bundestagswahlen 2017 zur größten Oppositionsfraktion. In den USA gewinnt Donald Trump die Präsidentschaftswahlen – ein Sieg für einen offen rechtspopulistischen Kandidaten, den die meisten Kommentatoren und Demoskopen bis zum Vorabend der Wahl am 8.11.2016 nicht für möglich gehalten hatten und der vor allem auf Wahlerfolgen in den *rust belt states,* den industriegeprägten und traditionell die Demokraten wählenden Staaten des mittleren Westens, beruhte. Auch in anderen Ländern verbuchen nationalistische und teilweise offen rassistische rechtspopulistische Bewegungen und Parteien zunehmend Erfolge.

In dieser Situation erscheint „Rückkehr nach Reims" und wird als gegenwartsdiagnostisches Angebot rezipiert. Eribon selbst bemerkt zu Beginn eines Interviews, dass eine solche Verbindung nicht zwingend ist: „Hören Sie, ich weiß nicht, was ihr alle wollt. Ich habe ein Buch über meine Mutter geschrieben und jetzt soll ich Brexit, Trump und die Welt erklären." (Rühle 2016) Er gibt dann aber eben doch, sowohl in diesem Interview als auch in weiteren Essays und öffentlichen Auftritten, ausführlich Auskunft zu den aktuellen

Ereignissen und ihrer Verbindung zu seinen Thesen. Zu dieser erfolgreichen Verfestigung der Rezeption als Gegenwartsdiagnose trägt bei, dass sich das Buch in gleich mehrere populäre soziologische Diagnosen einreiht, die ebenfalls konflikthafte Prozesse der kulturellen Ab- und Aufwertung kollektiver Identitäten in den Mittelpunkt stellen: Arlie Hochschilds Studie „Strangers in Their Own Land" (2016) zeigt, wie die Anhänger der republikanischen Tea-Party-Bewegung aus dem Erfolg emanzipatorischer, liberaler Bewegungen eine Bedrohung der eigenen Kultur und Werte ableiten (vgl. den Beitrag von Schimank in diesem Band). Und Andreas Reckwitz' vieldiskutierte Bücher „Die Gesellschaft der Singularitäten" (2017) sowie „Das Ende der Illusionen" (2019) greifen ebenfalls auf Klassen als zentrale gesellschaftliche Akteure zurück. Die dynamisierende Konfliktlinie der Gegenwart verläuft, so Reckwitz, zwischen der alten Mittelklasse (ohne akademische Ausbildung, in der Provinz wohnend, an traditionellen Werten orientiert) und der neuen Mittelklasse (studiert, urban lebend, an liberalen Werten orientiert), wobei die zunehmende kulturelle Hegemonie letzterer von ersterer als Entwertung des eigenen Lebensentwurfs empfunden wird (vgl. den Beitrag von Hartmann in diesem Band). Zwischen den Diagnosen von Eribon, Hochschild und Reckwitz bestehen Unterschiede und sie nehmen verschiedene Kontexte in den Blick, treffen sich jedoch in der Aussage, dass die Konjunktur rechtspopulistischer Programmatiken durch die kulturelle Herabwürdigung traditioneller, konservativer Gruppen durch den in den 1960er Jahren beginnenden Aufstieg akademisch gebildeter, linksliberal orientierter Milieus befeuert wird. Eribon geht in seiner Analyse vermutlich am weitesten, wenn er die Wahlentscheidung für den Front National als Akt der „Notwehr" zur Identitätsbehauptung der Arbeiterklasse beschreibt – zumal „Rückkehr nach Reims" offen lässt, was man gegenwärtig vor dem Hintergrund der demographischen und ökonomischen Veränderungen der letzten Jahrzehnte überhaupt unter „Arbeiterklasse" verstehen kann. Seine Brüder zumindest, deren rechte politische Einstellungen er zum Ausgangspunkt seines Arguments macht, gehören eher in Andreas Reckwitz' „alte Mittelklasse". Die Frage nach der Generalisierbarkeit des Eribonschen Erklärungsangebots wurde daher auch durchaus kritisch gestellt und mit dem empirischen Hinweis verbunden, dass der Wahlerfolg des Front National gerade nicht auf ehemaligen Wählern kommunistischer oder sozialdemokratischer Parteien beruht, sondern auf gegenläufigen Prozessen der De- und Remobilisierung von (Nicht)Wählern aus unteren wie auch mittleren Einkommensgruppen (Walther 2017). Die gegenwartsdiagnostische Rezeption zeigt sich jedoch in weiten Teilen von empirischen Rückfragen unbeeindruckt und hält so eine „Selbstbezichtigungsmaschinerie" in Gang, die den politischen Erfolg des Rechtspopulismus ursächlich einem linksliberalen Kulturalismus zuschreibt (vgl. Lessenich 2018).

Einiges weist darauf hin, dass es gerade diese Selbstbespiegelung ist, die zum Erfolg von „Rückkehr nach Reims" als Gegenwartsdiagnose beiträgt. Folgt man der These von Oliver Dimbath (2018), dass soziologische Gegenwartsdiagnosen vor allem die Erwartungshaltung eines zumeist akademisch gebildeten Mittelschichtspublikums erfüllen, dürften sich Eribons Leser auch in Deutschland in großen Teilen aus den von ihm identifizierten Verursachern der politischen Verschiebungen zusammensetzen: im Fahrwasser der Bildungsexpansion der 1960 bis 1980er Jahre gut ausgebildete, häufig sozial aufgestiegene und ökonomisch abgesicherte Stadtbewohner, die sich im (manchmal naserümpfenden, manchmal besorgten) Blick auf ihr soziales Herkunftsmilieu immer auch der eigenen Erfolgsgeschichte versichern. Die autobiographische Form und eine in Teilen identifikatorische Lektürehaltung tragen zum öffentlichen Erfolg des Buches bei und eröffnen die Möglichkeit, neue Rezeptionspraktiken zu erproben. Während die Wissenssoziologie der soziologischen Gegenwartsdiagnose mit Blick auf klassische Titel wie Becks „Risikogesellschaft" darauf hinweist, dass die Übernahme massenmedialer Kommunikationsformen die Ansprache eines breiten, nicht-Fachpublikums sichert, orientiert sich Eribon an literarischen Vermittlungsformen. Das betrifft zum einen die Form selbst, die unter dem Stichwort der Autosoziobiographie inzwischen in zahlreichen literatur- und kulturwissenschaftlichen Studien auf ihre erkenntnisgenerierende Funktion hin befragt wird (Blome et al. 2022; Spoerhase 2017). Über den Text hinaus übernimmt Eribon aber auch Vermittlungspraktiken der Kunst. Er tritt vor allem in Literaturhäusern und Theatern auf, häufig gemeinsam mit Edouard Louis. Louis, selbst studierter Soziologe, ist erfolgreicher Romanautor und thematisiert in seinen Büchern wie Eribon den eigenen sozialen Aufstieg aus prekären Verhältnissen, den Umgang mit der eigenen Homosexualität und die Konflikte mit seiner Familie. Hinzu kommen zahlreiche Adaptionen von „Rückkehr nach Reims". Aktuell existieren unter anderem eine erfolgreiche Bühnenfassung von Thomas Ostermeier, eine Adaption als Musiktheaterstück von Michael Rettig und ein Dokumentarfilm von Jean-Gabriel Périot.

Eribons Verbindung von Biographie und soziologischer Analyse ermöglicht eine zweifache Rezeption jenseits der engen, fachwissenschaftlichen Debatten: Gegenwartsdiagnostisch unterlegt „Rückkehr nach Reims" die These vom Zusammenhang der rechtspopulistischen Konjunktur und linksliberalen Kulturalismus mit biographischer Anschaulichkeit. Literarisch erzeugt es in Teilen des Publikums einen ästhetisch vermittelten Wiedererkennungseffekt mit Blick auf die eigene (Generationen)Erfahrung sozialer Mobilität – und stattet die soziologische Diagnose so mit biographischer Dignität aus. Auch wenn diese wechselseitige Verstärkung gegenwartsdiagnostischer Generalisierung und literarisch vermittelter individueller Biographie nicht den gesamten Text durchzieht und viele weitere soziologische Themen angesprochen werden, trägt sie wie gezeigt doch wesentlich zum Erfolg des Buches bei. Sie wirkt über die konkrete Auseinandersetzung mit den Thesen Eribons hinaus prägend in die fachwissenschaftliche Textproduktion hinein. In den vergangenen Jahren werden vermehrt sozialwissenschaftliche wie auch literarische Texte veröffentlicht, die in Anlehnung an Eribon autosoziobiographische Elemente einsetzen. Teilweise wird in ihnen das in „Rückkehr nach Reims" zentrale Motiv des sozialen Aufstiegs aus subjektiver Perspektive reflektiert (Reuter et al. 2020), teilweise wird aber auch der gegenwartsdiagnostische Zugang zu anderen Themen gelegt, beispielsweise in Steffen Maus biographisch grundierter Auseinandersetzung mit innerdeutschen Ost-West-Differenzen (Mau 2019). „Rückkehr nach Reims" erweitert mit seinem Rückgriff auf literarische und künstlerische Text- und Vermittlungspraktiken das Formrepertoire der soziologischen Gegenwartsdiagnose und fordert damit nicht zuletzt deren wissenssoziologische Reflektion heraus.

Literatur

Blome, E., P. Lammers, S. Seidel, Hrsg. 2022. *Autosoziobiographie. Poetik und Politik.* Stuttgart: Metzler
Dimbath, Oliver. 2018. Der Mittelschicht-Bias der soziologischen Zeitdiagnostik. In *Die Mitte als Kampfzone. Wertorientierungen und Abgrenzungspraktiken der Mittelschichten,* Hrsg. Nadine M. Schöneck, Ritter, S., 313–330. Bielefeld: transcript.
Eribon, Didier. 2016. *Rückkehr nach Reims.* Berlin: Suhrkamp.
Erdur, Onur. 2017. Rezension zu: Eribon, Didier: Rückkehr nach Reims. Berlin 2016. H-Soz-Kult. www.hsozkult.de/publicationreview/id/reb-24856. Zugegriffen: 20. Januar 2023.
Hochschild, Arlie. 2016. *Strangers in Their Own Land.* New York: The New Press.
Lessenich, Stefan. 2018. Der Klassenkampf der Mitte. *Süddeutsche Zeitung.* 3.1.2018.
Mau, Steffen. 2019. *Lütten Klein. Leben in der ostdeutschen Transformationsgesellschaft.* Berlin: Suhrkamp.
Müller, Christina. 2016. Rezension zu Didier Eribon „Rückkehr nach Reims". *Soziolopolis.* https://www.soziopolis.de/rueckkehr-nach-reims.html. Zugegriffen: 20. Januar 2023.
Osrecki, Fran. 2018. Die Geschichte der Gegenwartsdiagnostik in der deutschsprachigen Soziologie. In *Handbuch Geschichte der deutschsprachigen Soziologie. Band 1: Geschichte der Soziologie im deutschsprachigen Raum,* Hrsg. Stephan Moebius, A. Ploder, 453–476. Wiesbaden: Springer VS Verlag für Sozialwissenschaften.
Reckwitz, Andreas. 2017. *Die Gesellschaft der Singularitäten.* Berlin: Suhrkamp.
Reckwitz, Andreas. 2019. *Das Ende der Illusionen.* Berlin: Suhrkamp.
Reuter, J., M. Gamper, C. Möller, F. Blome, Hrsg. 2020. *Vom Arbeiterkind zur Professur. Sozialer Aufstieg in der Wissenschaft. Autobiographische Notizen und soziobiographische Analysen.* Bielefeld: transcript.

Rühle, A. 2016. Klasse und Macht. Interview mit Didier Eribon. *Süddeutsche Zeitung*, 25.11.2016.

Seibt, G. 2016. Der Verrat der der Linken. *Süddeutsche Zeitung*, 20.5.2016.

Spoerhase, Carlos. 2017. Politik der Form. Autosoziobiografie als Gesellschaftsanalyse. *Merkur 71*: 27–37.

Walther, Rudolf. 2017. Vom Feuilleton verwurstet. taz. https://taz.de/Debatte-Rueckkehr-nach-Reims/!5382418&s=r%C3%BCckkehr+nach+reims/. Zugegriffen: 20. Januar 2023.

Black Lives Matter. *On the Run* von Alice Goffman

Henning Laux

1 Einführung

Die US-amerikanische Soziologin Alice Goffman portraitiert in ihrem 2014 erschienenen Werk „On the Run: Fugitive Life in an American City"[1] das Leben von jungen schwarzen Männern und ihren Familien in einem verarmten Viertel ihrer Heimatstadt. Das Buch der jungen Forscherin hat seit seiner Veröffentlichung eine enorme, weltweite Resonanz erfahren. Die Besonderheit der preisgekrönten Studie besteht darin, dass die Autorin den Lebensalltag kriminalisierter Menschen über viele Jahre hinweg aus nächster Nähe begleitet hat. Aus ihrer teilnehmenden Beobachtung ist ein detailreiches und berührendes Portrait über die Ausweglosigkeit der Spirale aus Armut, Drogen, Kriminalität, Gefängnis, Schulabbruch, Arbeitslosigkeit, Lebenskrisen und Gewalt entstanden, in die junge Schwarze verstrickt werden. Es zeigt Menschen, die sich bereits als Jugendliche permanent auf der Flucht vor Bestrafung durch eine gewaltbereite Polizei und ein drakonisches Justizsystem befinden. Die USA sind das Land mit der höchsten Inhaftierungsquote der Welt. Goffman macht sichtbar, was dieser statistische Befund für das alltägliche Leben der davon am stärksten betroffenen Gruppe bedeutet. In ihrem „Vor-Ort-Bericht des Gefängnis-Booms in den USA" (Goffman 2015a, S. 12) beschreibt sie eine explosive Mischung aus geringer wohlfahrtsstaatlicher Absicherung, überharter Verbrechensbekämpfung und

---

[1] Im Folgenden wird die deutsche Ausgabe zitiert, die unter dem Titel „On the run. Die Kriminalisierung der Armen in Amerika" im Jahr 2015 erschienen ist. Alle Quellenangaben, die nur eine Seitenzahl enthalten, beziehen sie sich in der Folge auf dieses Werk.

H. Laux (✉)
Leibniz Universität Hannover, Hannover, Deutschland
E-Mail: henning.laux@lcss.uni-hannover.de

© Springer Fachmedien Wiesbaden GmbH, ein Teil von Springer Nature 2023   121
S. Farzin und H. Laux (Hrsg.), *Soziologische Gegenwartsdiagnosen 3*,
https://doi.org/10.1007/978-3-658-41328-6_11

gesellschaftlichem Rassismus, mit der die Lebenschancen junger Schwarzer und ihrer Familien strukturell ruiniert werden.

Die besondere Aktualität und gesellschaftspolitische Brisanz der Studie spiegelt sich nicht zuletzt darin, dass die Gründung der *„Black Lives Matter"*-Bewegung in den Zeitraum der Buchveröffentlichung fällt. Der unmittelbare Auslöser: Im Jahr 2013 wurde in Florida ein Wachmann, der zuvor einen unbewaffneten Schwarzen Teenager erschossen hatte, vor Gericht freigesprochen. Befördert durch zahlreiche weitere Polizeieinsätze mit tödlichem Ausgang gegen *Black People of Color* (u. a. George Floyd im Jahr 2020) ist BLM mittlerweile zu einer weltweiten Massenbewegung geworden, die sich gegen Polizeigewalt und Rassismus wendet. Goffmans Studie leistet vor diesem Hintergrund einen wichtigen Beitrag dazu, die alltäglichen Diskriminierungs- und Leidenserfahrungen der Betroffenen besser zu verstehen.

2   Diagnose

Goffmans soziologische Leistung ist auf den ersten (und zweiten) Blick sicherlich eindrucksvoll. Trotzdem muss gleich zu Beginn die kritische Nachfrage erlaubt sein, ob wir es hier überhaupt mit einer verallgemeinerbaren Beschreibung zu tun haben. Vieles spricht nämlich zunächst dafür, von einer lokal begrenzten ethnografischen Studie zu sprechen, deren Einsichten nur schwerlich auf andere Kontexte übertragbar sind. Ich werde daher im Folgenden untersuchen, wie Goffman es schafft, ethnografische Befunde in eine allgemeine Gegenwartsdiagnose zu überführen, die weit über die Grenzen des von ihr untersuchten Stadtviertels auf Interesse stößt. Auf diese Weise treten zugleich die zentralen Argumente der Studie hervor.

In *räumlicher* Hinsicht bezieht sich die Studie (zunächst) auf ein konkretes Stadtviertel von Philadelphia im US-Bundesstaat Pennsylvania, in dem vor allem unterprivilegierte Schwarze leben. Fast alle geschilderten Szenen spielen in „6th Street"[2], einer stark segregierten Wohngegend, in der regelmäßig Polizeihubschrauber kreisen, Schießereien stattfinden, Drogen verkauft werden und Männer in Handschellen abgeführt werden. Goffman begnügt sich dabei nicht mit einer abstrakten Ferndiagnose, sondern nimmt ihr Publikum mit in die Straßen, Häuser, Autos, Hospitäler, Gerichtsgebäude und Gefängnisse des verarmten

---

[2] Aus Gründen der Anonymisierung erzählt Goffman nicht, welche konkreten Wohnblocks sich hinter dieser fiktiven Bezeichnung verbergen. Gleichwohl ist die gewählte Bezeichnung nicht ganz beliebig, denn sie geht auf den Vorschlag einer Untersuchungsperson zurück.

Bezirks. Darüber hinaus spielt das Telefon als technisches Medium eine wichtige Rolle für den Handlungsverlauf, da es mitunter der einzige Link aus dem Viertel zu denjenigen ist, die gerade eine Haftstrafe absitzen oder in U-Haft auf ihre Gerichtsverhandlung warten.

Ein zentraler Ort des geschilderten Geschehens ist die Wohnung von Miss Linda, einer alleinerziehenden, crackabhängigen Mutter, die mit ihren drei Söhnen (Chuck, Reggie und Tim) unter einem Dach lebt, sofern diese nicht gerade eingesperrt oder auf der Flucht vor der Polizei sind. Ihre Wohnung befindet sich in einem katastrophalen Zustand und steht nach Goffman sinnbildlich für die Verhältnisse, in denen einige Kinder im Viertel groß werden:

> „Kleine Kakerlaken und Ameisen krabbelten unablässig über die Arbeitsplatten und Böden, über die Couch und den Fernseher und nicht selten auch auf die Bewohner des Hauses. Der Gestank von Zigarettenrauch, Urin, Erbrochenem und Alkohol war nicht mehr aus dem Haus zu kriegen. In der Küche klebten die Schränke vor Fett und Schmutz; in einer Ecke war der Boden von Katzenpisse und Kot bedeckt. In der Küche, im Esszimmer und im Wohnzimmer standen Aschenbecher, in denen sich alte Zigarettenstummel türmten. Oft kippten sie um und leerten ihren Inhalt auf den Teppich. Linda weigerte sich, die Stummel wegzuwerfen, und beharrte darauf, dass sie ihre Reserve seien, wenn sie kein Geld für Zigaretten hätte" (S. 233).

Im Hinblick auf den Zustand der Wohnungen und Häuser des Viertels bemerkt Goffman freilich beträchtliche Unterschiede. Mit eiserner Disziplin und unermüdlicher Arbeit gelingt es nämlich einigen Eltern (in der Regel: alleinerziehenden Müttern) trotz prekärer Lebenssituation, einen hohen Standard an Fürsorge und Sauberkeit aufrechtzuerhalten. Goffman trifft durchaus auf „stolze Hausbesitzer" (S. 91), „makellose Arbeitsplatten" (S. 234) oder „gefüllte Kühlschränke" (S. 286). Doch solche Fälle bleiben in ihrer Milieustudie die Ausnahme, selbst Jugendliche sind immer wieder von Obdachlosigkeit betroffen, schlafen übergangsweise in Autos oder auf zerschlissenen Matratzen in nassen Kellern.

Die Erzählung überschreitet den Mikrokosmos von 6th Street im Grunde nur dann, wenn die von ihr begleiteten Protagonisten das Viertel verlassen, weil sie eine Haftstrafe im Gefängnis absitzen oder wegen einer Schusswunde in ein Krankenhaus müssen. Aufgrund ihrer reflexiven Erzähltechnik gelingt es Goffman aber trotzdem, ihre Beobachtungen räumlich zu kontextualisieren. Als implizite Vergleichsfolie dient ihr dafür das sorgenfreie Leben in den Weißen Vierteln der Stadt, in denen sie selbst aufgewachsen ist und wo sie ihre Eltern und Kommilitonen noch immer gelegentlich besucht. Wir erfahren zwar keine Details über diese andere, wohlhabende Welt, doch die Autorin lässt immer wieder aufblitzen, dass die Verhältnisse in 6th Street aus einer Mittelschichtsperspektive problematisch, einschüchternd und bedrückend erscheinen müssen. Gleichzeitig erklärt sie, dass dieses Viertel „bei weitem nicht" (S. 21) die schlimmste und hoffnungsloseste Gegend der Stadt sei. Aus Sicht der Polizei stellt 6th Street nicht einmal ein sonderlich gefährliches Viertel dar, wie sie im Gespräch mit einigen Beamten verwundert feststellt. Angesichts der dramatischen Zustände und Ereignisse, die im Buch geschildert werden, ist diese polizeiliche Bewertung ein eindrucksvoller Beleg für Goffmans Leithypothese, dass in 6th Street ein gesellschaftspolitisches Problem zu erkennen ist, das viel zu wenig (öffentliche) Aufmerksamkeit bekommt.

Goffman muss angesichts der von ihr beschriebenen Praktiken und Strukturen gar nicht viel tun, um ihr (privilegiertes) Publikum darauf zu stoßen, dass 6th Street ein paradigmatisches Beispiel für ein „Ghetto" innerhalb eines wohlhabenden Landes ist. Es fällt nicht schwer, sich innerhalb und außerhalb der USA Gebiete vorzustellen, die in ähnlicher Weise oder noch deutlich stärker von Armut, Kriminalität und Gewalt geprägt sind. In der Rezeption der Studie hat das unter anderem dazu geführt, dass im Untertitel der deutschen Auflage des Buchs nicht wie im Original vom flüchtigen Leben in einer „*Stadt* in Amerika", sondern viel allgemeiner von den „*Armen in Amerika*" gesprochen wird. Der Impuls liegt offenkundig nahe, Goffmans lokale Einsichten zu einer Zustandsbeschreibung armer Menschen überall auf der Welt zu verallgemeinern.

Zeitlich erstreckt sich die Ethnografie im engeren Sinne über einen Zeitraum von ungefähr sechs Jahren, in denen Goffman in dem von ihr erforschten Viertel gelebt hat. Der Erzählhorizont umfasst aber mindestens 10 Jahre, da sie während der Erstellung des Manuskripts mit den zentralen Protagonisten in Kontakt geblieben ist und so in groben Zügen über deren weiteren Lebensweg berichten kann. Selbst an den hohen Standards für Ethnografien gemessen ist das ein erstaunlich langes Zeitfenster. Der temporale Rahmen wird zusätzlich durch einige wenige Betrachtungen über die Geschichte der Strafverfolgung im 20. Jahrhundert und die Errungenschaften der Bürgerrechtsbewegung in den USA erweitert. In diesem Zusammenhang vertritt Goffman zwei historische Thesen, die zur Einordnung ihrer Studie von Bedeutung sind: Im Einklang mit dem sozialwissenschaftlichen Common Sense argumentiert sie *erstens,* dass es trotz der Errungenschaften des Amerikanischen Bürgerkriegs von 1865 im Hinblick auf die Abschaffung der Sklaverei eine gesetzlich geschützte und praktisch gelebte Gleichstellung von Afroamerikanern bis in die zweite Hälfte des 20. Jahrhunderts faktisch nicht gegeben hat. Vielmehr seien die Rassentrennung in öffentlichen Einrichtungen sowie weitere Benachteiligungen erst mit dem *Civil Rights Act* von 1964 wirksam aufgehoben worden. Goffman argumentiert im Anschluss an diesen Befund *zweitens,* dass zeitgleich mit der formaljuristischen Gleichstellung der Schwarzen

Bevölkerung sozialstaatliche Hilfeleistungen abgebaut, die Polizeipräsenz erhöht und das Strafrecht verschärft wurde. Bislang weitgehend ignorierte, verarmte und ghettoisierte Viertel wurden fortan zum Gegenstand eines erbarmungslosen „war on crime", der zur massenhaften Inhaftierung einer ganzen Bevölkerungsgruppe geführt hat. In Goffmans Worten:

> „Die Praxis des harten Durchgreifens gegen das Drogengeschäft in armen, hauptsächlich von Schwarzen bewohnten Vierteln wurde zur selben Zeit etabliert, als im Zuge der Sozialreformen die finanzielle Unterstützung für arme Familien gekürzt und die maximale Bezugsdauer der Leistungen herabgesetzt wurde. [...] Eine überwältigende Mehrheit der Männer, die ins Gefängnis kommen, sind arm und überdurchschnittlich viele davon sind Schwarz." (S. 19).

Um den zeitlichen Rahmen der ethnografischen Studie über den sechsjährigen Feldaufenthalt hinweg auszudehnen und die raumzeitlich situierten Befunde zu generalisieren, greift Goffman immer wieder auf die Lebensläufe und biografischen Erzählungen ihrer Kontakte in 6th Street zurück. Aus Gesprächen mit älteren Bewohnern rekonstruiert sie beispielsweise, wie der historische Wandel des Strafrechtssystems von den Betroffenen erlebt wurde:

> „Ende der 1980er Jahre herrschte in Vierteln wie 6th Street eine starke Polizeipräsenz. Zuerst betrachteten Mr. George und seine Nachbarn das als ein willkommenes Zeichen von Veränderung: Die Nachbarschaft war schon lange von der Polizei vernachlässigt worden. Aber als mehr und mehr junge Männer in Bezirks- und Staatsgefängnisse verschwanden, begannen Mr. George und seine Nachbarn die Motivation hinter dieser erhöhten Polizeipräsenz zu hinterfragen. Einige hatten den Verdacht, dass sich unter dem Deckmantel der *Tough-on-Crime*-Rhetorik das Unbehagen Weißer über die gesellschaftliche und ökonomische Inkorporation der Schwarzen verberge. Im Klartext heißt das, sie vermuteten, dass Weiße Schwarze nicht kampflos als vollwertige Bürger akzeptieren würden" (S. 233).

Die intensivierte Verbrechensbekämpfung (bei gleichzeitiger Reduktion von Sozialleistungen) erscheint in den biographischen Erzählungen aus 6th Street als neuartige Form und Gelegenheit der Rassendiskriminierung.

Goffman nutzt die Vita ihrer Feldkontakte auch dafür, um zu verdeutlichen, was das Strafrechtsregime für die Lebensführung junger Schwarzer und ihrer Familien bedeutet. Da sie sich nicht aus eigenen Stücken aus der Spirale von Armut, Arbeitslosigkeit und Kriminalität befreien können, leben viele Bewohner von 6th Street schon in jungen Jahren permanent auf der Flucht vor den Behörden. Das führt zu sozialem Stillstand, ihr Sozialleben muss warten, bis das Versteckspiel vor der Polizei beendet ist: „gesuchte Männer lassen sich nicht mehr oder zumindest nicht mehr oft blicken. Ihr Beitrag zum Haushalt, wahrscheinlich ohnehin nie besonders groß, sinkt auf null. Ein Leben auf der Flucht mag spannend sein, ist aber eine Warteschleife: es gibt keine Vorwärtsentwicklung" (S. 123), die jungen Männer rennen, „ohne jemals irgendwo anzukommen" (S. 261). Von einer individuellen Lebens- oder familiären Zukunftsplanung könne für die Bevölkerungsgruppe der Verarmten und Kriminalisierten keine Rede sein, denn bereits „das Versprechen, in der Zukunft irgendwo zu erscheinen, [wird] eher als der Wunsch eines Augenblicks verstanden als eine konkrete Möglichkeit oder eine verbindliche Zusage" (S. 324).

Auch in der Sozialdimension lässt sich an verschiedenen Stellen erkennen, wie die Autorin versucht, ausgehend von konkreten Szenen ihre vertieften Einblicke in das Leben von etwa zwanzig jungen Männern und ihren Familien zu generalisieren. In Ethnografien kann es je nach Kontext und Beobachtungsmodus verschiedene Grade der persönlichen Nähe und Vertrautheit zu den Akteuren geben. Zwischen Goffman und ihren Kontakten ist auf jeden Fall eine erstaunlich enge Beziehung entstanden. Ihr erster Feldzugang war noch relativ klassisch: Sie kommt als Nachhilfelehrerin für zwei Schwarze Jugendliche nach 6th Street. Durch ihre wöchentlichen Besuche lernt sie nicht nur das fünfzehnjährige Mädchen Aisha, sondern auch ihre Freunde und Familie kennen. Über Aisha, die versucht, ihre Nachhilfelehrerin mit einem Mann aus 6th Street zu verkuppeln, lernt Goffman nach einigen Monaten die Schlüsselperson ihrer ethnografischen Studie kennen: Mike, einen selbstbewussten, zweiundzwanzigjährigen Mann, der sich mit einfachen Jobs und gelegentlichen Drogendeals über Wasser hält. Das Date misslingt zwar, doch Mike nimmt sie in seinen Freundeskreis auf und behandelt sie fortan wie eine Schwester. Die Begegnung sollte sich im Nachhinein als „riesiger Glücksfall" (S. 300) für die junge Forscherin erweisen, denn Mike genießt unter den jungen Männern im Viertel hohe Anerkennung, er schützt Goffman vor Anfeindungen und verschafft ihr die nötige Legitimation für ihren Aufenthalt in 6th Street.

Goffman verbleibt also nicht im Modus der neutralen Beobachterin, sondern baut echte Freundschaften auf. Sie mietet eine Wohnung im Viertel und gewährt ihren Freunden Unterschlupf, wenn sie vor der Polizei oder rivalisierenden Banden auf der Flucht sind. Sie erarbeitet sich in der Gruppe den Status einer Vertrauensperson, sie verwaltet die persönlichen Besitztümer von Inhaftierten, ist bei familiären Abendessen dabei, nimmt an Partys teil, schaut Gangsterfilme auf der Couch, beteiligt sich an Kautionszahlungen, macht Krankenhaus- und Gefängnisbesuche, unterstützt bei Behördengängen und spendet bei Beerdigungen Trost. Darüber hinaus führt der enge Kontakt zu den 6th Street-Boys beinahe zwangsläufig dazu, dass sie selbst ins Fadenkreuz der Polizei gerät und von ihr vernommen, verhaftet, bedroht und beleidigt wird.

Doch wie ist es einer Angehörigen der akademisch gebildeten Mittelschicht überhaupt gelungen, ein so enges Vertrauensverhältnis zu jungen Männern aus einem vollkommen anderen Milieu aufzubauen? Als Hindernis erwies sich in diesem Prozess jedenfalls nicht nur ihre privilegierte soziale Herkunft, sondern auch ihre abweichende Hautfarbe. Ohne die Hilfe ihrer Nachhilfeschülerin hätte sie in dem stark segregierten Viertel gar keine Wohnung bekommen: „Manche Makler riefen mich gar nicht erst zurück, während andere mir sagten, mir würde die angebotene Wohnung sowieso nicht gefallen oder sie sei schon vergeben" (S. 287). Als einzige Weiße unter Schwarzen fiel sie permanent (negativ) auf: „Vor allem während meiner ersten Monate in 6th Street schienen die Leute mit Unbehagen auf die Gegenwart einer jungen weißen Frau zu reagieren, wenn sie nicht sogar offen Ärger zeigten oder sich sichtlich bedroht fühlten" (S. 305). Doch auch und gerade aus der entgegengesetzten Perspektive wurde ihre Präsenz als illegitim verurteilt:

> „Auf dem Weg zur Wache erklärt mir der weiße Cop, der am Steuer sitzt, dass ich nicht zur 6th Street gehen müsse, wenn ich auf der Suche nach einem Schwarzen Schwanz wäre, sondern auch zu ihnen aufs Revier kommen könne" (S. 101), nur um etwas später beim Verhör auf der Polizeiwache noch hinzuzufügen: „Kein schöner Anblick, wenn ein junges Mädchen so viel herumgereicht wird. Wissen deine Eltern, dass du jede Nacht 'nen anderen Nigga fickst?" (S. 102).

Goffmans Hautfarbe war freilich nicht nur Anlass für sexistische Anfeindungen und andere Formen der Diskriminierung, sondern vor allem auch der Schlüssel zu sozialen Privilegien. Bei Verhören und Razzien der Polizei blieb sie im Gegensatz zu ihren Schwarzen Feldkontakten in aller Regel unbehelligt. Und in den Krankenhäusern wurden ihr Besuchsrechte eingeräumt, die selbst den allernächsten Verwandten der jeweiligen Patienten vorenthalten blieben. Trotz dieser und weiterer Formen der Ungleichbehandlung wurde das Thema Rassismus ihr gegenüber erstaunlich selten angesprochen: „Auch wenn ich es schlecht beweisen kann, so bin ich doch ziemlich sicher, dass Mike, seine Freunde und seine Familie mehr über das Thema *race* und über die rassistische Politik der polizeilichen Überwachung und Inhaftierung sprachen, wenn ich nicht anwesend war" (S. 307). Trotzdem gab es Momente, in denen dieses zentrale Problem auch ihr gegenüber ganz konkret artikuliert wurde, z. B. im Gespräch mit Mikes Mutter (Miss Regina):

„Ich muss dich was fragen, Alice. Wenn man ins CFCF geht, warum sieht man da nur Schwarze in Overalls im Besuchsraum? Und im offenen Vollzug, warum starren da nur Schwarze Gesichter aus dem Fenster? Sie nehmen uns unsere Kinder weg, Alice. Ich bin eine gesetzestreue Frau; mein Onkel war Polizist. Das dürfen sie nicht tun" (S. 88).

Ausgehend von Problembeschreibungen wie diesen rekonstruiert sie daraus resultierende Biographien und Sozialgefüge. Die jungen Leute aus 6th Street wachsen unter extrem schwierigen ökonomischen Bedingungen auf, geraten früh mit Drogen und Gewalt in Kontakt, werden für deviantes Verhalten von einem noch immer rassistisch geprägten System hart bestraft und verspielen durch Bewährungs- und Gefängnisstrafen oft schon in jungen Jahren ihre Chance auf einen (guten) Schulabschluss, einen festen Job und ein normales Familienleben. Aus Angst vor einer möglichen Inhaftierung befinden sich die meisten jungen Männer, denen Goffman begegnet, ständig auf der Flucht vor Polizei und Justiz. Gleichwohl gelingt es keinem ihrer Freunde, der Bestrafung dauerhaft zu entgehen. Im Gegenteil: Zwischenzeitlich befinden sich alle ihre Kontakte in einer Gefängniszelle. Das sind nach ihrer Interpretation keine tragischen Einzelschicksale, sondern „Masseninhaftierungen" (Garland 2001), unter denen eine ganze Bevölkerungsgruppe in den USA zu leiden hat: „Die Ereignisse, die den Weg eines Mannes durch das Justizsystem markieren – der erste Gefängnisaufenthalt, die erste Hinterlegung einer Kaution, seine Verurteilung –, werden de facto Initiationsrituale und damit kollektive Ereignisse: die Hochzeiten, die Schulabschlüsse, die Abschlussbälle der Community auf der Flucht" (S. 264). Diese Stationen sind freilich auch potenzielle Wendepunkte, Gelegenheiten zur Umkehr im Leben der jungen Männer, wie Goffman in einigen Passagen einräumt. Sie begegnet also durchaus Menschen, die sich der Spirale entziehen können. Meistens sind das Personen, die ein intaktes Elternhaus hatten, höher gebildet sind, sich komplett ins Private zurückgezogen haben oder die es durch eiserne Disziplin irgendwie geschafft haben, sich Ärger vom Hals zu halten. Die Bewohner von 6th Street sind also keineswegs ohnmächtig und fremdbestimmt, sie sind durchaus dazu in der Lage ihr Schicksal zu beeinflussen. In ihrem Leben gibt es Momente des Glücks, der Freundschaft, der Liebe und der Ausgelassenheit. Aber diese Momente sind flüchtig und hart erkämpft.

Die Voraussetzungen für ein selbstbestimmtes, sorgenfreies und normales Leben sind äußerst ungünstig, wie eine Szene verdeutlicht, in der Goffman einem jungen Mann namens Reggie bei einer vermeintlich simplen Angelegenheit helfen sollte:

„In einem der seltenen Monate, in denen er frisch auf Bewährung entlassen war und nichts gegen ihn vorlag, bat er mich einmal, ihm zu helfen, einen vom Bundesstaat ausgestellten Ausweis zu bekommen. Keinen Führerschein, das schien ein beinahe unerreichbares Ziel, sondern bloß einen ganz simplen Ausweis. [...] Zuallererst brauchten wir eine Geburtsurkunde. Seine Mutter hatte nur eine dunkle Erinnerung daran, dass es die mal gegeben hatte, bevor sie aus der Obdachlosenunterkunft ausgezogen war, in der die Familie die ersten Jahre von Reggies Leben verbracht hatte. Allein um an dieses Dokument zu kommen, waren zahlreiche Fahrten zu Behördenstellen in der Innenstadt nötig, und es mussten andere Identitätsnachweise aufgetrieben werden [...]. Nachdem wir drei Wochen lang diesen Papieren hinterhergejagt waren und zwei fruchtlose Ausflüge zum Geburtsregister unternommen hatten, schüttelte Reggie nur noch den Kopf. Ein Ausweis, so seine Schlussfolgerung, sei nur was für reiche Leute" (S. 66).

Die jungen Männer aus Goffmans Studie besitzen häufig weder Identitätsausweise, Bankkonten, Führerscheine, Zeugnisse oder Versicherungspapiere. Sie bewegen sich im Zwielicht der Gesellschaft und lernen, dass sie selbst bei ihren Freunden, Partnern, Eltern oder Geschwistern misstrauisch sein müssen, um nicht an die Polizei verraten zu werden. Sie geben sich vorsichtig, unverbindlich, unnahbar und unberechenbar. Stabile Freundschaftsbeziehungen und Solidaritätsnetzwerke bleiben die Ausnahme in 6th Street. Denn um sich selbst zu schützen, ist es immer wieder erforderlich, nahestehende Personen im Stich zu lassen: „Ich sags dir nur einmal, A. Mach einen Bogen um Reggie. Der ist heiß, der wird gesucht. Lass dich da nicht reinziehen. Die holen sich den Nigga, und ich rate dir, sei bloß nicht in seiner Nähe. Nimm ihn nicht im Auto mit, telefoniere nicht mit ihm. Wenn der Nigga anruft – einfach wegdrücken" (S. 61). Beziehungen werden in 6th Street auf eine harte Probe gestellt, weil die Polizei alles unternimmt, um den Aufenthaltsort von Gesuchten zu erfahren. Durch die Androhung von Gewalt, dem Entzug des Sorgerechts oder einer Anklage wegen Beihilfe wird Druck ausgeübt, der Vertraute jederzeit in Verräter verwandeln kann. Die *Tough-on-Crime*-Politik der USA erzeugt so ein „paranoides Gefüge" (S. 262), in dem Freunde und Familie zur „Falle" (S. 260) werden können.

In sachlicher Hinsicht beleuchtet Goffman einen Mikrokosmos, in dem das Überwachungs- und Bestrafungsregime im Zentrum sämtlicher Lebensvollzüge der 6th Street Boys steht. Die umfassende Kriminalisierung verschlechtert ihre Möglichkeiten zur ökonomischen, rechtlichen, medizinischen, familiären, politischen und schulischen Teilhabe. Es kommt zu einer „Exklusionsverkettung" (Luhmann 1997, S. 630), d. h. die Probleme, die eine Person mit dem Gesetz hat, beschränken automatisch auch ihren Zugang zu Bildung, Arbeitsmarkt, Heiratsmarkt, medizinischer Versorgung oder politischen Wahlen. Goffman beschreibt

das Exklusionsdilemma anhand wiederkehrender Szenen, die vor allem die patho-
logische Exklusion junger Männer aus den Teilsystemen Arbeit, Recht, Medizin,
Familie und Religion plastisch vor Augen führen. Szene 1: Während Mike eine
Bewährungsstrafe verbüßt, lädt er einen Bekannten für einen Videoabend zu sich
nach Hause ein. Am nächsten Morgen ist nicht nur der Bekannte, sondern auch
sein DVD-Player spurlos verschwunden. Sein Bekannter sieht ihn als leichtes
Opfer, weil sich Mike in seiner Bewährungszeit keinen Ärger mit der Polizei
erlauben kann – und den Diebstahl daher nicht anzeigen wird (S. 52–56). Szene 2:
Gegen Chuck liegt ein Haftbefehl wegen geringer Vergehen vor. Da er kein Geld
hat, müsste er zur Verbüßung der Strafe aber vermutlich ins Gefängnis. Als seine
Freundin schwanger ist, verspricht er ihr, bei der Geburt dabei zu sein. Doch die
Polizei führt in Krankenhäusern Kontrollen durch. Aus Angst lässt er seine Freundin bei der Geburt alleine (S. 168–170). Szene 3: Alex wird auf offener Straße
von einem Mann brutal zusammengeschlagen. Da Alex auf Bewährung ist, und
gegen seine nächtliche Ausgangssperre verstoßen hat, will er weder die Polizei
rufen noch in die Notaufnahme gehen, wo die Polizei ihn vielleicht festnehmen
würde. Stattdessen lässt er seinen gebrochenen Kiefer und die Platzwunden von
einer Cousine versorgen, die eine Ausbildung als Krankenschwester macht. Zehn
Jahre später hat er immer noch Folgeprobleme, er lispelt und kann nur schwerlich
durch die Nase atmen (S. 8–10). Szene 4: Zwei Brüder treffen sich nach vielen
Jahren bei der Beerdigung ihrer Mutter erstmals wieder. Doch die Polizei nutzt
familiäre Ereignisse wie Beerdigungen in systematischer Weise, um mit Kameras
die Trauergemeinde zu filmen und Flüchtige zu verhaften. Anstatt an der Trauer-
feier teilzunehmen oder das Grab seiner Mutter zu besuchen, verschwindet daher
einer der Brüder nach wenigen Augenblicken wieder, da er gerade mit Haftbefehl gesucht wird (S. 224 f.). Szene 5: Gegen Chuck liegt ein Haftbefehl wegen
Fahrens ohne Führerschein vor. Er stellt sich aber nicht der Polizei und geht weiter zur Arbeit bei McDonald's, um seine Stelle nicht zu verlieren. Als in seiner
Filiale ein Handgemenge ausbricht, riegelt die Polizei das Gebäude ab und verhaftet ihn, obwohl er gar nicht an dem Konflikt beteiligt ist. Chuck und seine
Freunde lernen daraus, dass ein fester Arbeitsplatz für sie (zu) riskant ist (S. 60).
  Szenen wie diese zeigen auf eindrucksvolle Weise: Für Menschen, die sich
auf der Flucht vor der Polizei oder auf Bewährung in Freiheit befinden, ent-
fallen zahlreiche Rechte und Handlungsmöglichkeiten, die anderen Menschen
ganz selbstverständlich zur Verfügung stehen. Die prekäre Situation befördert
die Herausbildung eines (kriminellen) Schwarzmarkts für Dienstleistungen aller
Art. Goffman berichtet in diesem Zusammenhang von (angehenden) Kran-
kenschwestern, die Medikamente von ihrem Arbeitsplatz stehlen und ärztliche

Behandlungen übernehmen, indem sie gebrochene Kiefer, Nasen oder Schusswunden versorgen. Oder von Frauen, die gegen Bezahlung in ihrer Unterwäsche Drogen ins Gefängnis schmuggeln. Sie erzählt von Händlern, die unter der Ladentheke gefälschte Ausweise, Führerscheine oder Sozialversicherungskarten verkaufen. Sie unterhält sich mit einem Wachmann aus dem offenen Vollzug, der sich etwas dazuverdient, indem er die Insassen in der Nacht aus der Justizvollzugsanstalt lässt. Sie trifft einen Mann, der am Telefon in die Rolle eines Freundes schlüpft, um mit dessen Bewährungshelfer zu sprechen, falls dieser zur Überwachung der nächtlichen Ausgangssperre einen Kontrollanruf macht. Sie beobachtet Leute, die „schmutzigen" Personen gegen Bezahlung ihre „saubere" Identität leihen, damit sie eine Wohnung mieten oder ein Handy kaufen können. Und sie trifft sogar jemanden, der große Mengen gekühltes Urin an Personen verkauft, die bei Drogentests auf der Arbeitsstelle oder beim Bewährungshelfer nicht auffallen wollen.

In einem Viertel wie 6th Street, das unter großer Armut und hoher Arbeitslosigkeit leidet, boomt der Markt für Waren und Dienstleistungen, die dabei helfen, sich vor der Polizei zu verstecken oder rechtliche Auflagen zu umgehen. Goffman macht damit „das große Paradox" der *Tough-on-Crime*-Politik sichtbar: „Durch sie wird ein so großer Teil des alltäglichen Lebens kriminalisiert, dass am Ende weitreichende illegale Aktivitäten gefördert werden, die die Menschen unternehmen, um die gegen sie ergriffenen Maßnahmen zu umgehen. Massive Polizeipräsenz und die Kriminalität, die sie kontrollieren soll, verstärken sich gegenseitig." (S. 265 f.)

3   Diskussion

Goffmans Studie erfährt bis heuteimmense Aufmerksamkeit. Die akademische und massenmediale Rezeption fiel zunächst äußerst positiv aus. So wurde das Buch bereits kurz nach seiner Veröffentlichung als „ethnographic classic" (Jencks 2014, o.S.) in bester Chicago-School-Tradition (Van Maanen und de Rond 2017) gefeiert. Doch im Laufe der Zeit verschafften sich auch kritische Stimmen zunehmend Gehör (Chancer und Jacobson 2016). Angesichts der gesellschaftspolitischen Tragweite der Befunde ist das zunächst keineswegs verwunderlich. Immerhin wird den USA eine klassistische und rassistische Strafrechtspolitik attestiert, die nicht zur Prävention, sondern zur Reproduktion und Verschärfung von Armut und Kriminalität beiträgt. Das (politische) Unbehagen einiger Rezipienten äußert sich dabei häufig in Form von epistemischen

Zweifeln an der Adäquatheit und/oder Generalisierbarkeit ihrer Befunde und mitunter sogar in einer allgemeinen Kritik an der mangelnden Glaubwürdigkeit und Replizierbarkeit ethnografischer Forschung.

Die Bandbreite der gegen Goffman vorgebrachten Vorwürfe ist vielfältig (als Überblick: Kotlowitz 2014, Gideon 2016, Niermann 2020. Die vermutlich extremste Anschuldigung kristallisiert sich in einem umfangreichen Denunziationsschreiben, das im Jahr nach der Buchveröffentlichung von einem anonymen Account an führende Fachvertreter:innen versandt wurde (Anonymous 2015). Darin wird über knapp 60 Seiten hinweg argumentiert, dass Goffman ihre gesamten Befunde aufgrund verschiedener Ungereimtheiten völlig übertrieben oder frei erfunden haben müsse. Um zu beweisen, dass sie nicht betrogen habe, müsse sie ihre Feldnotizen veröffentlichen und ihre Feldkontakte de-anonymisieren. Ausgehend von dieser Fundamentalkritik wird also eine Forderung erhoben, der Goffman offenkundig nicht nachkommen darf, will sie nicht gegen sämtliche ethischen Standards einer sozialwissenschaftlichen Untersuchung verstoßen. Um die heftigen Vorwürfe zu entkräften und die Reputation Goffmans zu schützen, sah sich der Betreuer jener Doktorarbeit, die als Grundlage für das Buch diente, schließlich sogar dazu veranlasst, die reale Existenz der Feldnotizen und Feldkontakte zu prüfen und öffentlich zu bestätigen.

Eine etwas schwächere, aber immer noch weitreichende Kritik lautet, dass Goffman bestimmte Elemente des Strafjustizsystems falsch dargestellt habe. Bestritten wird erstens, dass die Polizei in Krankenhäusern und bei Beerdigungen lauert, um Personen mit offenen Haftbefehlen festzunehmen. Zurückgewiesen wird zweitens, dass Beamten bei Verhören zur Einschüchterung Waffen tragen. Negiert wird drittens, dass Personen aufgrund ihrer Hautfarbe von der Polizei ungleich behandelt werden. Und bestritten wird schließlich viertens, dass Polizeibeamte von ihren Vorgesetzten daran gemessen werden, wie viele Personen sie inhaftiert haben. Basis für die Kritik an Goffmans Behauptungen sind interessanter Weise keine anderen, unabhängigen Studien, sondern die Aussagen von Polizeibeamten selbst. Ob diese als objektive und verlässliche Quelle interpretiert werden können, um Goffmans Beobachtungen als Falschaussagen zu entlarven, darf durchaus bezweifelt werden. Überhaupt wird in der Rezeption mitunter überlesen, dass Goffmans Kritik sich weniger gegen die Organisation Polizei als solche wendet, sondern gegen die gesellschaftlichen Bedingungen, unter denen diese arbeitet:

„Diese berechtigte Wut bedeutet aber nicht, dass wir die Polizei als Übeltäter betrachten oder ihre Handlungen als durch rassistische oder anderweitig bösartige Motive befeuert verstehen sollten. Die Polizei ist in einer unmöglichen Situation. Sie ist im

Kern die einzige Institution, die sich mit den signifikanten sozialen Problemen der leistungsfähigen jungen Männer, die in einem Ghetto leben, in dem es keine Jobs gibt, befassen muss und keine anderen Mittel als die Macht zur Einschüchterung und zur Festnahme hat. Viele im Bereich des Gesetzesvollzugs erkennen, dass Armut, Arbeitslosigkeit und die Drogen und die Gewalt, die sie begleiten, soziale Probleme sind, die nicht damit aus der Welt geschafft werden können, dass man die Leute festnimmt. Aber die Polizei und die Gerichte sind nicht für soziale Lösungen ausgerüstet. Sie sind ausgerüstet mit Handschellen und Gefängniszellen" (S. 267).

Wenn man sich dann noch die Mühe macht, Goffmans einzelne Beobachtungen und komplexe Befunde in einem Theoriemodell zu bündeln, dann wird ein empirisch fundierter Ursache-Wirkungszusammenhang sichtbar, der sich möglicherweise auch auf andere Kontexte übertragen lässt: a) In einem ethnisch homogenen und verarmten Mikrokosmos, b) in dem die Präsenz von Polizei und Justiz höher ist als die Präsenz wohlfahrtsstaatlicher Akteure und Institutionen, c) droht eine rassistische und klassistische Form der Kriminalisierung unterprivilegierter Gruppen, d) was zur Steigerung der Kriminalitätsrate, e) zur Entstehung einer Schattenwirtschaft sowie f) zur Zerstörung gruppenspezifischer Lebenschancen führt.

Ein dritter Strang der Kritik an Goffman entzündet sich daran, dass sie als Weiße aus der akademischen Mittelschicht über Schwarze aus der schlecht ausgebildeten Unterschicht berichtet – und dafür auch noch weltweite Aufmerksamkeit erheischt. Die Tatsache, dass sie mit ihrem Buch in der Öffentlichkeit als soziologische Sprecherin und Advokatin dieser Gruppe auftritt, wird als kulturelle Anmaßung und paternalistische Geste vehement zurückgewiesen: „Another story about a white lady come to study young black men" (Sharpe 2014, vgl. dazu auch Betts 2014). Das aus anderen Debatten rund um marginalisierte Gruppen bekannte Argument lautet, dass im Grunde nur die Mitglieder einer Gruppe als legitime Sprecher:innen der Gruppe anzusehen sind. Im vorliegenden Fall hätte also jemand aus den Reihen der 6th Street Boys oder jemand mit einem ähnlichen Hintergrund das Buch verfassen müssen. Das wäre sicherlich hochinteressant, erscheint aus soziologischer Sicht jedoch weder notwendig noch sinnvoll. Im Gegenteil: Der wissenschaftliche Erkenntnisprozess profitiert durch einen Bruch mit jener „Illusion des unmittelbaren Verstehens" (Bourdieu 1999, S. 50), die vor allem dann droht, wenn man selbst ein integraler Bestandteil der untersuchten Praxisformation ist. Unabhängig vom konkreten Gegenstand sind neue Erkenntnisse viel wahrscheinlicher, wenn aus einer gewissen Distanz zur Praxis geforscht werden kann. Das Risiko, dass die habituelle und kulturelle Distanz zu groß sein könnte, um die Praxis in 6th Street angemessen verstehen zu können, nimmt Goffman zudem sehr ernst, wie ihre reflektierten Ausführungen zum Umgang

mit Differenz eindrücklich dokumentieren (S. 305–311). Natürlich ist Goffman
nicht die erste, die von Leidens- und Diskriminierungserfahrungen Schwarzer
Menschen (in den USA) berichtet. Ihr Anspruch ist es aber, die Reproduktion
asymmetrischer und rassistischer Verhältnisse unter veränderten Vorzeichnen auf-
zuzeigen. Sie will dazu beitragen, „das letzte Kapitel in einer langen Geschichte
der Exklusion der Schwarzen und der Verwehrung ihrer bürgerlichen Rechte
in den USA" (S. 270) sichtbar zu machen. Anhand von 6th Street arbeitet sie
daher den intersektionalen Zusammenhang zwischen *sex, class* und *race* heraus.
Denn von den Masseninhaftierungen sind in erster Linie Schwarze Männer mit
geringem ökonomischen (und kulturellem) Kapital betroffen. Goffman vertritt
entsprechend keine pauschale Rassismusthese, die sämtliche Errungenschaften
der Bürgerrechtsbewegung infrage stellen würde, sondern betont, dass „intensive
Überwachung und hohe Inhaftierungsraten im Wesentlichen beschränkt sind auf
arme Schwarze und ihre Communitys, ebenso wie auf viele arme weiße Männer
oder Lateinamerikaner. Gebildete Schwarze Männer und ihre Familien sind nicht
in gleichem Ausmaß von der intensiven strafrechtlichen Überwachung betroffen"
(S. 270).

Goffman betreibt im Rahmen ihrer ethnografischen Untersuchung einen
ungewöhnlich hohen Aufwand, der weit über das Maß vergleichbarer Studien
hinausgeht. Zudem ist ihr transparenter und reflektierter Umgang mit methodischen Fallstricken aller Art herausragend (S. 279–346). Die von ihr entwickelte
Beobachterposition ist dagegen sicherlich nicht empfehlenswert, denn die Forscherin hat laut eigener Auskunft im Laufe der Jahre immer mehr die Distanz
zu ihrem Gegenstand verloren, wie sie später in einem Interview auch nochmal
ganz explizit einräumt. Durch die freundschaftliche Nähe hat sie nicht nur wert-
volle Einblicke in das riskante Leben von Mike, Chuck & Co erhalten, sondern
hat allmählich auch ihre Einstellungen, Gewohnheiten und Risikowahrnehmungen
übernommen. Das ist angesichts des gewählten Forschungsdesigns keine Überra-
schung, denn sie hat die jungen Männer während der sechs Jahre nicht nur nahezu
überallhin begleitet, sondern hat sogar mehrere Jahre mit ihnen zusammenge-
wohnt. Sie hatte also keinen persönlichen Rückzugsort, zwischen Forschung und
Privatleben gab es keinerlei Grenze mehr. Eine methodisch angemessene Balance
zwischen Nähe und Distanz stellte sich im Grunde erst wieder ein, als ihre
Gefährten erneut im Gefängnis landeten (oder das Viertel verließen), während
Goffman unter dem Druck ihres auslaufenden Stipendiums mit dem eigentlichen
Schreibprozess begann. Dass sie das Buchprojekt überhaupt noch zum Abschluss
bringen und die Rolle einer langjährigen Bewohnerin von 6th Street hinter sich
lassen konnte, wirkt angesichts ihrer persönlichen Verstrickungen im Feld fast
schon wie ein glücklicher Zufall für sie (und ihr Publikum).

Schließlich wurde Goffman im Zuge der Rezeption des Werks wiederholt unethisches Verhalten unterstellt. Demzufolge habe sie sich während ihrer Studie an kriminellen Handlungen beteiligt (insbes. Lubet 2015). Diese juristische Kritik ist kaum von der Hand zu weisen, denn sie gelangt am Ende des Buchs sogar selbst zu dieser ehrlichen Selbsteinschätzung, „weil ich polizeilich Gesuchte beherbergt, Verhaftungen verhindert oder Drogen in der Wohnung gelagert hatte" (S. 325). Im Vergleich zu den Delikten ihrer Feldkontakte sind ihre Vergehen zwar eher harmlos: Sie verkaufte keine Drogen, stahl nicht, hantierte nicht mit Waffen, fälschte keine Dokumente und blieb gewaltsamen Konflikten fern. Trotzdem ging sie in einigen Fällen über die Grenzen des Erlaubten hinaus, um ihre Freunde und Feldkontakte zu schützen. Obwohl sie sich selbst als neutrale „Chronistin der Gruppe" (S. 120) figuriert, ist sie irgendwann so stark in die Zugzwänge des Sozialen verstrickt, dass sie beinahe zur Komplizin bei einem geplanten Vergeltungsmord wird: „Ich stieg zu ihm ins Auto, weil ich genau wie Mike und Reggie wollte, dass Chucks Mörder stirbt" (S. 345). Obwohl es am Ende nicht zu dem mörderischen Racheakt gekommen ist – und Goffman (2015b) diesen Vorgang in einer offiziellen Stellungnahme stark relativiert hat –, kann diese letzte Szene im Buch sicherlich als mahnendes Extrembeispiel gelten für das Risiko, das mit einem ethnografischen Distanzverlust einhergehen kann. Goffman ist jedenfalls hoch anzurechnen, dass sie im Text transparent macht, wie hoch der persönliche Preis sein kann, wenn die Grenze zwischen wissenschaftlicher Forschung und lebensweltlichem Engagement zusammenbricht.

Goffmans Ethnografie generiert – wie jedes andere Forschungsdesign auch – raumzeitliche situierte Befunde. Mithilfe eines sorgfältig geschnürten Bündels aus ganz verschiedenen empirischen Materialien gelingt es ihr jedoch, die Reichweite ihrer Studie über das untersuchte Stadtviertel hinaus zu erweitern. Die Besonderheit ihrer Gegenwartsdiagnose besteht im Vergleich zu den typischen Arbeiten des Genres sicherlich darin, dass sie nur sporadisch auf makroskopische Konzepte wie Staat, Markt, Recht, Kultur oder Gesellschaft zurückgreift. Abstrakte Schlagwörter wie diese fallen durchaus, doch sie bleiben niemals inhaltsleer oder isoliert, sondern bilden den allgemeinen Rahmen am Anfang und Ende des Buchs, um die ethnografisch fundierte Erzählung konkreter Alltagsszenen und persönlicher Biographien zu kontextualisieren.

Auf diese Weise ist eine wegweisende soziologische Untersuchung entstanden, von der in Zukunft mindestens fünf zentrale Impulse zu erwarten sind: Erstens erhellt Alice Goffmans Studie den kausalen Zusammenhang zwischen Armut, Kriminalität, Polizeigewalt, Justiz und Rassismus. Zweitens macht sie die Diskriminierungs- und Leidenserfahrungen Schwarzer Menschen hautnah erfahrbar und erklärt damit auf indirektem Weg, weshalb „*Black Lives Matter*" im 21. Jahrhundert zu einer globalen Massenbewegung anwachsen konnte. Drittens befördert sie eine methodische Debatte über den ethnografischen Drahtseilakt zwischen Nähe und Distanz und die Frage nach sinnvollen Strategien ethnografischer Kredibilisierung. Viertens gibt sie Anlass zur methodologischen Debatte darüber, inwiefern ethnografische Studien als empirische Grundlage allgemeiner Gegenwartsdiagnosen fungieren können. Schließlich enthält das Buch fünftens zentrale Leitplanken und wichtige Ideen zur künftigen Ausgestaltung von Strafjustiz- und Sozialsystemen, um die chronische Massenarmut in der Welt nicht länger zu *bestrafen,* sondern wirksam zu *bekämpfen.*

Literatur

Anonymous. 2015. Accusations of Alice Goffman's Dishonesty. https://pastebin.com/BzN 4t0VU. Zugegriffen: 20. Januar 2023.

Betts, Dwayne. 2014. The Stoop Isn't the Jungle. In Slate. https://slate.com/news-and-politics/2014/07/alice-goffmans-on-the-run-she-is-wrong-about-black-urban-life.html. Zugegriffen: 20. Januar 2023.

Bourdieu, Pierre. 1999. *Sozialer Sinn. Kritik der theoretischen Vernunft.* Frankfurt/M.: Suhrkamp.

Chancer, Lynn, und M. Jacobson. 2016. From Darling to Demon: In and Beyond Goffman's "On the Run". *Sociological Forum* 31 (1): 241–249.

Garland, David (Hrsg.). 2001. Mass Imprisonment. Social Causes and Consequences. London: Sage.

Jencks, Christopher. 2014. *On America's front lines.* New York Review of Books, 9. Oktober.

Kotlowitz, Alex. 2014. Deep Cover: Alice Goffman's On the Run. In *The New York Times.,* 26.06. 2014, www.nytimes.com/2014/06/29/books/review/alice-goffmans-on-the-run. html. Zugegriffen: 20. Januar 2023.

Lewis-Kraus, Gideon. 2016. The Trials of Alice Goffman. In *The New York Times Magazine,* 14.1.2016, www.nytimes.com/2016/01/17/magazine/the-trials-of-alice-goffman.html. Zugegriffen: 20. Januar 2023.

Goffman, Alice. 2015a. On the Run: Die Kriminalisierung der Armen in Amerika, München: Kunstmann (engl. Original: 2014, On the Run: Fugitive Life in an American City, University of Chicago Press).

Goffman, Alice. 2015b. A Reply to Professor Lubet's Critique, Homepage University of Wisconsin, http://web.archive.org/web/20160304201335/http:/www.ssc.wisc.edu/soc/faculty/docs/goffman/A%20Reply%20to%20Professor%20Lubet.pdf. Zugegriffen: 20. Januar 2023.

Lubet, Steven. 2015. Ethics On the Run. In *The New Rambler Review,* 29.05.2015, https://new ramblerreview.com/book-reviews/law/ethics-on-the-run. Zugegriffen: 20. Januar 2023.

Luhmann, Niklas. 1997. Die Gesellschaft der Gesellschaft. Frankfurt/M.: Suhrkamp.

Niermann, Debora. 2020. „Die Chicago School ist tot, lang lebe die Chicago School!" Warum die transatlantische Ethnografierezeption einer Aktualisierung bedarf [55 Absätze]. *Forum Qualitative Sozialforschung / Forum: Qualitative Social Research* 21 (3), Art. 7

Sharpe, Christina. 2014. Black Life, Annotated. In *The New Inquiry*, 08.08.2014, https://thenewinquiry.com/black-life-annotated. Zugegriffen: 20. Januar 2023.

Van Maanen, John, & de Rond, Mark. 2017. The making of a classic ethnography: Notes on Alice Goffman's „On the Run". *Academy of Management Review* 42 (2): 396–406.

Chthuluzän – Gegenwartsdiagnose jenseits der Großtheorie. *Unruhig bleiben* von Donna Haraway

Katharina Hoppe

1 Einführung: Zum Verhältnis von narrativer Theoriebildung und Gegenwartsdiagnose

Gegenwartsdiagnosen beanspruchen in der Regel den charakteristischen Zug eines Zeitalters herauszustellen und zu überspitzen, die Gesellschaft auf *den* Begriff zu bringen. Wenn wir unter Gegenwartsdiagnosen solch „große Erzählungen" (Lyotard 1986) verstehen, werden wir im Werk der US-amerikanischen Biologin und feministischen Theoretikerin Donna Haraway nicht fündig. Ihre Theoriebildung ist zwar geprägt von einem narrativen Zugang, dieser wagt jedoch keine großtheoretischen Einlassungen im engeren Sinne. Eher gelangen ihre Arbeiten durch spezifische Erzählungen zu punktuellen gegenwartsdiagnostischen Einsichten. Nun hat sich Haraway allerdings jüngst in einen der wohl wichtigsten und kontroversesten gegenwartsdiagnostischen Diskurse eingebracht: denjenigen um das Anthropozän (vgl. Crutzen und Stoermer 2000; Zalasiewicz et al. 2008; Horn und Bergthaller 2019; Folkers 2020). In seinem seither vielfach zitierten Artikel *The Geology of Mankind*, der 2002 in *Nature* erschienen ist, vertritt der mit dem Nobelpreis ausgezeichnete Chemiker Paul Crutzen die These, dass mit Ende des 18. Jahrhunderts das erdgeschichtliche Zeitalter des Holozäns abgelöst wurde von dem, was er Anthropozän nennt (vgl. Crutzen 2002, S: 23). Einem Zeitalter also, in dem „der Mensch" zur maßgeblichen geologischen Kraft avanciert sei und sich seine zerstörerische Kraft gegen ihn und seine Lebensgrundlagen wende. Mit dem „Chthuluzän" möchte Haraway eine andere Erzählung, oder besser: andere

K. Hoppe (✉)
Goethe-Universität Frankfurt, Frankfurt, Deutschland
E-Mail: k.hoppe@em.uni-frankfurt.de

© Springer Fachmedien Wiesbaden GmbH, ein Teil von Springer Nature 2023   139
S. Farzin und H. Laux (Hrsg.), *Soziologische Gegenwartsdiagnosen 3*,
https://doi.org/10.1007/978-3-658-41328-6_12

Erzählung*en* anbieten. Diese Erzählungen speisen sich aus einem eigentümlichen Zugang zur Gegenwart, den ich zunächst plausibilisieren möchte.

Das in natur- wie sozialwissenschaftlichen Debatten mit unterschiedlichen Präfixen versehene Suffix -zän beschreibt ein Zeitalter und macht darin je eine den Planeten ausbeutende Kraft sichtbar: das Anthropozän (Crutzen 2002), das Kapitalozän (Moore 2017), das Plantagozän (Tsing 2018). Das von Haraway gewählte Präfix „Chthulu-" verweist demgegenüber eher auf multiple, spezifische Verortungen in der Welt und macht nicht so sehr eine zerstörerische Kraft sichtbar. Abgeleitet vom Altgriechischen khthonios (χθόνιος), was so viel bedeutet, wie „darunter liegend", „unterirdisch", „dem Erdboden angehörig", „einheimisch", weist Haraway mit dieser Wortschöpfung darauf hin, dass es ihrer Erzählpraxis und Theoriebildung weniger um eine eindimensionale Abstraktion, denn um Verdichtungen der Gegenwart geht, die sich in einer Vielzahl von Geschichten ausdrücken müssen. Zudem betont sie in ihren Überlegungen zu den Zän-Erzählungen auch die etymologische Herkunft des Suffix -zän von Altgriechisch kainos (καινός). Dies beschreibe eine spezifische Temporalität: „nämlich [die] Temporalität des dichten, feinfasrigen und klumpigen ‚Jetzt', das althergebracht ist und doch wieder nicht" (Haraway 2017, S. 27; vgl. auch Haraway und Franklin 2017, S. 55). Kainos bedeute aber auch „neu" und weise damit über die Gegenwart insofern hinaus, als es nicht so sehr ein Zeitalter bezeichnet, sondern die komplexen Verflechtungen – oder die feinen Fasern –, die die Gegenwart ausmachen. Das Suffix weist demnach darauf hin, dass die Gegenwart relativ fluide und gestaltbar ist und nicht von einer einzigen Macht beherrscht. Sie ist vielmehr punktuell für Veränderungen offen und es ereignen sich dauernd Neuverknüpfungen, aber auch Abbrüche und Erosionen. Jedes „Jetzt" ist expansiv und zwar im Hinblick auf Vergangenes ebenso wie auf Zukünftiges. Mit dem Begriff des Chthuluz*äns* hebt Haraway den auf Zukünfte verweisenden Aspekt der gestaltenden Neuverknüpfung hervor, was – und das möchte ich gleich vorwegnehmen – auch bereits deutlich macht, dass es sich beim Chthuluzän eher um eine Sammlung von Geschichten denn eine abgeschlossene Gegenwartsdiagnose handelt: „*Kainos* kann voller Erbschaften sein, voller Erinnerungen, aber auch voll mit Kommendem, mit der Förderung dessen, was noch sein könnte. Ich höre *kainos* als dichte und andauernde Gegenwart, mit Zellfäden durchzogen, die alle möglichen Zeitlichkeiten und Stofflichkeiten durchdringen" (Haraway 2018, S. 10; Hervorh. im Orig.)[1]. Dieser Zugang zur Gegenwart sucht nicht nur dieser Multitemporalität Rechnung zu tragen, sondern steht auch in Kontinuität mit

---

[1] Wenn nicht anders angegeben, beziehen sich Seitenzahlen im Folgenden auf diese Arbeit.

Haraways werkübergreifendem Postulat eines „Privilegs partialer Perspektiven" (Haraway 1995).

Aus einer feministischen Perspektive ging es Haraway in ihrem einflussreichen Essay *Situiertes Wissen. Die Wissenschaftsfrage im Feminismus und das Privileg einer partialen Perspektive* (1995) darum, die Positioniertheit und Verkörperung einer jeden Wissensproduktion hervorzuheben. Damit wand sie sich gegen die Phantasie, es gebe eine neutrale, unverortete Produktion von Wissen, die viele klassische Objektivitätskonzepte prägt und eine deutlich vergeschlechtlichte und rassifizierte Konnotation mit sich führt. Unmarkierte Körper, hier besonders jene „des Mannes und des Weißen" (Haraway 1995, S. 80) seien in der Lage, objektives Wissen zu produzieren, den „göttlichen Trick" (ebd.: 84) zu vollziehen, mit dem sich Subjekte vermeintlich aus der Welt herauslösen können. Allen anderen Subjektpositionen werde aufgrund ihrer Markierung als beispielsweise „weiblich", „Schwarz" oder „primitiv" ein Bias unterstellt, der sie von der seriösen Wissensproduktion ausschließt.[2] Dieser Erzählung setzt Haraway die Unausweichlichkeit der Positioniertheit entgegen – auch die Neutralitätsbehauptung sei nicht mehr als eine Maske (vgl. Haraway 1981).

Davon ausgehend führt Haraway das ebenfalls zutiefst feministische Argument für eine analytische Aufwertung des Alltäglichen. In ihrer Beschreibung eines Komposthaufens wird dies besonders deutlich:

> „In other words, I can't work my compost pile without being in the midst of the question of how to inherit the multiple histories and the multiple formations that allow this compost pile to be cooking badly in my yard, you know. They are provocations to becoming more historical, in the sense of bringing what you inherit into the present so as to somehow become more able to respond." (Haraway und Franklin 2017, S. 4)

Drei Aspekte, die in dem Zitat anklingen, sind entscheidend für ein Verständnis des gegenwartsdiagnostischen Zugs von Haraways Arbeiten. Erstens begreift sie auch noch so banale, scheinbar alltägliche oder gar unsoziale Phänomene, wie einen Komposthaufen, als versehen mit einer Geschichte und zwar im Regelfall einer komplexen und von Machtverhältnissen durchzogenen Geschichte. Phänomene wie der Komposthaufen sind für sie Provokationen, die Denken anregen und ungewohnte Perspektiven auf die Gegenwart eröffnen können. Zweitens gilt es die komplexen Beziehungen, die Phänomene ausmachen, als „unser" Erbe anzuerkennen. Um sich der Gegenwart, wie partial auch immer zu nähern, geht es demnach auch darum, historischer zu werden, um die Gewordenheit des Gegenwärtigen

---

[2] Ein Argumentationsmuster, welches in aktuellen Angriffen auf die Gender Studies immer wieder bemüht wird. Vgl. Hark und Villa (2015); Hoppe (2017b).

zu begreifen. Drittens ist die Leistung, das Geerbte in die Gegenwart zu tragen, eine ethische Praxis, die Haraway als Kapazität des Antwortens *(response-ability)* begreift. Es geht ihr darum, der Gegenwart und ihren je spezifischen Problemlagen zu antworten. Ziel ist es dabei auch Gegenwarten so zu artikulieren, dass sie perspektivisch über sich hinausweisen, also in der Erzählung mögliche Zukünfte erschließen.

Diese Form der Theoriebildung, die sich aus partialen Geschichten über die jeweilige Gegenwart gleichsam speist, ist auch als Antwort auf Haraways Versuch zu verstehen, eine post-anthropozentrische Öffnung der Sozialtheorie hin zur Verwobenheit und gemeinsamen Akteurschaft heterogener menschlicher und nicht-menschlicher Entitäten zu ermöglichen. Anders als der ansonsten thematisch wahlverwandte Ansatz Bruno Latours (1995), ist ihre theoriebildende Strategie hierbei stärker narrativ angelegt. Das Ziel moderne Dualismen – besonders jenen von Natur und Sozialem – zu überwinden, teilen jedoch beide Ansätze. Haraways Versuche sich der ‚expansiven‘ Gegenwart zu nähern, sind von dem Anspruch geprägt, nicht-menschliches Anderes in die Analyse einzubeziehen, in dieser Weise aber dennoch etwas wie spezifisch menschliche Verantwortung herauszuarbeiten. Es geht ihr dabei stets auch um eine konstruktive Wendung dieser Geschichten: Wie ließe sich speziesübergreifend besser zusammenleben?

In ihrer Monographie *Unruhig Bleiben. Die Verwandtschaft der Arten im Chthuluzän* (2018) schließt sie an diese Überlegungen an. Während viele von Haraways Arbeiten seit den 2000er Jahren, besonders das *Manifest für Gefährten* (im Orig. *The Companion Species Manifesto*) (2003 [deutsch 2016]) und ihre wichtige Monographie *When Species Meet* (2008), im deutschen Sprachraum bislang immer noch vergleichsweise wenig rezipiert werden, wurde *Unruhig bleiben* rasch übersetzt und vielfach in Presse und Fachzeitschriften besprochen (vgl. Loick 2017; Zedlitz 2017). Dies liegt freilich am historischen Momentum: So trifft Haraways These einer Verwandtschaft der Spezies in Zeiten ökologischer Verunsicherung einen Nerv. Dieses Thema hat sie zwar werkübergreifend beschäftigt, es wird nun aber auch von einem breiteren Publikum als relevant erachtet. Die Chthuluzän-Geschichten, die in *Unruhig bleiben* versammelt sind, können als Annäherungen an Antworten auf die ökologischen Krisen unserer Zeit verstanden werden.

2 Diagnose: Chthuluzän-Geschichten und die De-Komposition großer Erzählungen

Wichtig für ein Verständnis von Haraways Erzählungen über das Chthuluzän ist ihre in vorigen Arbeiten eingeführte und in *Unruhig bleiben* vorausgesetzte relationale Ontologie der Gefährt*innenspezies. Mit dem Begriff der Gefährt*innenspezies (im Orig. *Companion Species*), den Haraway zunächst aus einer intensiven Beschäftigung mit Mensch-Hunde-Beziehungen gewann, ist weit mehr beschrieben als etwa das Verhältnis von Mensch und Tier in domestizierten Kontexten. Vielmehr nutzt sie den Begriff, um eine speziesübergreifende, heterogene, auch technologisch vermittelte Relationalität zu beschreiben, die für sie die Welt ausmacht:

> „Sie [die Wesen; im Orig. *Beings*; K.H.] existieren nicht vor ihren Verhältnissen und Beziehungen. [...] Die Welt ist ein Knoten in Bewegung. [...] Es gibt keine unabhängig existierenden Subjekte und Objekte und keine einzelnen Ursprünge, einheitliche Akteur*innen oder abschließende Ziele. [...] Ein Bestiarium der Handlungsmächte, Bezugsarten und Zeitpartituren übertrumpft sogar die Vorstellungen der wunderlichsten [im Orig. *most baroque*; K.H.] Kosmolog*innen. Für mich stehen die *Spezies der Gefährt*innen* für genau dies." (Haraway 2016, S. 12 f.; Hervorh. im Orig.)

Diese Einsicht wendet sie stärker gegenwartsdiagnostisch, wenn sie zunehmend von einer „Verwandtschaft" *(kin)* der Spezies spricht. Es ist auch dieses Motiv, das in der Rezeption, besonders im deutschen Feuilleton, als bemerkenswert aufgegriffen wurde (vgl. Jage-Bowler 2018; Schmidt 2018). Sich-verwandt-Machen mit den heterogenen Anderen, die die Welt ausmachen, wird als normative Implikation ihrer Arbeiten herausgestellt. Allerdings ist es zentral zu verstehen, dass Haraways Verwandtschaftsbegriff sowohl eine deskriptive wie auch diese normative Schlagseite hat. Deskriptiv zielt sie mit dem Verwandtschaftsbegriff zunächst auf nicht mehr als die unverfügbare Qualität gemeinsamen Werdens, die bereits der Begriff der Gefährt*innenspezies anzeigte. Verwandtschaft ist nicht notwendig schön, harmonisch oder gut. Im Gegenteil: „Wir" suchen uns nicht aus, mit wem „wir" die Welt teilen. Dieses Hannah Arendt (1992) entlehnte Motiv der ungewollten Ko-Habitation ist wichtig, um das Zusammenleben der Spezies nicht zu romantisieren und den Einsatzpunkt von Haraways gegenwartsdiagnostischen Erzählungen nicht zu verfehlen. Diese setzen es sich zum Ziel durch gesättigte Erzählungen über die Gegenwart und ein „tentakuläres Denken" (Haraway 2018, S. 47), Möglichkeitsräume für bessere Verwandtschaftsverhältnisse zu erschließen – hierin liegt die normative Facette des Begriffs.

Entgegen dieses eher affirmativen Zugangs zu weltlichen Beziehungen, kommt die geologische Zeitdiagnose des Anthropozäns auch von Seiten der Naturwissenschaftler*innen nicht ohne einen alarmierenden Impetus, der darauf hinweist, dass die menschliche Ausbeutung des Planeten diesen zurückschlagen lässt. Die mittlerweile kaum mehr überschaubare und transdisziplinär geführte Debatte weist immer wieder auf deren doppelten Stellenwert hin: „part geoscience hypotheses, part global alarm" (Clark und Yusoff 2017: 7). Damit wird die politische Aufladung der Diskussion von Beginn weg unterstrichen. Allerdings – und dies ist Haraways Einsatzpunkt – ist die Anthropozänerzählung auch von einem apokalyptischen Unterton durchzogen. Diesem will sie Geschichten entgegensetzen, die sich der sukzessiven Transformation weltlicher Beziehungen verschreiben und angesichts existentieller Probleme nicht in Zynismus verfallen.

Vor diesem Hintergrund greift Haraway also die Anthropozänerzählung auf. Während die These eines wirkmächtigen geosozialen Prozesses die für Haraways Arbeiten entscheidende Einsicht verdeutlicht, dass das Menschliche und das Nicht-Menschliche ineinander verschränkt sind, unterschlägt der Fokus auf „den Menschen" aus ihrer Sicht das transformierende Moment dieses „Zeitalters". Den epochalen Prozess der zunehmenden Anerkennung speziesübergreifenden Zusammenlebens möchte Haraway deswegen *nicht* Anthropozän nennen: „Eine derart transformative Zeit auf Erden kann sicherlich nicht Anthropozän genannt werden!" (S. 47 f.) Und zwar weil der Prozess gerade darauf hinweise, dass nicht allein „der Mensch" Geschichte macht. Während andere Theoretiker*innen den kritischen Stachel einer solchen geologischen „Zeitdiagnose" durchaus anerkennen (vgl. etwa Lövbrand et al. 2015; Swanson et al. 2015), weist Haraway den Begriff des Anthropozäns zumindest als Beschreibung einer *transformativen* Zeit zurück.

Die Begriffsbildung des Anthropozäns unternimmt Haraway zufolge den Versuch, Wege zu finden, „um über das große Ding namens Globalisierung zu reden, es zu theoretisieren, zu modellieren und zu managen" (S. 67). Hierbei sei auffällig, dass sich auch Teile der Naturwissenschaften, die sich in politischen Debatten sonst tendenziell zurückhalten, diesem Diskurs zuwenden; allerdings – so stellt Haraway nüchtern fest – habe die Problematisierung des Anthropozäns bislang kaum Effekte gezeigt (vgl. S. 68 f.). Es ist nicht Haraways Ziel diese Missstände auf die Begriffsbildung allein zurückzuführen, allerdings sei unübersehbar, dass die Verwendung des Terms Anthropos – des Menschen als Kollektivsingular – notwendig zu Verdeckungen der Spezifika der Verteilung von Verantwortlichkeiten in der historischen ebenso wie geologischen Situation führt und damit auch kaum Handlungsspielräume aufdeckt (vgl. S. 69 f., 249 f.; für ähnliche Kritiken an der Begriffsbildung vgl. Chakrabarty 2009; Pyyhtinen und Tamminen 2011; Folkers und Marquardt 2017, bes. S. 99 f.; Schneiderman 2017). Ihre Kritik formuliert Haraway unter acht Gesichtspunkten (vgl. S. 72 f.): Erstens handle es sich bei dem „Mythensystem rund um den Anthropos" (S. 72) um eine Geschichte, die immer schlecht ende, nämlich ein katastrophisches Szenario, das einem Zynismus Vorschub leiste und sich nicht mit „Weiterbestehen [im Orig. *ongoingness;* K.H.]" (ebd.) beschäftige; zweitens suggeriere der Terminus, es sei die Spezies Mensch, die Geschichte macht, was verkennt, dass heterogene Gefüge menschlicher und nicht-menschlicher Aktant*innen die Welt permanent gestalten; drittens sei es ebenfalls ein Irrtum davon auszugehen, Menschen und ihre Werkzeuge machten Geschichte, wie es die Technologieaffinität der Anthropozänerzählung nahelegt[3]; viertens müsse „Geschichte" ersetzt werden durch eine Aufmerksamkeit für „Geogeschichten" (ebd.), die es erlaube, sukzessive Verschiebungen und die Entstehung neuer Beziehungen zu beschreiben und zu verstehen, anstatt von einem akteurszentrierten „Geschichte machen" auszugehen; fünftens sei der soziale Apparat „Anthropozän" kopflastig und tendiere zu einer Bürokratieaffinität – es müsse aber nicht darum gehen, globale Krisen zu verwalten, sondern Raum zu schaffen für andere Widerstandsformen; sechstens basiere das „Anthropozän" auf einer problematischen Theoretisierung von Relationen, nämlich derjenigen des Entitäten voraussetzenden utilitaristischen Individualismus; siebtens würden Theorien des Anthropozäns sich zu stark auf restriktive Systemtheorien beziehen, die evolutionäre Entwicklung nicht als Symbiogenese – also als heterogenen, naturkulturellen Prozess – denkbar machten und es so gerade verfehlten, auf die Ausbeutungen und das Leben auf Kosten heterogener Anderer hinzuweisen; achtens schließlich sei der Begriff des Anthropozäns ein Terminus, der vor allen Dingen für Intellektuelle im Globalen Norden von Belang sei, da er kein Idiom für lokale Probleme und Konzepte darstellt. Insgesamt weist Haraway demnach die Implikationen des Anthropozänbegriffs zurück, indem sie dessen vereinheitlichende Tendenzen und die Annahme einer allein menschlich, dominant technologisch gemachten Geschichte kritisiert. Die Fehlentwicklung einer solchen Geschichte ließe sich daher auch nicht als solche „managen", wie es die auch von Protagonisten wie Crutzen geforderte technowissenschaftliche Lösungen, beispielsweise Geo-Engineering, suggerierten. Die Sozial- und Kulturwissenschaften seien deswegen Haraway zufolge dazu angehalten das Anthropozän „als Werkzeug, als Geschichte oder als Epoche,

---

[3] So fordert Crutzen (2002: 23) sowohl „appropriate human behaviour at all scales", aber auch „large-scale geo-engineering projects".

mit dem/der man denken kann" (S. 72) zu reklamieren. Hierbei muss Veränderung so beschrieben werden, dass Möglichkeiten der Transformation jenseits technologischer Allmachtsphantasien denkbar werden.

Ein begriffliches Angebot, das als Antwort auf die problematische Vereinheitlichungsgeste der Bezeichnung „Anthropozän" entwickelt wurde, ist dasjenige des „Kapitalozäns" (vgl. Moore 2017; 2018; Altvater 2017). Der Umwelthistoriker Jason Moore hat argumentiert, dass der Begriff des Anthropozäns und besonders die Debatten um die Frage des Beginns dieses Erdzeitalters eine folgenreiche Verengung vornähmen. Während die Datierungsfrage zwar durchaus umstritten ist[4], wird überwiegend vom ausgehenden 18. und Beginn des 19. Jahrhunderts ausgegangen. Als Erklärung für diese Datierung wird zumeist die Industrialisierung genannt:

> „The motive force behind this epochal shift? Coal and steam. The driving force behind coal and steam? Not class. Not capital. Not imperialism. Not even culture. But… you guessed it, the *Anthropos:* humanity as an undifferentiated whole." (Moore 2017, S. 595; Hervorh. im Orig.)

Wie auch Haraway, ist Moore unzufrieden mit der homogenisierenden Geste der Anthropozänerzählung. Er hebt hervor, dass gerade die Periodisierungsfrage entscheidende politische Konsequenzen hat. Jene umweltaktivistischen Argumente, die die industrielle Revolution als Umschlagspunkt im Mensch-Natur-Verhältnis sehen, würden die weit längere Geschichte des Kapitalismus verkennen, die mit der Kolonisierung und damit in der Frühen Neuzeit ihren Ausgang nähme (vgl. ebd.: 607–620). In dieser Zeit nämlich sei Natur externalisiert, Raum und Zeit abstrakt gedacht und eine „early modern revolution in labor productivity" (ebd.: 620) ermöglicht worden, die abhängig von Techniken der Aneignung von „Cheap Natures" (ebd.) sei. Mit „billigen Naturen" beschreibt Moore all das, was der Kapitalismus und Kolonialismus zur stillschweigenden Verfügungsmasse erklärt hat. Billig sind diese Rohstoffe und Böden, weil über die Folgekosten ihrer Ausbeutung und den Müll, den ihre Bearbeitung abwirft, nicht weiter nachgedacht werde.

Feministische und postkoloniale Theoretiker_innen haben noch entschiedener darauf hingewiesen, dass und wie die ökologischen Verwerfungen unserer

---

[4] So wird aus archäologischer Perspektive für einen Beginn mit den Ursprüngen der Agrarkultur vor ca. 9000 Jahren argumentiert (vgl. etwa Balter 2013); ein anderer populärer Datierungsvorschlag geht von einem Beginn vor etwa 2000 Jahren aus (Certini und Scalenghe 2011). Zalasiewicz et al. (2008) argumentieren für einen Beginn nach dem Zweiten Weltkrieg.

Zeit mit der Geschichte des Kolonialismus und der Sklaverei zusammenhängen. Kathryn Yusoff (2018, S. 33–39) stellt im Anschluss an Sylvia Winter – eine wichtige Vertreterin der Black Studies – heraus, dass die Kategorie „des Menschen" hochgradig rassifiziert ist. Das moderne, hegemoniale Verständnis des Menschen basiere auf einer dehumanisierenden Geste, die People of Color aus der Kategorie des Menschen ausschließe. Die moderne Unterscheidung zwischen Mensch und Nicht-Mensch habe damit auch rassifizierte Menschen zu „Cheap Natures" deklariert. Die Extraktion von Arbeitskraft in der Plantagenwirtschaft folge dem gleichen Muster wie die Extraktion vermeintlich „unberührten" Landes und natürlicher Ressourcen.

Hierbei spiele eben auch ein anderer Aspekt des Kolonialismus eine entscheidende Rolle, den auch Moore betont: „a new way of seeing and ordering reality" (Moore 2017, S. 620). Es ist auch und vor allem der „way of seeing", der den Menschen ins Zentrum allen Handelns stellt und ihm die Natur gegenüberstellt, der das Kapitalozän in seinen vergeschlechtlichten und rassifizierten Dimensionen auszeichnet und der deutlich vor der industriellen Revolution einsetzt (siehe auch Merchant 1987). Moores Argument ist, dass „the spectacular images of the Industrial Revolution transmitted to us by every schoolbook cannot contain the creativity and destructiveness of capitalism" (Moore 2017, S. 621). Daher verortet Moore sein Argument auch nicht im Rahmen geologischer Geschichte, sondern eher im Kontext eines kapitalismuskritischen Nachdenkens über ökologische Krisen. Der Begriff des Kapitalozäns plädiert für ein verändertes Natur- *und* Kapitalismusverständnis: „capitalism develops through the web of life" (Moore 2018, S. 239). Ganz im Sinne Haraways bezieht sich Moore auf ein konstitutives Verständnis von Relationalität, welches Nicht-Menschlichem eine entscheidende Rolle zuschreibt. Der Stellenwert der so erarbeiteten Kapitalozän-Perspektive ist zum einen die Ausflucht aus der homogenisierenden Geste des Anthropos, zum anderen ein politisches Programm, das es sich zum Ziel setzt, die spezifischen Inwertsetzungen innerhalb eines systemischen Naturkulturzusammenhangs nachzuvollziehen (vgl. ebd., S. 242).

Haraway hat die Kapitalozän-Begriffsbildung aufgegriffen und konstatiert: „Wenn wir nur ein einziges Wort für die aktuellen [..] Zeiten hätten, müsste es sicherlich Kapitalozän lauten" (S. 70). Auch sie betont, dass die Gegenwart zwar sehr wohl von den Konsequenzen der kapitalistischen Produktions- und Konsumtionsweise geprägt sei, dass es sich dabei aber auch aus einer kapitalismuskritischen Perspektive heraus nur um *eine* Akteurin „im Spiel der planetenverändernden, historisch situierten und so ausreichend neuen, weltenden [im Orig. *welterzeugenden; K.H.*] Beziehungen" (S. 71) handle. Die Kapitalozänerzählung vermag es jedoch im Gegensatz zu derjenigen über das Anthropozän

die Rede vom Menschen als einzigem Helden der Erdgeschichte zu vermeiden. Zugleich laufe allerdings auch der Begriff des Kapitalozäns Gefahr, eine
zu große Geschichte zu erzählen und sich einem Fortschrittsgedanken zu ver-
pflichten (vgl. S. 74). Es ist eben auch nicht „der Kapitalismus", der gleichsam
anonym Geschichte macht:

> „Das Kapitalozän ist relational hergestellt worden, nicht durch einen säkularen, gott-
> ähnlichen Anthropos, nicht durch das Gesetz der Geschichte, durch die Maschine
> selbst, oder einen Dämon namens Moderne. Das Kapitalozän muss deshalb relatio-
> nal abgebaut werden, damit in materiell-semiotischen [..] Mustern und -Geschichten
> etwas komponiert werden kann, das lebbarer ist […]." (S. 74)

Es könne daher nicht (nur) um die Zurückweisung dieses Systems gehen, denn
es habe sich gezeigt, „dass die verschiedenen Denunziationen des Kapitalismus
einzigartig ineffektiv gewesen sind. Wäre es anders, wäre er längst verschwunden" (S. 74). Um nicht dabei stehen zu bleiben, ein System zu „denunzieren"
und sich „Vorhersagen im Stil von ‚Das Spiel ist aus, es ist zu spät'" (S. 81)
zu überlassen, ist es Haraway zufolge notwendig, ein anderes, ein dichteres Verständnis der Gegenwart zugrunde zu legen. Das Kapitalozän könne von dort aus
kompostiert – bzw. „relational abgebaut" – werden.

Für einen solch relationalen Abbau braucht es in Haraways Augen eine Vielfalt
von Geschichten über die Gegenwart. Ihre Suchbewegung nach solchen Narrativen beginnt sie mit der näheren Betrachtung eines spezifischen Organismus: der
Spinne *Pimoa cthulhu* (vgl. S. 48). Ihr Ausgangspunkt ist eine Verortung dieser
Spinne, die einen spezifischen Ort und eine Geschichte hat und aufgrund ihrer
komplexen Konstitutionsbedingungen auch über sich hinausweist. Dabei gehe es
nicht darum, zu zeigen, dass alles mit allem zusammenhänge, sondern um eine
detaillierte Auseinandersetzung mit spezifischen Verknüpfungen: „Niemand lebt
überall; jeder lebt irgendwo. Nichts ist mit allem verbunden; alles ist mit etwas
verbunden" (S. 48). *Pimoa cthulhu* wird für Haraway demnach aufgrund ihrer
besonderen Verortung interessant. Der Name der Spinne referiert auf das bereits
erwähnte altgriechische Wort khthonios (χθόνιος), das auf eine Verbindung zum
Boden und das Darunterliegende verweist, also auf jene tiefgreifende Relationalität, die Haraway bereits mit dem Begriff der Gefährt*innenspezies beschrieb:
Eine Relationalität, die menschliche und nicht-menschliche Entitäten teilen und
gemeinsam hervorbringen. Zugleich umfasst diese Trope den Gedanken, dass es
sich bei einer Annäherung an so verstandene Relationalität, als eines Prozess des
Antwortens auf die Gegenwart, um eine matschige Angelegenheit handelt – eine

Angelegenheit, die sich in und mit der Welt abspielt.[5] Sie nimmt eine analytische Perspektive ein, die jede Phantasie von Reinheit, Abgeschlossenheit und Selbstidentität konterkariert (vgl. S. 237 f.).[6] Haraway schlägt dann eine Verschiebung in der Schreibweise der Spinne vor und leitet aus dieser ihre Bezeichnung der Gegengeschichten zum Anthropozän ab: „von *cthulhu* zu *chthulu*, wenn ich als *Pimoa chthulu* schreibe, dann entwerfe ich einen Namen für ein Anderswo, für ein Anderswann, das war, immer noch ist und sein könnte: das Chthuluzän" (S. 49; Hervorh. im Orig.; Übers. korrigiert K.H.).[7] Mit dem Begriff „Chthuluzän" ist demnach nicht so sehr ein Zeitalter, denn der erzählerische Modus einer Gegenwartsdiagnostik angedeutet, welche die Diagnosen des Anthropozäns und Kapitalozäns ergänzt, irritiert und kompliziert.

Solche Chthuluzän-Geschichten zu erzählen, ist für Haraway auch eine ethische Aufgabe. Die Narrative sollen weniger abstrahieren, denn im Ausgang von konkreten Interdependenzgefügen die Gegenwart verdichten. Grundlage dafür ist die relationale Ontologie der Gefährt*innenspezies, die hervorhebt, dass die Phantasie eines Austretens aus weltlichen Beziehungen nicht nur unmöglich, sondern auch gefährlich ist. In einem Interview hat Haraway darauf hingewiesen, dass es aber gerade eine Geste der Herausnahme ist, zu der die Kapitalozän- wie die Anthropozänerzählung tendieren:

„When we cut ourselves off from our collective, our becoming-with, including dying and becoming compost again. When we cut ourselves off from mortality and fear death, we become our own worst enemy in this relentless story of making ourselves in

---

[5] Zur Bedeutung der Metapher des Matsches in Haraways späten Arbeiten vgl. auch Hoppe (2017a).

[6] Auch Latour hat in seinem Essay *Das terrestrische Manifest* (2018: 18) die Konnotationen des Bodens aufgegriffen. Er konstatiert, die „neue Universalität" läge heute in dem „Empfinden, dass einem der Boden unter den Füßen wegsackt". Eine Erdung der soziologischen und politischen Auseinandersetzung mit dieser Situation stehe vor der doppelten, aber komplementären Herausforderung: „sich einerseits *an einen bestimmten Boden* zu *binden* und andererseits *weltbezogen zu werden*" (ebd.: 20; Hervorh. im Orig.). Haraway verfolgt hier und werksübergreifend ein ähnliches Projekt.

[7] Mit dieser Veränderung in der Schreibweise will Haraway auch eine Nähe zu H. P. Lovecrafts Science Fiction-Monster „Cthulu" vermeiden. Lovecraft hatte diese Figur in seiner 1928 publizierten Geschichte „The Call of Cthulu" aufgegriffen und damit – in Haraways Augen – eine Monstrosität kreiert, dessen „scheußliche unterirdische, chthonische Schlangen [...] nur im patriarchalen Modus schrecklich" (Haraway 2018, S. 238) waren. Haraways Umschrift in „Chthulu" zeigt eine stärkere Treue zur Altgriechischen Herkunft der Bezeichnung an und beinhalte „andere Ängste" (ebd.), und zwar solche, die einer anderen als der patriarchalen Logik gehorchen. Vgl. zu dieser Begriffswahl auch kritisch Lewis (2017).

the image of death. These are the lived stories of the Anthropocene as Capitalocene."
(Haraway und Kenney 2015, S. 269)

Diese zu großen Erzählungen – die durchaus gelebte Geschichten sind – bieten Haraway zufolge keine möglichen Zukünfte an. Demgegenüber möchte sie
Geschichten stärken, die eine Ethik des Antwortens auf die Welt praktizieren und
für diese Bewegung steht auch die Bezeichnung Chthuluzän. Die Begegnung mit
„dem schieren Nicht-Wir" (S. 81) würde es ermöglichen, zur Kenntnis zu nehmen, von welchen mannigfaltigen Bedingungen „Menschen" abhängen und dass
in Gefügen menschlicher und nicht-menschlicher Handlungsmacht Geschichte
gemacht würde: „Gedeihen muss als artenübergreifende Responsabilität und ohne
die Arroganz der Himmelsgötter und ihrer Lakaien kultiviert werden" (S. 81 f.).
Gegenwartsdiagnostik ist für Haraway die Erzählpraxis, die diesem komplexen Anderen begegnet, sich dabei als radikal innerweltlich begreift und sich
so vor Zynismus schützt, weil sie durch das Erzählen partialer Geschichten
Veränderungen ermöglicht und Zukünfte erdenken kann.

3 Diskussion: Möglichkeiten und Grenzen partialer Gegenwartsdiagnostik

Haraways Chthuluzän-Erzählungen können als Kritik an „klassischen" Gegenwartsdiagnosen verstanden werden. „Chthuluzän" ist eine Chiffre für die Absage
an *die eine* Erzählung, welche *die eine* Gegenwart beschreibt. Haraways Einsatz
in den Debatten um das Anthropozän hält eindimensionalen Narrativen die Potenziale einer Multiplizität von Geschichten entgegen. Im Zusammenhang mit ihrem
Gesamtwerk ist diese Stoßrichtung konsequent und nachvollziehbar: Ging es ihr
doch immer um eine Stärkung der Dialogfähigkeit der Wissenschaften durch die
Verknüpfung partialer Perspektiven. Auffällig ist in ihrem späten Gegenprogramm
zu großen Erzählungen allerdings die optimistische Stoßrichtung der Chthuluzän-
Geschichten. Der Versuch deutlich zu machen, dass die Zukunft weder „dem
Anthropos" in seiner zerstörerischen Version, noch „dem Kapital" zu überlassen ist, ist zwar wichtig, allerdings muss dabei die systemische Einbettung der
Gegen-Geschichten in die nur allzu realen Konsequenzen des Anthropozäns und
Kapitalozäns ebenfalls zur Geltung gebracht werden.

Eine von Haraways Chthuluzän-Geschichten dreht sich beispielsweise um das
wissenschaftlich-künstlerische Projekt PigeonBlog, in dem Daten über die Luftverschmutzung in Los Angeles County generiert werden sollten. Während die

Luftverschmutzung bislang durch fest installierte Aufzeichnungsgeräte gemessen wurde, die entfernt von belasteten Gegenden aufgestellt seien, könne die Datenlage durch mobile Messgeräte verbessert werden (vgl. S. 34). Die Idee des PigeonBlog-Projekts war es, Tauben so auszustatten, dass sie durch ihre Flug- und Laufwege in Kollaboration mit Technologien, Menschen und anderen Anderen Luftverschmutzungswerte aufzeichnen können: So sollten Daten öffentlich zugänglich werden, die „provozieren, motivieren, verstärken, inspirieren und illustrieren" (S. 34). Das Projekt versteht Haraway als kollaborativen Prozess des Sich-wechselseitig-Befähigens. Die aufwendige Installation sei ein komplexes Arrangement von „Verbindung[en] zwischen Vögeln, Technologien und Leuten" (S. 35). Es brauchte zunächst einiges an Zeit um den „Rucksack" (S. 35), mit dem die Tauben fliegen sollten, so zu entwickeln, dass er „bequem und sicher genug" (ebd.) für diese war. Niemand aus dem Team des PigeonBlogs, zu dem Künstler*innen, Forschende, wissenschaftliche Berater*innen, Taubenbesitzer*innen und Berater*innen für Elektronik gehörten, wolle „ängstliche und unglückliche Vögel [...] akzeptieren" (ebd.). Der gemeinsame Prozess des Befähigens habe vielmehr auf „wechselseitigem Vertrauen ineinander" (ebd.) basiert. In einer gemeinsamen Komposition, in der sich alle Beteiligten veränderten und wechselseitig zu Neuem befähigten, sieht Haraway den Erfolg des Projekts. Die Flüge der Tauben und ihre komplexen Ermöglichungsbeziehungen als Befähigungsbeziehungen stellen den Kern dieser Chthuluzän-Erzählung dar, die anzeigt, wie speziesübergreifend Welt erschlossen werden könne. Dieses Narrativ Haraways wirkt allerdings seltsam poliert. Machtverhältnisse und Ambivalenzen – etwa die Frage, ob die Tauben wirklich einen Stolz auf ihr Mitwirken am Projekt empfinden – werden ausgespart. Darüber hinaus kommen systemische Vereinnahmungsdynamiken nur sporadisch in den Blick. Es stellt sich aber durchaus die Frage, ob und wie die enorme Wirkmacht von „Kapital" und „Anthropos" in der Analyse und auch in Taktiken gegen sie zur Geltung kommen muss. Damit wäre zu fragen, ob Haraway die Debatte um das „Anthropozän" durch die optimistischen Gegen-Geschichten möglicherweise nicht eher befriedet, denn sie weiter zu politisieren.

Während sich in der deutschsprachigen Haraway-Rezeption durch die Publikation von *Unruhig bleiben* eine regelrechte Renaissance ihrer Theoriebildung andeutet und die These einer speziesübergreifenden Verwandtschaft als wegweisend für die kritisch-kreative Auseinandersetzung mit ökologischen Fragen gesehen wird (vgl. Loick 2017), haben im englischen Sprachraum einige Stimmen eben diese Entpolitisierungstendenz hervorgehoben (vgl. Lewis 2017; Battistoni 2017). So argumentiert Sophie Lewis (2017: o. S.), Haraways zuletzt vorgelegten Geschichten wirkten „wrung clean of systemic analysis and socialism" und würden demgegenüber „a vague and omnipresent animist tentacularity" beschreiben. Damit ist in der Tat ein Problem von Haraways Intervention in die Debatten um das Anthropozän angesprochen. So besteht zwar kein Zweifel, dass es antiapokalyptischer Erzählungen bedarf, um nicht in völlige Lähmung zu verfallen; gleichzeitig ist es wichtig, die strukturellen Einbettungen dieser Geschichten mit zu erzählen, wie sie selbst andeutet:

> „Das unabgeschlossene Chthuluzän muss den Abfall des Anthropozäns und die Tötungskraft des Kapitalozäns aufsammeln. Es muss schroten und schreddern und schichten wie ein verrückter Gärtner und einen noch viel heißeren Kompost für immer noch mögliche Vergangenheiten, Gegenwarten und Zukünfte herstellen." (S. 83)

Gegenwartsdiagnose muss vielleicht keine große Erzählung generieren, sie muss aber sehr wohl das Zusammenspiel ermöglichender *und* beschränkender gesellschaftlicher Dynamiken sehen oder allererst sichtbar machen. Teilweise unterschätzt Haraway – bei aller berechtigten Kritik an den großen Erzählungen des Anthropozäns und Kapitalozäns – den Wert und die Dringlichkeit der Benennung der systemischen Dynamiken, von denen sich freizumachen, nur eine Phantasie der Herausnahme fortschreiben würde, gegen die sie sich sonst ihrerseits so konsequent wendet.

Literatur

Altvater, Elmar. 2017. Kapitalozän: Warum die Rettung des Planeten keine technische Frage ist. *LuXemburg 2-3*: 108–117.
Arendt, Hannah. 1992. Eichmann in Jerusalem. Ein Bericht von der Banalität des Bösen. München: Piper.
Balter, Michael. 2013. Archaeologists Say the 'Anthropocene' Is Here—But It Began Long Ago. *Science 340 (6130)*: 261–262.
Battistoni, Alyssa. 2017. Monstrous, Duplicated, Potent. On Donna Haraway. *n+1 (28)*: https://www.nplusonemag.com/issue-28/reviews/monstrous-duplicated-potent. Zugegriffen: 27. Juli 2020.
Certini, Giacomo, R. Scalenghe. 2011. Anthropogenic Soils are the Golden Spikes for the Anthropocene. *The Holocene 21 (8)*: 1269–1274.
Chakrabarty, Dipesh. 2009. The Climate of History: Four Theses. *Critical Inquiry 35 (2)*: 197–222.
Clark, Nigel. K. Yusoff. 2017. Geosocial Formations and the Anthropocene. *Theory, Culture & Society 34 (2-3)*: 3–23.
Crutzen, Paul J. 2002. Geology of Mankind. *Nature 415*: 23.
Crutzen, Paul J., E. F. Stoermer. 2000. The ‚Anthropocene'. *Global Change Newsletter 41*: 17–18.

Folkers, Andreas. 2020. Was ist das Anthropozän und was wird es gewesen sein? Ein kritischer Überblick über neue Literatur zum kontemporären Erdzeitalter. *NTM 28 (4)*: 589–604.

Folkers, A., N. Marquardt. 2017. Die Kosmopolitik des Ereignisses. Gaia, das Anthropozän und die Welt ohne uns. In *Verantwortung und Un/Verfügbarkeit. Impulse und Zugänge eines (neo)materialistischen Feminismus*, Hrsg. Bath, C., H. Meißner, S. Trinkaus, S. Völker, 96–112. Münster: Westfälisches Dampfboot.

Haraway, Donna. 1981. In the Beginning Was the Word: The Genesis of Biological Theory. *Signs. Journal for Women in Culture & Society 6 (3)*: 469–481.

Haraway, Donna. 1995. Situiertes Wissen. Die Wissenschaftsfrage im Feminismus und das Privileg einer partialen Perspektive. In *Die Neuerfindung der Natur. Primaten, Cyborgs und Frauen*, Hrsg. Dies., 73–97. Frankfurt/Main: Campus Verlag.

Haraway, Donna. 2003. The Companion Species Manifesto. Dogs, People, and Significant Otherness. Chicago: Prickly Paradigm Press.

Haraway, Donna. 2008. When Species Meet. Minneapolis: University of Minnesota Press.

Haraway, Donna, 2016. Das Manifest für Gefährten. Wenn Spezies sich begegnen: Hunde, Menschen und signifikante Andersartigkeit. Berlin: Merve.

Haraway, Donna. 2017. Anthropozän, Kapitalozän, Plantagozän, Chthuluzän: Making kin, sich Verwandte machen. In *Monströse Versprechen. Die Gender- und Technologie-Essays*, Hrsg. Dies., 24–34. Hamburg: Argument Verlag.

Haraway, Donna. 2018. Unruhig bleiben. Die Verwandtschaft der Arten im Chthuluzän. Frankfurt/Main: Campus Verlag.

Haraway, D., S. Franklin. 2017. Staying with the Manifesto: An Interview with Donna Haraway. *Theory, Culture & Society 34 (4)*: 49–63.

Haraway, D., M. Kenney. 2015. Anthropocene, Capitalocene, Chthulucene. In *Art in the Anthropocene: Encounters Among Aesthetics, Politics, Environments and Epistemologies*, Hrsg, Davis, H., E. Turpin, 255–270. London: Open Humanities Press.

Hark, S., P. I. Villa. 2015. „Eine Frage an und für unsere Zeit". Verstörende Gender Studies und symptomatische Missverständnisse. In *Anti-Genderismus. Sexualität und Geschlecht als Schauplätze aktueller politischer Auseinandersetzungen*, Hrsg. Dies., 15–39. Bielefeld: transcript.

Hoppe, Katharina. 2017a. ‚Beings from the Mud'. Donna Haraways Arbeiten zu einer relationalen Ontologie. Soziopolis. https://soziopolis.de/beobachten/kultur/artikel/beings-from-the-mud/. Zugegriffen: 27. Juli 2020.

Hoppe, Katharina. 2017b. „Don't Silence Feminist Science!". Feministische Studien Blog.   http://blog.feministische-studien.de/2017b/06/dont-silence-feminist-science/. Zugegriffen: 27 Juli 2020.

Horn, E., H. Bergthaller. 2019. Anthropozän zur Einführung. Hamburg: Junius.

Jage-Bowler, Frederic. 2018. Sich verwandt machen. taz am Wochenende. 26.05.2018.

Latour Bruno. 1995. Wir sind nie modern gewesen. Berlin: Akademie Verlag.

Latour, Bruno. 2018. Das terrestrische Manifest. Berlin: Suhrkamp.

Lewis, Sophie. 2017. Cthulhu Plays No Role For Me. Viewpoint Magazine. https://viewpointmag.com/2017/05/08/cthulhu-plays-no-role-for-me, Zugegriffen: 27. Juni 2020.

Loick, Daniel. 2017. Mach es nicht selbst. Zu Donna Haraways ‚Staying with the Trouble'.*Texte zur Kunst (105)*: 186–189.

Lövbrand, E., S. Beck, J. Chilvers, T. Forsyth, J Hedrén, M. Hulme et al. 2015. Who Speaks for the Future of Earth? How Critical Social Science can Extend the Conversation on the Anthropocene. *Global Environmental Change 32*: 211–218.

Lyotard, Jean-Francois. 1986. Das postmoderne Wissen. Ein Bericht. Wien: Passagen Verlag.

Merchant, Carolyn. 1987. Der Tod der Natur. Ökologie, Frauen und neuzeitliche Naturwissenschaft. München: Beck.

Moore, Jason W. 2017: The Capitalocene, Part I: On the Nature and Origins of our Ecological Crisis. *The Journal of Peasant Studies 44 (3)*: 594–630.

Moore, Jason W. 2018. The Capitalocene Part II: Accumulation by Appropriation and the Centrality of Unpaid Work/Energy. *The Journal of Peasant Studies 45 (2)*: 237–279.

Pyyhtinen, O., S. Tamminen. 2011. We Have Never Been only Human: Foucault and Latour on the Question of the Anthropos. *Anthropological Theory 11 (2)*: 135–152.

Schmidt, Marie. 2018. Die kostbare Verwandtschaft. Die Zeit, 21.06.2018.

Schneiderman, Jill S. 2017. The Anthropocene Controversy. In *Anthropocene Feminism* , Hrsg. Grusin, Richard, 169–195. Minneapolis: University of Minnesota Press.

Swanson, H., N. Bubandt, A. Tsing. 2015. Less Than One But More Than Many. Anthropocene as Science Fiction and Scholarship-in-the-Making. *Environment and Society 6 (1)*: 149–166.

Tsing, Anna Lowenhaupt. 2018. Der Pilz am Ende der Welt. Über das Leben in den Ruinen des Kapitalismus. Berlin: Matthes & Seitz.

Yusoff, Kathryn. 2018. A Billion Black Anthropocenes or None. Minneapolis: University of Minnesota Press.

Zalasiewicz, J., M. Williams, A. Smith, T. L. Barry, A. L. Coe, P. R. Bown et al. 2008. Are We Now Living in the Anthropocene? *GSA Today 18 (2)*: 4–8.

Zedlitz, Sven. 2017. Rezension zu „Staying with the Trouble. Making Kin in the Chthulucene". *Zeitschrift für philosophische Literatur 5 (1)*: 21–30.

Der steile Aufstieg des Rechtspopulismus. *Fremd in ihrem Land* von Arlie Russell Hochschild

Uwe Schimank

1 Einführung

Für hilfreiche Kommentare zu diesem Text danke ich Nils Kumkar.

Im Jahr 2016, Monate vor der Wahl Donald Trumps zum Präsidenten der USA, veröffentlichte Arlie Russell Hochschild ihr Buch *Strangers in Their Own Land: Anger and Mourning on the American Right*.[1] Es war und ist noch immer ein großer Publikumserfolg, weit über die einschlägig interessierten sozialwissenschaftlichen Fachgemeinschaften hinaus. Es wurde als das richtige Buch zur richtigen Zeit wahrgenommen – nicht nur in den USA, sondern in vielen anderen Ländern, wo rechtspopulistische soziale Bewegungen und Parteien auf dem Vormarsch waren. Die deutsche Übersetzung erschien 2017 unter dem Titel *Fremd in ihrem Land. Eine Reise ins Herz der amerikanischen Rechten*. Gelesen wurde es hauptsächlich von – in der US-amerikanischen Diktion – „liberals" und Linken, wie sie dort geballt vor allem in den Metropolen und Universitätsstädten und -städtchen der Ost- und Westküste zu finden sind. Diese Milieus waren am Tag nach der Präsidentenwahl fassungslos angesichts dessen, was da geschehen war. Eine deutsche Kollegin, die zu der Zeit als Gastwissenschaftlerin in Chapel Hill, North Carolina war, hat das plastisch berichtet. Keiner aus der Kollegenschaft dort konnte es glauben – dabei hätten sie nur ein paar Meilen aus dem idyllischen Universitätsstädtchen hinaus ins Umland fahren und den Leuten dort zuhören müssen.

---

[1] Wenn im Weiteren nur Seitenzahlen angegeben werden, beziehen sie sich auf dieses Buch.

U. Schimank (✉)
Universität Bremen, Bremen, Deutschland
E-Mail: schimank@uni-bremen.de

© Springer Fachmedien Wiesbaden GmbH, ein Teil von Springer Nature 2023   155
S. Farzin und H. Laux (Hrsg.), *Soziologische Gegenwartsdiagnosen 3*,
https://doi.org/10.1007/978-3-658-41328-6_13

Hochschild bietet eine Erklärung dafür an, in deren Licht auch klarer wird, warum vom politischen ‚Establishment' insgesamt und speziell dem linken Spektrum der Aufstieg des Rechtspopulismus viel zu spät erkannt und dann zunächst falsch erklärt wurde. Er wurde verkannt – als Aufstand ökonomisch Abgehängter, die nicht einmal dann wieder als Arbeitskräfte gebraucht werden, wenn die kapitalistische Wirtschaft die „Reservearmee" mobilisieren muss. Dabei wusste bereits Karl Marx, dass das „Lumpenproletariat" höchstens spontane situative Revolten hervorbringt, überwiegend aber fatalistisch-apathisch reagiert. Die Anhänger des Rechtspopulismus – von Hochschild für die USA als Mitglieder und Sympathisanten der „tea party"-Bewegung gefasst – gehören demgegenüber weit überwiegend den unteren und mittleren Mittelschichten an, sind nicht arbeitslos, sondern meistens in gesicherten beruflichen Positionen, und durchaus vermögend. Ähnliche empirische Befunde gibt es für verschiedene europäische Länder (für Deutschland: Lengfeld 2017). Auch wenn man Befürchtungen für die Zukunft – der eigenen Kinder – mit einbezieht: Eine rein auf ökonomische Abstiegsangst fokussierte Erklärung des wachsenden Rechtspopulismus reicht nicht aus.

Des Rätsels Lösung ist für Hochschild eine andere. Die Anhänger der „tea party"-Bewegung, mit denen sie viele Gespräche geführt und im Laufe ihrer fünf Jahre dauernden ethnographischen Studie im Bundesstaat Louisiana oftmals freundschaftliche Beziehungen aufgebaut hat, sprechen allesamt erst einmal kulturelle Faktoren an. Wie es der Titel des Buches bereits zum Ausdruck bringt: Sie fühlen sich als Fremde in dem Land, in dem sie aufgewachsen sind; in ihren Augen gelten plötzlich Werte und Normen, die nicht ihre eigenen sind, und soziale Gruppen und Milieus geben den Ton an, die sich in ihrer Wahrnehmung ‚vorgedrängelt' haben; entsprechend fühlen sie selbst sich und ihre Lebensführung nicht mehr wertgeschätzt, sondern im Gegenteil herabgesetzt, verächtlich und lächerlich gemacht. Und deshalb optieren sie für Trump und Fox News.

2   Diagnose

Obwohl Hochschilds bewusst eher essayistisch und explorativ verfasste Studie nicht auf eine in sich geschlossene Theorie abzielt, ist sie gleichwohl als Analyse stringent in vier Schritten aufgebaut. Im ersten Schritt wird ein soziologisches Rätsel herausgearbeitet, das sie „the great paradox" nennt. Es geht um das Gesellschaftsbild und das daraus hervorgehende Verhalten der „tea party"-Anhänger. Der zweite Schritt schildert die wichtigsten Elemente des gesellschaftlichen Kontextes, in dem sich dieses paradoxe, zunächst einmal nicht nachvollziehbare

Phänomen „tea party" entwickelt. Im dritten Schritt wird eine Erklärung des Phänomens offeriert – die „deep story" hinter dem Paradox, die es plausibel macht. Der vierte Schritt schließlich greift zeitlich und räumlich über das heutige Louisiana hinaus weiter aus: auf historische Kontinuitäten und auf die erst den Trump-Triumph möglich machende landesweite Ausbreitung der „tea party".

Das „great paradox" formuliert Hochschild im ersten Schritt ihre Analyse abstrakt mit einer aus der marxistischen Gesellschaftsdiagnose bekannten Denkfigur: Warum handeln Personen ganz augenscheinlich in zentralen Fragen ihrer Lebensführung nicht bloß punktuell, sondern systematisch und dauerhaft gegen ihre eigenen Interessen? Marxisten sprechen hier von „falschem Bewusstsein". Diese Einschätzung ist die eines außenstehenden Beobachters, der sich zutraut, die ‚wahren' Interessen einer Person zu kennen. Mehr noch: Dieser Beobachter erkennt nicht nur, dass die Personen Selbsttäuschungen unterliegen – sondern er weiß auch, warum sie dies nicht erkennen können. Ob er auch weiß, womit er ihnen die Augen zu öffnen vermag – oder dass ihm dies nicht möglich ist: Das sind Varianten der Selbsteinschätzung soziologischer Aufklärung.

Hochschild macht das „great paradox" zunächst sehr konkret – und anders als der *mainstream* der Populismusforschung – nicht an der Ökonomie und auch nicht an Kultur, sondern an der Ökologie fest: Sein Ausgangspunkt ist „great pollution and great resistance to regulating polluters." (S. 21) Sie findet unter den „tea party"-Anhängern in Louisiana Menschen, die eine tiefe Verbundenheit zur „bayou"-Natur zeigen und entsetzt darüber sind, wie die den Bundesstaat beherrschenden Großkonzerne der Ölindustrie ihre Heimat misshandeln. Menschen erleben am eigenen Körper oder am Körper von Familienangehörigen, Verwandten, Freunden oder Nachbarn, dass das ökologisch rücksichtslose Agieren der Konzerne schwere Krankheiten hervorruft und buchstäblich über Leichen geht. Wieder andere verlieren ihr Heim durch ökologische Katastrophen, die die Konzerne verursacht haben, ohne zur Rechenschaft gezogen zu werden. All diese Menschen hätten allen Grund, den Konzernen Einhalt zu gebieten – und wer außer einem dazu befugten starken Staat könnte dies von ihnen bevollmächtigt und für sie tun? Doch genau diesen lehnen sie vehement, geradezu mit Verachtung, ab. Die Washingtoner Environmental Protection Agency ist eines ihrer größten Feindbilder.

Im Weiteren geht Hochschild auch auf die ökonomischen Selbstwidersprüche der „tea party"-Anhänger ein. Wieso unterstützen sie die Großkonzerne, die sie als Arbeitnehmer ausbeuten und als Kleinunternehmer wegkonkurrieren, wo immer sie können – was sie auch durchaus registrieren. Und warum wollen sie nichts wissen von staatlicher Sozialpolitik, die ihnen hilft – was sie sehr wohl ebenfalls wissen, weil sie sie faktisch nutzen und ausnutzen? Als ‚kleine Leute' stützen die „tea party"-Anhänger ostentativ die Konzerne und die Reichen: „Many Tea Party advocates work in or run small businesses. Yet the politics they support back laws that consolidate the monopoly power of the very largest companies that are poised to swallow up smaller ones. Small farmers voting with Monsanto?" (S. 10) Merken die „tea party"-Anhänger nicht, dass sie – um Bob Dylans (1963) bekannten Songtitel über die weißen ‚kleinen Leute' in den Südstaaten zu zitieren – „only a pawn in their game" sind: manipulierbares Stimmvieh derer, die dort das Sagen haben? Hochschild zeigt, dass an diesem Punkt weniger „falsches Bewusstsein" und mehr stoisches In-Kauf-Nehmen eines als unabänderlich angesehenen Dilemmas vorliegt. Was man ökologisch oder ökonomisch erleidet, ist – in den Worten einer Protagonistin – „the sacrifice we make for capitalism" (S. 190). Denn die Segnungen des Kapitalismus überwiegen letztendlich in den Augen der „tea party"-Anhänger. Vor die Wahl zwischen sauberer Natur und prosperierender Ölindustrie gestellt, sagt die aus kleinen Verhältnissen stammende Protagonistin, die es zu etwas gebracht hat: „Oil's been pretty darned good to us … I don't want a smaller house. I don't want to drive a smaller car." (S. 177) In den deutschen Braunkohlerevieren – ob im Osten oder im Westen – hört man Ähnliches; und die etablierten sozial- oder christdemokratischen Parteien sind dort sehr darauf bedacht, dieser Stimmungslage entgegen zu kommen, weil sie wissen, dass andernfalls die Alternative für Deutschland (AfD) übernimmt.

Dieses Zitat ist allerdings nur die halbe Wahrheit, weil es eine ökonomistische Lesart des Rechtspopulismus nahelegt: Die ökonomische Lage – einschließlich Zukunftsperspektiven – bestimmt das Gesellschaftsbild. Hochschild bleibt nicht an diesem Punkt stehen. Sie schaut sich im zweiten Schritt ihrer Analyse genauer den gesellschaftsstrukturellen Kontext an, in dem die „tea party" floriert: die durch Großkonzerne und entsprechende Arbeitsplatzabhängigkeiten geprägte Wirtschaftsstruktur; einen gegenüber den Konzernen willfährigen Bundesstaat; evangelikale Religionsgemeinschaften, die den „prosperity gospel", also individuellen ökonomischen Erfolg, sowohl als Zeichen des Seelenheils als auch als Weg dorthin, predigen und rigide traditionelle Moralvorstellungen etwa zu Abtreibung und Homosexualität verfechten; Massenmedien wie Fox News, die eine all das eintrichternde unangefochtene Meinungsführerschaft genießen; und enge familiale, verwandtschaftliche und nachbarschaftliche Bande, die Zusammenhalt als Allheilmittel gegen alle schicksalhaften Anfechtungen hochhalten.

Das ergibt insgesamt ein Bild gesellschaftlichen Zusammenhalts, das individuelles Erdulden und Weiterkämpfen nahelegt:

• Wirtschaft und wirtschaftsfreundliche Politik mögen ihre Schattenseiten haben und den Einzelnen hart treffen.

- Doch der Journalismus erklärt einem, warum das so ist, und wer in Wirklichkeit der Hauptschuldige daran ist – ein überbordender Staat.
- Die Religion spendet auch in schwierigsten Lebenslagen Hoffnung;
- und das Nahumfeld stabilisiert den Einzelnen.

Was aber hat dieses kollektive seelische Gleichgewicht so massiv gestört, dass die „tea party" entstanden ist? Was treibt deren Anhänger aus einer abgeklärt-resignativen Haltung in die Empörung?

Hier kommt im dritten Analyseschritt die „deep story" ins Spiel. Dabei handelt es sich nicht einfach nur um ein kognitives Konstrukt, das die Gesellschaft in bestimmter Weise – wie eine wissenschaftliche Theorie – interpretiert. Dieses Interpretationsschema ist vielmehr von – mit Charles Taylor (1989) gesprochen – „starken Wertungen" getragen, die emotional hochaufgeladen sind. Hochschild spricht plastisch von einer „feels-as-if story" mit weitreichenden Folgen für die Weltsicht: „It removes judgment. It removes facts." (S. 135, Hervorheb. weggel.) Das Sich-fremd-Vorkommen im eigenen Land: Das ist für die „tea party"-Anhänger zuallererst etwas zutiefst Gefühltes, und diese quasi existentielle Grundbefindlichkeit setzt sich auch über Wertmaßstäbe und Tatsachen hinweg, die mit ihr kollidieren. Mit anderen Worten: Die „deep story" beruht nicht auf sachlich abgewogenen oder gar kühl kalkulierten Interessen, sondern ist das Fundament der persönlichen Identität. Anders als Interessen ist sie nicht verhandelbar. Die „tea party"-Anhänger brauchen genau deshalb – wie Eva Berger (2017) notiert – eine „deep story", „weil ihre emotionale Bedürftigkeit wichtiger geworden ist als ökonomisches und ökologisches Überlebensinteresse."

Welches Narrativ der heutigen USA erzählt diese „deep story"? Hochschild wird hier allegorisch. Man solle sich vorstellen, man stehe in einer Warteschlange, um sich sein Stück vom Amerikanischen Traum abzuholen – ein in Jahrzehnten hart erarbeitetes Stück, das man sich ehrlich verdient hat und auf das man nun geduldig wartet. Doch die Schlange bewegt sich kaum noch voran, Zweifel kommen auf, ob man sein Stück überhaupt noch bekommen wird; und gleichzeitig sieht man, wie sich Leute, die nichts geleistet haben, vordrängen und dazu sogar noch ermuntert werden – von Politikern! Berger (2017) bringt diese Stimmungslage derer, die sich in der „tea party"-Bewegung zusammengefunden haben, so auf den Punkt: „Sie sehen, wie ihr weißer amerikanischer Traum zum Stillstand gekommen ist. Und fühlen sich gleichzeitig von denen überholt – Frauen, Schwarzen, Minderheiten, Flüchtlingen und ölverschmierten Pelikanen –, die in der natürlichen weißen Ordnung der Dinge doch eigentlich unter ihnen zu verbleiben haben." Ein tiefes Gefühl der Ungerechtigkeit kommt auf: ‚Ich bin längst an der Reihe – und stattdessen werden Taugenichtse bedient! So kann es nicht weitergehen!'[2]

Vergleicht man die „deep story" insgesamt mit der realen Konstellation, in der sich die ‚kleinen Leute‘ gegenüber den anderen drei Protagonisten befinden, erkennt man, dass der Stand der Dinge und die von den „tea party"-Anhängern kultivierte Sicht der Dinge weit auseinandergehen:

- Die Hauptverursacher der Probleme der ‚kleinen Leute‘ sind die *Großkonzerne*. In den Augen der „tea party"-Anhänger sind diese hingegen zwar durchaus mitschuldig, aber erstens nicht hauptverantwortlich; und zweitens wird diese Mitschuld mehr als ausgeglichen durch die Wohltaten des Kapitalismus, den die Konzerne repräsentieren.
- Der *Staat* hat die Großkonzerne dereguliert und ihnen damit ermöglicht, ohne Rücksicht auf die ‚kleinen Leute‘ zu agieren. Für die „tea party"-Anhänger ist er allerdings aus einem völlig entgegengesetzten Grund der Hauptschuldige an ihren Problemen. Er mische sich durch Regulierung immer noch viel zu sehr in alles ein; er presse den Bürgern viel zu hohe Steuern ab, nur um das Geld dann in falschen Politiken zu verschleudern, insbesondere ‚Taugenichtsen‘ hinterherzuwerfen.
- Die von den „tea party"-Anhängern pauschal als ‚*Taugenichtse*‘ Verurteilten, die sich vordrängten, um unverdientermaßen ‚Staatsknete‘ abzukassieren, stellen die Sündenböcke dar. Auf sie – und den sie gewähren lassenden und sogar ermunternden Staat – projizieren die „tea party"-Anhänger die Täterschaft für die Probleme, die tatsächlich die deregulierten Großkonzerne anrichten.

Hier muss man nun tatsächlich von einem „falschen Bewusstsein" sprechen. Die emotional aufgeladenen sechs Wertungen „behind the deep story" (S. 146–151) sind allesamt alte Bekannte. Vier profilieren jeweils Duale von ‚höherwertigen‘ und ‚weniger werten‘ Menschen:

- Rasse: Weiße sind ‚höherwertig‘, andere haben sich hinten anzustellen, denn der Fortschritt der Menschheit geht in der Moderne auf die Weißen Europas und Nordamerikas zurück.
- Geschlecht: Männer kommen vor Frauen. Das war schon immer so, wie es die Bibel sagt.
- Religion: Gute Christen haben in Sachen ‚Leitkultur‘ das Sagen – von der Kindererziehung bis zur sexuellen Orientierung.

---

[2] Siehe auch die empirische Studie zur „tea party" von Nils Kumkar (2018, S. 116–119).

• Nation: Patriotismus ist Bürgerpflicht – „America First!"

Zu dieser Identitätskonstruktion des christlich-patriotischen weißen Mannes kommen noch zwei weitere Komponenten hinzu, die zwei Seiten derselben Medaille bilden:

• Besitz- und Leistungsindividualismus: Jeder soll auf sich allein gestellt, selbstverantwortlich und ohne Rücksicht auf andere sein Glück suchen. Die größte Schande ist es, zum „victim" (S. 215), einem sich selbst bemitleidenden ‚Taugenichts', zu werden.
• Anti-Etatismus: Der Staat darf die Bürger in diesem Individualismus nicht behindern, sondern hat sich größtmöglich aus dem gesellschaftlichen Leben herauszuhalten – was sich nicht zuletzt in niedrigen Steuern manifestiert.

Aus diesen sechs Prämissen lassen sich unschwer sämtliche Anliegen und Forderungen der „tea party"-Bewegung herleiten; und es wird klar, warum es in diesem Milieu schon seit der in der zweiten Hälfte der 1950er Jahre einsetzenden Kommunistenjagd des Senators Joseph Mc Carthy und dann verstärkt in den 1960er Jahren mit Bürgerrechtsbewegung, Hippies, Studenten-, Frauen-, Schwulen- und Lesbenbewegung sowie dann auch noch legaler und illegaler Einwanderung von Arbeitsmigranten, vor allem aus Mexiko, und Asylanten zu gären begonnen hat. „Identity politics", kulturelle Liberalisierung und Globalisierung sowie humanitärer Universalismus haben im Zusammenwirken die unangefochtene kulturelle Hegemonie dieser Sechs-Komponenten-Identität tiefgreifend erschüttert. Es war und ist ein „rooted self" (S. 218) – historisch verwurzelt seit den „founding fathers", weshalb man sich ja auch „tea party" nennt. Mit dieser Identität konnte man sich lange Zeit als unangreifbar wähnen. Umso fassungsloser war man, als diese fraglose Suprematie herausgefordert wurde; und umso entschlossener, sich nicht länger beirren zu lassen, schlägt man nun zurück – bislang nirgendwo so erfolgreich wie in den USA.

Im vierten Schritt der Analyse stellt Hochschild eine Genealogie dieser historischen Verwurzelung für Louisiana als einen der Südstaaten her. Denn in den Südstaaten hat die „tea party"-Bewegung begonnen. Sie muss – so Hochschild – auch verstanden werden als Wiederaufnahme des Bürgerkriegs der 1860er Jahre, in dem es jenseits der Sklavereifrage auch um die Konfrontation zweier Gesellschaftsmodelle ging: der Großgrundbesitzer-Plantagen-Ökonomie des Südens mit den entsprechenden Ungleichheitsstrukturen einschließlich schwarzen Sklaven gegen die energisch einsetzende Industrialisierung im Norden. Der Ausgang ist bekannt und hat im Süden das Trauma einer tiefen Demütigung durch den Norden

erzeugt. Und als sich in den frühen 1960er Jahren im Zuge der Bürgerrechtsbewegung wieder ‚Besserwisser' aus den Nordstaaten einmischten, war das für
viele Südstaatler ein Dejavu: „…there they came again, … the moralizing North."
(S. 209) Man wollte sich nicht ein zweites Mal besiegen lassen, sondern dieses
Mal die eigene Lebensweise behaupten. Zunächst sah es freilich nicht danach
aus; und die Wahl des Schwarzen Barack Obama zum Präsidenten der USA im
Jahr 2009 schien ein weiterer Rückschlag zu sein.

Im gleichen Jahr entstand, in Reaktion auf Obama und eine erst einmal
hilflos agierende republikanische Opposition, die „tea party"-Bewegung und
fand zunächst vor allem in den Südstaaten Anhänger. Anders als im Bürger-
krieg kamen dann aber schnell mindestens genauso viele Gleichgesinnte in den
Nordstaaten dazu. Binnen weniger Jahre reichte es zur Wahl von Trump zum
amerikanischen Präsidenten – einen plutokratischen „big man", für den vor allem
eines spricht: dass er in Washington ‚aufräumen' wird (Savage 2021, S. 303–
306). In gewisser Weise stellt das in den Augen der „tea party"-Anhänger in den
Südstaaten die Revanche für die Niederlage vor 150 Jahren dar. Nun prägt die
Lebensweise, die sie stets hochgehalten und die in ihrer Wahrnehmung zu viele
in den Nordstaaten vergessen hatten, dem gesamten Land ihren Stempel auf.
Natürlich war es ein Stück weit historischer Zufall, dass mit Trump die für diese
radikale Politikwende richtige Person zur richtigen Zeit am richtigen Ort – in der
Republikanischen Partei – bereitstand. Wie Hochschild schreibt: „Trump was the
identity politics candidate for white men." (S. 230) Doch ohne die von ihr aufge-
zeigten strukturellen Faktoren und Dynamiken, die seinen Aufstieg bewirkt und
ihm die benötigte Sichtbarkeit verschafft haben, wären er und seine Unterstützer
machtlos geblieben.

3   Diskussion

Hochschilds Buch ist unverkennbar – wie auch schon frühere Bücher von ihr –
als ein Beitrag zur „public sociology" (Buroway 2005) angelegt. Es liest sich
stilistisch wie eine gute journalistische, teils auch literarische Züge annehmende
Reportage und ist soziologisch keineswegs oberflächlich und schnell dahinge-
schrieben, sondern fundiert, präzise und nuanciert. In den öffentlichen Debatten
über den mittlerweile in vielen westlichen Gesellschaften wachsenden Rechtspopulismus wird das Buch überall angeführt. Seine Einschätzungen erscheinen
vielen also als über die USA und Louisiana hinaus generalisierbar. Hochschilds
Beobachtungen und Argumente werden überdies zumeist zustimmend zitiert, also
bestätigt oder als produktiv – bis hin zu wegweisend – eingestuft. Das gilt

auch für die Fachdiskussion, in der Hochschilds Buch durchweg als beachtens-
werter und origineller, zum Nachdenken anregender Beitrag eingestuft worden
ist. Hochschild hat offensichtlich auch einen Nerv dessen getroffen, was fach-
wissenschaftlich als aussichtsreiche Perspektive weiterer Forschung angesehen
wird.

Zu registrieren ist zudem, dass Hochschild etwas geleistet hat, was bei einem
Thema wie diesem den allermeisten Soziologen nicht gelingt – genauso wenig
wie ‚normalen Leuten': einerseits Meinungen, die der eigenen diametral entgegenstehen, anzuhören, um sie ganz im Sinne Max Webers zu verstehen, anstatt sie
bloß einem soziologisch beglaubigten normativ erwünschten Klischee zu subsu-
mieren; aber andererseits dennoch soziologische Distanz zu bewahren und nicht
etwa zum ‚Überläufer' ins andere Lager zu werden. Hochschild hat „empathy
walls" (S. 5) überwunden, ohne sie zu verleugnen.[3] Wie William Davies (2017,
S. 415) festhält: „This is a story of how separate cultural worlds might be brought
into contact with one another ...“

Hinsichtlich der Übertragbarkeit von Hochschilds Erkenntnissen auf andere
Länder, hier vor allem Deutschland, sind einige interessante Unterschiede der
jeweiligen Rechtspopulismen zu verzeichnen – interessant aber nicht zuletzt mit
Blick darauf, welchen Unterschied diese Unterschiede tatsächlich machen. So ist
mit Blick auf die deutsche AfD Mehreres zu notieren:

• Sie ist eine neu entstandene Partei, nicht eine Gruppierung innerhalb einer der
  etablierten Parteien. Hier zeigt sich der Unterschied zwischen einem Zwei- und
  einem Mehrparteiensystem. Wobei es nicht so ist, dass das Zweiparteiensystem
  die extreme Zuspitzung besser ‚einfangen' kann. Im Gegenteil: Der Schritt ins
  Extrem erfasste in den USA gleich die halbe Wählerschaft.
• Ökologie als Teil des „great paradox" spielt in Deutschland im Unterschied
  zu Louisiana keine Rolle. Die AfD-Anhänger haben keine ökologischen
  Besorgnisse und Betroffenheiten; im Gegenteil fassen sie viele ökologische
  Maßnahmen als unsinnig und freiheitseinschränkend auf.
• Von den sechs Identitätskomponenten der „tea party"-Anhänger sind drei
  bei der deutschen AfD deutlich anders ausgeprägt. Erstens sind Religion

---

[3] Um hier einen künstlerischen Vorläufer aus dem „Great American Songbook" anzufüh-
ren: Randy Newmans (1974) Album „Good Old Boys" porträtiert Louisiana mit den großen
Überschwemmungen Ende der 1920er Jahre und in der Weltwirtschaftskrise danach, in der
Ära des notorischen proto-faschistischen Governor Huey P. Long. Die große Kunstfertigkeit
Newmans besteht genau darin, sich nicht einfach nur – was wohlfeil wäre – vor einem gebildeten linken Publikum über die „rednecks" und „hillbillies" lustig zu machen, sondern denen,
die überhaupt nachdenken wollen, die Lebenswelt dieser Menschen näher zu bringen.

und religiöse Moralvorstellungen nicht wichtig, der Bezug aufs ‚christliche Abendland' wird nur instrumentell zur Abwertung von Menschen islamischen Glaubens eingesetzt. Zweitens ist der Besitz- und Leistungsindividualismus in der AfD weniger bedeutsam, weil wichtige Wählergruppen die wohlfahrts-staatliche Versorgungsagenda in den Vordergrund stellen – diesbezüglich ohne großen Unterschied zu Die Linken, woraus drittens folgerichtig ein ausgeprägter Etatismus anstelle des wütenden Anti-Etatismus der „tea party"-Bewegung folgt.

Anhänger der AfD und der „tea party"-Bewegung haben also wenig Gemeinsamkeiten, wenn es um die Gründe ihrer Identitäten und Weltbilder ginge; doch zentrale Feindbilder wie das „Establishment", die „Lügenpresse" und die „Ausländer" teilen sie. Es ist ein interessantes Gedankenexperiment, sich einen „tea party"-Anhänger vorzustellen, der nach Deutschland umsiedelt und hier eine politische Heimat sucht, und umgekehrt einen in die USA auswandernden AfD-Anhänger: Was würde mit diesen Personen geschehen?

Ähnliche Vergleiche könnte man mit den polnischen Rechtspopulisten ziehen: ebenfalls in der Regierung, ebenfalls streng religiös, allerdings katholisch. Oder mit den Rechtspopulisten in Italien oder Spanien, wo es auch starke Linkspopulisten gibt. All diese und andere Vergleiche reichern unser Verständnis des Rechtspopulismus insgesamt und jedes einzelnen Falls an; und jeder dieser Vergleiche ist umso verlässlicher, je besser die empirische Datenbasis zu den verglichenen Fällen ist. Das unterstreicht noch einmal, wie wichtig dichte empirische Beschreibungen und in diesen verankerte theoretische Interpretationen des Geschehens sind – wie sie Hochschild hier für die USA vorgelegt hat.

Natürlich gibt es auch Nachfragen und kritische Anmerkungen zu Hochschilds Analyse. Drei seien hier angesprochen, die ihre Argumentation konstruktiv weiterzudenken versuchen. Zum Ersten macht Tim Winzler (2019) darauf aufmerksam, dass Hochschilds Analyse an einem Punkt stehenbleibt, an dem man weitergehen muss: „It shows, so to speak, the main branches of the ‚deep story', but not the roots. But where does the specific and idiosyncratic vision of fairness and the ‚American Dream' come from through which these rural white petit bourgeois measure their own and others' success in the first place?" Es wäre aber wohl zu viel von dieser Studie verlangt, wenn sie das, was ihre Haupterklärung ist, nun ihrerseits auch noch zum Erklärungsgegenstand machen sollte. Winzlers Punkt sollte also nicht kritisch konstatiert werden, sondern als Verweis darauf, welche wichtigen Folgefragen sich aus Hochschilds Studie ergeben. Diese können nur in umfangreichen kultur- und kapitalismushistorischen Studien beantwortet werden.[4] Hochschilds vage, eher suggestive Rückblicke in die Bürgerkriegsära, von wo aus mit schnellen Strichen Analogien und Kontinuitäten zur Gegenwart gezogen werden, deuten einen historischen Fokus solcher Studien an. Doch man müsste noch weiter zurückgreifen und über den Süden hinausgehen. Den Anti-Etatismus und den Besitz- und Leistungsindividualismus teilt der Süden ja mit größeren Teilen des Nordens. Man wird die das ganze Land prägende Rolle der „pilgrim fathers" in den Blick nehmen müssen: zum einen als wegen ihrer Religion vom englischen Staat verfolgte und in die Emigration getriebene Bevölkerungsgruppe; zum anderen als religiöse Sekten, die Träger der von Weber (1905) herausgestellten „protestantischen Ethik" sind, deren Kern der Besitz- und Leistungsindividualismus ist.

So richtig es, zum Zweiten, ist, dass Hochschild auf der Bedeutung von Identitäts-, nicht bloß Interessenansprüchen, sowie von Emotionen und nicht bloß Kognitionen insistiert: Man darf die von anderen Beobachtern zu einseitig herangezogenen Faktoren nicht zu sehr aus dem Blick verlieren, sondern muss sie systematisch in Hochschilds Bild einbauen. Sie selbst erwähnt Interessen und Kognitionen durchaus immer wieder, lässt sie aber eher beziehungslos neben den von ihr betonten Identitäten und Emotionen stehen. So könnte man etwa fragen, ob die abgrundtiefe Abneigung der „tea party"-Anhänger gegen staatliche Regulierung wirklich nur auf eine anti-etatistische Identität zurückgeht. Hochschild denkt schon deshalb in solch einer Richtung, weil in ihren Augen den Leuten in dem Moment, in dem sie an ihre Interessen denken würden, sonnenklar sein müsste, dass mehr Regulierung der Konzerne für sie von Vorteil wäre. Doch vielleicht sehen die „tea party"-Anhänger die Dinge so: Mehr staatliche Regulierung wird es nie schaffen, die Konzerne zu bändigen, weil diese zu stark sind; doch die ‚kleinen Leute' wie man selbst würden, ohne sich wehren zu können, unter mehr Regulierung leiden. Ralph Benko (2016) – der sich zur „tea party"-Bewegung als „my own tribe" bekennt – äußert genau das: „Just, let's get real. A corporation making a million dollars a day can afford lobbyists and lawyers and PR agencies with which to subvert the government. The rank-and-file have no such resources. It was ever thus." Das ist eine kognitive Einschätzung, aus der heraus eine rein interessenbedingte Ablehnung von Regulierung aufseiten der ‚kleinen Leute' völlig plausibel ist.

Davies (2017) macht, zum Dritten, auf einen anderen Punkt aufmerksam, den Hochschild als Manifestation von Identitätsbehauptung deutet, während man ihn auch als eine rein kognitive Einschätzung dessen, was man bei der eigenen

---

[4] Ein Teil dieser Arbeit ist bereits getan, wenngleich sicher noch Vieles besser geklärt werden muss.

Interessenverfolgung in Kauf nehmen muss, einstufen kann. Dass „tea party"-Anhänger die sozialen und ökologischen Risiken des Konzernkapitalismus, die sie ja keineswegs verdrängen, sondern am eigenen Leib erleiden, hinnehmen, stilisiert Hochschild als einen Heroismus des Risiken-auf-sich-Nehmens, der Bestandteil des Leistungsindividualismus ist – am ausgeprägtesten im „celebration of daring" einer ihrer Hauptfiguren, den sie als „Cowboy" (S. 183) tituliert. Das mag bei einzelnen so sein, und eine gewisse Beimischung dessen könnte bei allen mitwirken. Doch Davies sieht hier eine – wiederum auch von Hochschild (z. B. S. 176 f.) registrierte – viel nüchternere kognitive Interessenabwägung bei den Betreffenden am Werk, die sich sagen: ‚So ist nun mal der Kapitalismus. All die schönen Dinge, die er uns gibt, haben ihren Preis in unerwünschten, aber unvermeidbaren negativen Nebenfolgen. Wenn wir also auf die schönen Dinge nicht verzichten wollen, müssen wir einsehen: „That's our economic reality. It's not pleasant, but let's not pretend otherwise."[5] Noch lakonischer bringt wiederum Benko (2016) die ökonomischen Sachzwänge auf den Punkt: „If a person's only real chance at economic security, and even modest affluence, derives from working for a petrochemical company it is unrealistic not to recognize that workers will develop a strong partisanship, even to the point of turning a blind eye to corporate misdeeds. It's human nature." Letzteres ist sicher zu hoch gegriffen. Es genügt, von einer in der sozialen Lage begründeten „high cost situation" (Latsis 1972) zu sprechen (Kumkar 2018, S. 68–73).

Dies sind Hinweise auf Folgefragen und Relativierungen von Hochschilds Analyse, die diese in keiner Weise grundsätzlich in Zweifel ziehen. Im Gegenteil geht es um ein Weiterdenken einer Gegenwartsdiagnose, die für ein drängendes gesellschaftliches Problem – auch in Deutschland – ein Deutungsangebot vorlegt, das ein noch keineswegs ausgeschöpftes heuristisches Potenzial besitzt.

Literatur

Benko, Ralph. 2016. Book Review: ‚Strangers in Their Own Land: Anger and Mourning on the American Right'. Forbes. 30.9.2016. (https://www.forbes.com/sites/ralphbenko/2016/09/30/book-review-strangers-in-their-own-land-anger-and-mourning-on-the-american-right. Zugegriffen: 20. Januar 2023.

---

[5] Wenn man auch dem einen gewissen Heroismus zuschreiben will, ist es jedenfalls keiner des „daring", sondern einer des Sich-nichts-Vormachens.

Berger, Eva. 2017. Leben in toxischer Umgebung. Die Soziologin Arlie Russell Hochschild begibt sich in „Fremd in ihrem Land" auf eine Reise ins Herz der amerikanischen Rechten. taz. 14.10.2017. (https://taz.de/Buch-ueber-Trump-Fans-in-Louisiana/!5452723/. Zugegriffen: 20. Januar 2023.

Buroway, Michael. 2005. For Public Sociology. *American Sociological Review 70*: 4–28.

Davies, William. 2017. A Review of Arlie Russell Hochschild's Strangers in their Own Land: Anger and Mourning on the American Right. *International Journal of Politics, Culture, and Society 30*: 413–420.

Hochschild, Arlie Russell. 2016. Strangers in their Own Land: Anger and Mourning on the American Right. New York: The New Press. Dt. Übersetzung: Fremd in ihrem Land. Eine Reise ins Herz der amerikanischen Rechten. Frankfurt/M., 2017: Campus.

Kumkar, Nils. 2018. The Tea Party, Occupy Wall Street, and the Great Recession. Basingstoke: Palgrave Macmillan.

Latsis, Spiro J. 1972. Situational Determinism in Economics. *British Journal for the Philosophy of Science 23*: 207–245.

Lengfeld, Holger. 2017. Die Alternative für Deutschland: Eine Partei für Modernisierungsverlierer? *Kölner Zeitschrift für Soziologie und Sozialpsychologie 69*: 209–232.

Savage, Mike. 2021. The Return of Inequality. Social Change and the Weight of the Past. Cambridge: Harvard University Press.

Weber, Max. 1905. Die protestantische Ethik und der Geist des Kapitalismus. In: Max Weber, Die protestantische Ethik I. Hamburg, 1975: Siebenstern, 27–277.

Winzler, Tim. 2019. Book Review: Strangers in their Own Land: Anger and Mourning on the American Right by Arlie Russell Hochschild. LSE Review of Books. https://blogs.lse.ac.uk/lsereviewofbooks/2019/01/14/book-review-strangers-in-their-own-land-anger-and-mourning-on-the-american-right-by-arlie-russell-hochschild. Zugegriffen: 20. Januar 2023.

Weltdiagnose mit westlichem Publikum. *Neben uns die Sintflut: Die Externalisierungsgesellschaft und ihr Preis* von Stephan Lessenich

Tobias Werron

1   Einführung

„Neben uns die Sintflut. Die Externalisierungsgesellschaft und ihr Preis" ist ein 2016 erstmals, 2018 in überarbeiteter Auflage erschienenes Buch des Soziologen Stephan Lessenich. 1965 in Stuttgart geboren, ist Lessenich in Spanien aufgewachsen und hat in Barcelona Abitur gemacht. Nach dem Studium der Politikwissenschaft, Soziologie und Geschichte in Marburg, Promotion in Bremen (1993) und Habilitation in Göttingen (2002) übernahm er 2004 eine Professur für Soziologie und vergleichende Sozialstrukturanalyse in Jena und wechselte 2014 an die LMU München, wo er als Professor für Soziologie mit dem Schwerpunkt Soziale Entwicklungen und Strukturen tätig war. Seit 2021 ist er Professor für Gesellschaftstheorie und Sozialforschung sowie Direktor des Instituts für Sozialforschung an der Johann Wolfgang Goethe Universität Frankfurt. Zum Zeitpunkt des Erscheinens des Buchs war Lessenich zudem Vorsitzender der Deutschen Gesellschaft für Soziologie (2013–2017). Neben seiner wissenschaftlichen Tätigkeit ist Lessenich auch politisch aktiv; so ist er u. a. Mitbegründer der 2017 gegründeten Partei *mut* sowie Mitglied im wissenschaftlichen Beirat von Attac Deutschland.[1]

---

[1] Die biographischen Informationen stützen sich vor allem auf die Homepage des Autors (http://www.stephan-lessenich.de/index.php?option=com_content&task=view&id=1&Itemid=2; zuletzt abgerufen am 30. Juni 2022) sowie ein Interview von Lessenich mit der Süddeutschen Zeitung vom 15. Juli 2017 (https://www.sueddeutsche.de/muenchen/zeitmanagement-recht-auf-faulheit-1.2565931-2; zuletzt abgerufen am 30. Oktober 2020).

T. Werron (✉)
Universität Bielefeld, Bielefeld, Deutschland
E-Mail: tobias.werron@universität-bielefeld.de

© Springer Fachmedien Wiesbaden GmbH, ein Teil von Springer Nature 2023
S. Farzin und H. Laux (Hrsg.), *Soziologische Gegenwartsdiagnosen 3*,
https://doi.org/10.1007/978-3-658-41328-6_14

In seiner Forschung beschäftigt sich Lessenich seit vielen Jahren – neben Arbeiten zur Soziologie des Alterns und zur Theorie des Wohlfahrtsstaats – mit Fragen einer politischen Soziologie sozialer Ungleichheit sowie der kritischen Kapitalismusanalyse. Zu seinen wissenschaftlichen Publikationen gehören etwa zahlreiche Aufsätze und Bücher zu den kapitalismuskritischen Schriften Claus Offes (u. a. „‚Spätkapitalismus‘ revisited", 2004; „Claus Offe and the Critical Theory of the Capitalist State", 2016, beide mit Jens Borchert) sowie ein Diskussionsband „Soziologie, Kapitalismus, Kritik" mit Klaus Dörre und Hartmut Rosa, der eine um die Themen Landnahme, Aktivierung und Beschleunigung kreisende Kritik der Gegenwartsgesellschaft entwickelt (deutsch bei Suhrkamp 2009; Englisch 2015 bei Verso). In „Neben uns die Sintflut" bündelt Lessenich (2016, Neuauflage 2018) diese kritischen Perspektiven und bezieht sie auf Fragen globaler Ungleichheit. Zugleich bringt er sie in eine Textform, die in Aufbau und Tonfall – stärker noch als die gemeinsam mit Dörre und Rosa verfassten Arbeiten – auf eine Rezeption auch durch nicht-soziologische Leser*innen abzielt.

2   Diagnose

Das Buch vertritt die Diagnose, dass sich die westliche Moderne zu einer Externalisierungsgesellschaft entwickelt habe, deren Bewohner auf Kosten der Bewohner anderer Erdteile lebten. Der Klappentext formuliert prägnant: „Uns im Westen geht es gut, weil es den meisten Menschen anderswo schlecht geht". Eine andere, in dem Buch häufig wiederholte Formulierung der These spielt mit der Figur des Über-die-Verhältnisse-Lebens: „Wir leben nicht über unsere Verhältnisse, sondern über die Verhältnisse der anderen" (Lessenich 2018, S. 202)[2]. Die Personalpronomina „wir" und „uns" beziehen sich dabei auf die Bewohner der „westlichen Moderne", während „die anderen" mit dem „Rest der Welt" identifiziert werden (z. B. S. 17). In den konzeptionell argumentierenden Abschnitten des Buches wird jenes „wir" dann – neuerem wissenschaftlichen Sprachgebrauch entsprechend – auch auf den „globalen Norden" bezogen und dem „globalen Süden" gegenübergestellt. „Westliche Moderne vs. Rest der Welt" und „Globaler Norden vs. globaler Süden" bilden hier also als mehr oder weniger synonyme Gegensatzpaare.

Die Ungleichheit zwischen „Westen/Norden" und „Rest/Süden" wird einführend an zwei Beispielen veranschaulicht: erstens an einem Minenunglück in

---

[2] Wenn nicht anders angegeben, beziehen sich Seitenzahlen im Folgenden auf diese Arbeit.

Brasilien (Dammbruch am Rio Doce im November 2015), das in seiner „perversen Normalität" (S. 9) typisch sei für heutige Ausbeutungsverhältnisse und zugleich Ausdruck ungleicher Tauschverhältnisse im heutigen Weltwirtschaftssystem; und zweitens an der mit umfangreichen Brandrodungen des Regenwalds verbundenen Bauxitgewinnung, die zuletzt u. a. deshalb zugenommen hat, weil Aluminium für die Herstellung von – bei westlichen Konsumenten zunehmend beliebten – Kaffeekapseln (Nespresso u. ä.) benötigt wird. Beide Beispiele seien jedoch „nur die Spitze eines weiteren, noch viel größeren Eisbergs, eines gigantischen globalen Prozesses der permanenten Umverteilung von Gewinnen und Verlusten" (S. 15) zugunsten des globalen Nordens und zum Nachteil des globalen Südens sowie Ausdruck der Verankerung des nördlichen Wohlstands „in den Strukturen und Mechanismen kolonialer Herrschaft über den Rest der Welt" (S. 17). Der seine Verluste externalisierende globale Norden bildet „die Externalisierungsgesellschaft".

Das Buch entwickelt seine Diagnose in vier etwa 30–50 seitigen Kapiteln, von denen das erste primär konzeptionell, die anderen empirisch-beispielreich argumentieren. Das erste Kapitel („Externalisierung: Soziale Ungleichheit, relational gesehen") konzipiert Externalisierung als 1) relationale *Struktur* (ungleiche Macht- und Tauschbeziehungen; v. a. im Anschluss an die Weltsystemtheorie Immanuel Wallersteins), 2) Produkt sozialer *Mechanismen* der Herstellung von Ungleichheit (hier Ausbeutung und *opportunity hoarding* im Sinne Charles Tillys) sowie 3) Resultat sozialer *Praxis* (v. a. Habitus im Sinne Pierre Bourdieus). Die Kombination dieser drei Theoriestränge, so Lessenich, demonstriere die Vorteile einer soziologischen Perspektive, die sich – im Unterschied zur ökonomischen bzw. nur statistisch-quantitativ verfahrenden Ungleichheitsforschung – für die *sozialen Beziehungen bzw. Relationen* interessiert, die der Produktion gerade auch ökonomischer Ungleichheiten zugrunde lägen. Aus dieser Perspektive falle nicht zuletzt auf, dass das im Prinzip seit langem verfügbare Wissen über die Logik globaler Ungleichheit im Westen weitgehend ignoriert werde. Um dies zu erklären, diskutiert das Kapitel auch *psychische* Verdrängungsmechanismen der „Abspaltung und Übertragung, Verdrängung und Sublimierung, Abwehr und Projektion" (S. 72), die insbesondere in Praktiken des Spendens und in Diskursen über „Unterentwicklung" und „failed states" zum Ausdruck kämen.

Die folgenden zwei Kapitel konkretisieren diese Perspektive empirisch. Im Kapitel „Leben und sterben lassen: Externalisierung als ungleicher Tausch" zeigt Lessenich, dass sich in Ländern des globalen Südens zur Befriedigung des weltweit wachsenden Fleischkonsums im Westen/Norden riesige landwirtschaftliche Monokulturen herausgebildet haben. Er exemplifiziert dies am Sojaanbau in Südamerika, insbesondere Argentinien, wo die Sojaproduktion die eigene

Fleischproduktion als primäre Quelle von Devisen und Steuereinnahmen längst abgelöst habe. „Externalisiert" wird hier die Inanspruchnahme landwirtschaftlicher Flächen und die damit verbundenen Kosten von Monokultur, Gentechnik und Agrarchemie, während die Fleischproduktion und deren Profite im Land bleiben und also „internalisiert" werden. Der „Sojafluch" (S. 87) Lateinamerikas sei aber nur eines von vielen Beispielen, die von der Palmölproduktion in Indonesien über die Baumwollproduktion in Indien, Sandgewinnung in Indonesien bis zur Garnelenzucht in Thailand reichen. Überall zeige sich eine ähnliche Logik der Externalisierung von ökologisch und häufig auch gesundheitlich kostenreicher Produktion in die Länder des globalen Südens. Romantischen Vorstellungen von glücklicher Armut tritt Lessenich entgegen, indem er mit Verweis auf Forschungen von Kyle Knight und Eugene Rosa argumentiert, dass auch die (messbare) subjektive Lebenszufriedenheit mit wenigen Ausnahmen (hier genannt: Costa Rica) weltweit stark mit dem wirtschaftlichen Wohlstand und dem entsprechenden ökologischen Fußabdruck korreliere. Das Kapitel „Drinnen und Draußen: Externalisierung als Mobilitätsmonopol" diskutiert sodann die Ungleichheit individueller Bewegungsfreiheiten als Form von Externalisierung. Lessenich demonstriert den „global mobility divide" (Steffen Mau) an der „Macht der Reisepässe", die Reisen aus dem globalen Norden in den Süden fast unbegrenzt erlaubt, während sie das Reisen oder gar Immigrieren in die umgekehrte Richtung stark einschränkt, teils unmöglich macht. Die Externalisierungsfolgen werden an der Visumspolitik verdeutlicht, die auch noch das Überwachen der Grenzen in südliche Weltregionen verlagert, sie „exterritorialisiert", sowie an der Vergabe bzw. Verweigerung von Staatsbürgerrechten. Vor dem Hintergrund jener „Schließung des Staatsbürgerraums" (S. 150) analysiert und kritisiert das Kapitel dann auch Flüchtlingskrise und globale Sorgeketten als Externalisierungseffekte.

Das letzte Kapitel „Wir müssen reden: Wegdenken war gestern" nimmt den Ungleichheitsdiskurs selbst in den Blick und vertritt die These, dass die jahrzehnte- und jahrhundertelange Verdrängung der Externalisierungszusammenhänge allmählich ihrem Ende entgegengehe: „Denn das Pendel schlägt zurück, die Externalisierung kommt nach Hause" (S. 188). Sei es in der Form von globalen Flüchtlingsströmen, des Terrorismus oder des Klimawandels: „Wir werden unweigerlich mit den Konsequenzen unseres eigenen Externalisierungshandelns konfrontiert" (S. 189). Angesichts des steigenden Problemdrucks drängt sich am Schluss die Frage auf, ob und wie sich die Verhältnisse ändern lassen und Externalisierung rückgängig machen lassen könnten. Nachdem Lessenich zunächst die Schwierigkeiten betont, die sich allen Reformbemühungen entgegenstellen, darunter die Tatsache, dass es letztlich auf beiden Seiten kein echtes „gesellschaftliches ‚Wir'" gebe (S. 196), schließt er gleichwohl auf einer positiven

und politisch-praktischen Note: Wenn es gelinge, globale Ungleichheiten stärker zu thematisieren und konsequenter zu politisieren, um die „Schweigespirale
des Wohlstandskapitalismus" (S. 198) zu brechen, dann könnten alltagsprakti-
sche Veränderungen folgen, die einer Politik der „doppelten Umverteilung" folgen
müssten, d. h. einer Umverteilung nicht nur von oben nach unten, sondern auch
von innen (Westen/Norden) nach außen (Rest/Süden). Der letzte Satz fasst die
Kernmotive des Buchs – die Diagnose der Externalisierung; ihrer Verdrängung;
den vorsichtigen Optimismus des Autors, dass steigender Problemdruck zu Wandel führen kann – prägnant zusammen (S. 203): „Was bislang niemand wissen
mochte: Wir leben nicht über unsere Verhältnisse, sondern über die Verhältnisse der anderen – und zugleich unter unseren Möglichkeiten, nämlich unseren
Möglichkeiten zur Änderung der Verhältnisse."

3   Diskussion

3.1   Rezeption

Das Buch ist vielfach besprochen worden und liegt inzwischen auch in englischer
(„Living well at other's expense", 2019), spanischer („La sociedad de la exter-
nalización", 2019) und französischer („La société d'externalisation et son prix",
2019) Übersetzung vor. Die Titel der Übersetzungen lassen übrigens erahnen,
dass sich die im deutschen Sprachraum beliebten Bindestrich-Gesellschaften ins
Spanische und Französische, aber wohl weniger gut ins Englische übersetzen lassen (während die Metapher „Neben uns die Sintflut" nur bei der Übersetzung ins
Französische erhalten geblieben ist). Für eine fundierte Einschätzung des Rezep-
tionserfolgs ist es sicher noch zu früh, aber die bisherige Rezeption kann als
lebendig und interessiert gelten – wofür neben den Übersetzungen und zahlreichen Rezensionen auch das Erscheinen einer zweiten Auflage nur zwei Jahre
nach der Erstauflage spricht. In den Rezensionen findet sich viel Zustimmung für
die zentrale Botschaft sowie die Präsentation des Arguments, repräsentativ etwa
in einer Besprechung der englischsprachigen Fassung. „Using ordinary language
and clear examples, Living Well at Others' Expense unveils the social dynamics of the global village as a ‚zero-sum game'" (Goyes 2020; vgl. auch Streidl
2017). Kritische Stimmen bemängeln, dass Lessenich es versäume, das Verhältnis zwischen globaler Ungleichheit (innen/außen) und Klassenungleichheit (oben/
unten) genauer zu analysieren (Friedrich 2017), vermissen bisweilen analytischen
Tiefgang – Kuchler (2016) attestiert einen „feindosierten, unaggressiven Rest-
Marxismus" und kritisiert das Fehlen soziologischer Argumente für die hier nur

psychologisch begründete Verdrängung – oder stoßen sich an rhetorischen Redundanzen und fehlenden Handlungsempfehlungen (Pollmer 2016). In der folgenden Würdigung geht es nicht primär um eine weitere inhaltliche Auseinandersetzung mit Lessenichs Diagnose, sondern um die Frage, wie das Buch *als Gegenwartsdiagnose* funktioniert sowie soziologisch begriffen und untersucht werden kann. Zu diesem Zweck lese ich das Buch zunächst als Beitrag zur Gegenwartssoziologie globaler Ungleichheit, um zu zeigen, dass es sich lohnen könnte, es *auch* als Beitrag zu einem spezifischen Genre der Gegenwartsdiagnosen zu lesen. Anschließend nehme ich eine dezidiert wissenssoziologische Perspektive ein und frage, ob und in welchem Sinne das Buch dem Genre der Gegenwartsdiagnosen zugerechnet werden kann.

3.2   Lektüre 1: als Beitrag zur Gegenwartsoziologie globaler Ungleichheit

Liest man das Buch als *Beitrag zur Gegenwartssoziologie globaler Ungleichheit*, zeigt sich rasch, dass es eine Reihe von Zugeständnissen an das – auf möglichst breite Rezeption abzielende – Format der Gegenwartsdiagnose macht. Deutlich wird das etwa, wenn Lessenich mögliche Beiträge der soziologischen Praxistheorie zur Analyse von Ungleichheit auf den Begriff des Habitus reduziert; wenn er Struktur mit Macht bzw. durch Machtausübung ermöglichte ungleiche Tauschbeziehungen gleichsetzt, ohne Macht- und Tauschbeziehungen systematisch zu anderen Strukturen ins Verhältnis zu setzen; oder wenn er psychologische Verdrängungsmechanismen aufführt, ohne soziologische Erklärungsansätze mit der gleichen Ausführlichkeit zu diskutieren bzw. ohne soziologische und psychologische Erklärungsansätze miteinander ins Gespräch zu bringen.

Wer die Prämissen der Weltsystemtheorie nach Immanuel Wallerstein nicht in jeder Hinsicht teilt, mag sich zudem an der Selbstverständlichkeit stoßen, mit der globale Ungleichheit hier als Ergebnis eines Nullsummenspiels und Armut in einem Teil der Welt als unmittelbare Bedingung des Wohlstands anderer Teile beschrieben wird. Man muss kein Anhänger von David Ricardos Theorie des Freihandels oder des Washington Consensus sein, um diese Darstellung einseitig zu finden – auch aus normativ-politischen Gründen übrigens, denn die Vorstellung eines systemisch erzwungenen Nullsummenspiels ließe ja kaum Platz für die Möglichkeit, auf eine fairere globale Wirtschaftsordnung hinzuarbeiten. Um die Analyse zu vertiefen und Änderungs- und Handlungsspielräume auszuloten, scheint mir zudem eine tiefer reichende *historische* Betrachtung der globalen

Handelsordnung unabdingbar, die sich u. a. mit der Frage befassen müsste, weshalb frühere Anläufe zu einer Perspektiven und Interessen des globalen Südens stärker berücksichtigenden „New International Economic Order" (NIEO) in den frühen 1970er Jahren gescheitert sind (vgl. zuletzt Getachew 2019).

Dass die historische Dimension des Problems – von gelegentlichen Bemerkungen abgesehen (S. 100–102; S. 150 f.) – nicht wirklich ausgeführt wird, erschwert nicht nur die analytische Einordnung der Gegenwartsdiagnose, sondern es verstärkt auch den Eindruck, dass die politisch-praktischen Konsequenzen der Diagnose letztlich vage bleiben. Das gilt insbesondere für die optimistische Feststellung am Ende, dass wir „unsere" Möglichkeiten, die Verhältnisse zu ändern, unterschätzten. Das passt schon nicht recht zu einer Bemerkung weiter oben, wonach die Initiativen zu einem grundlegenden Wandel hin zu einer globalen Demokratie primär vom globalen Süden ausgehen müssten (S. 122). Es wirkt zudem wenig fundiert ohne historische Auskünfte dazu, über welche Zeiträume und in welchen Verläufen sich die externalisierenden Strukturen eingespielt haben. Schließlich will es auch nicht recht zur historischen Perspektive der hier vertretenen Weltsystemtheorie passen: Wenn Moderne und ungleiche Tauschverhältnisse gleichursprünglich sind und über Jahrhunderte institutionalisiert worden sind, dann gibt es wenig Grund zur Hoffnung, dass sie sich kurz- oder mittelfristig verändern lassen, indem bücherlesende Bürger im Zentrum des Weltsystems ihre moralischen Selbstheilungskräfte mobilisieren. Innerhalb der Logik der Weltsystemtheorie müsste auch diese Hoffnung vielmehr *historisch* begründet werden, etwa durch eine Analyse der Geschichte von „anti-systemic movements" (Arrighi et al. 1989) und ihrer Stellung im heutigen Weltsystem.

Diese Einwände drängen sich auf, liest man das Buch primär als einen theoretischen Beitrag zur Gegenwartssoziologie globaler Ungleichheit. Es ist jedoch fraglich, ob eine solche Lektüre dem gegenwartsdiagnostischen Anliegen des Texts gerecht wird. Denn sie übersieht, dass eine detaillierter ausgeführte soziologische Analyse und eine vertiefende historische Darstellung mit der Popularisierungsabsicht des Buches wohl nur bedingt vereinbar wären. Welche theoretische und historische Komplexität verträgt eine auf breite öffentliche Rezeption ausgerichtete Diagnose zur globalen Ungleichheit? Wie weit ließen sich solche Ansprüche treiben, ohne das *kommunikative* Anliegen des Textes zu unterlaufen? Diese Fragen legt eine zweite, wissenssoziologische Lektüre des Buches nahe, die es dediziert als *Beitrag zum Genre der Gegenwartsdiagnosen* liest.

3.3   Lektüre 2: als Beitrag zum Genre der Gegenwartsdiagnosen

Deutlicher wohl als im Fall manch anderer in diesem Band behandelter Diagnosen lässt sich im Fall von „Neben uns die Sintflut" bezweifeln, ob es sich überhaupt um eine Gegenwartsdiagnose i. e. S. handelt. Wie eben deutlich geworden sein sollte, lässt sich das Buch als zugänglich geschriebener Beitrag zu einer (öffentlichen) Gegenwartsoziologie globaler Ungleichheit rezipieren. In diesem allgemeinen Sinne handelt es sich ohne Frage um eine soziologische Gegenwartsdiagnose: einen soziologischen Text, der gegenwärtige Problemlagen thematisiert und kritisiert und als solcher gelesen und kritisiert werden kann. Wie gesehen, drängt sich jedoch der Verdacht auf, dass eine solche Lektüre dem Anliegen des Texts nur bedingt gerecht wird. Wechselt man nun zu einer wissenssoziologischen Perspektive und folgt der These, dass es sich bei Gegenwartsdiagnosen auch um ein *Textgenre mit spezifischen Eigenschaften und mehr oder weniger scharfen Grenzen* handelt (vgl. Einleitung zu diesem Band), spricht auf den ersten Blick manches *gegen* eine Zuordnung zu diesem Genre. Zu den häufig beschriebenen Merkmalen des Genres gehört beispielsweise die Annahme eines Epochenbruchs, der den Übergang von einer „alten" zu der diagnostizierten „neuen Gesellschaft" markiert, dessen Zeugen wir, die Gegenwärtigen, sind (Osrecki 2011). Dieses Merkmal spielt hier keine tragende Rolle: Lessenich bezeichnet das Programm des Buchs als „Gegenwartssoziologie der Externalisierungsgesellschaft" (S. 50), legt aber auch Wert auf die Feststellung, diese Gesellschaft sei „die historische Begleiterscheinung eines kapitalistischen Weltsystems, das sich seit Jahrhunderten in wechselnder Gestalt reproduziert" (S. 45). Und obschon er diese historische Perspektive nicht genauer ausführt, begründet sie doch einen wesentlichen Unterschied zu epochale Umbrüche konstruierenden Gegenwartsdiagnosen. Noch eine weitere typische Eigenschaft (hierzu näher Werron 2018) vieler Exemplare des Genres fehlt dem Buch: Es beschränkt den räumlich-kulturellen Geltungsbereich seiner Diagnose weder auf eine Nationalgesellschaft noch belässt es ihn im Unklaren, nimmt vielmehr explizit die Welt im Ganzen in den Blick.

Dennoch gibt es gute Gründe, das Buch im Problemkontext der Zeit- und Gegenwartsdiagnosen zu analysieren. Mehr noch: Mir scheint, dass sich an seinem Beispiel die Merkmale eines spezifischen Subgenres der Gegenwartsdiagnosen aufzeigen lassen, das es begrifflich zu fassen und empirisch zu studieren gilt. Der erste Grund ist, dass es die historischen Voraussetzungen der eigenen Diagnose nicht eigentlich analysiert, sondern als Hintergrund der Gegenwartsanalyse *unterstellt*. Dieser rhetorische *move* ist von John M. Hobson treffend als eine Variante des „Chronofetischismus" (Hobson 2002, S. 6) bezeichnet worden.

Diese Abschattung von Vergangenheit unterstützt andere Gegenwartsdiagnosen häufig in ihrem Anliegen, einen Epochenbruch zu behaupten. Bei Lessenich spielt sie eine subtilere Rolle: sie entlastet ihn davon, den am Ende des Buchs eingeführten Handlungsoptimismus historisch zu begründen bzw. mit historischen Einwänden zu konfrontieren. Kurz, sie fungiert hier nicht als Lizenz zur Konstruktion von Epochenbrüchen, sondern als eine Lizenz zum Optimismus, und erleichtert dem Buch damit, auf einer positiven und praktisch-politischen Note zu enden. Es gibt aber noch einen zweiten und gewichtigeren Grund, das Buch dem Genre der Gegenwartsdiagnosen zuzuordnen: Gegenwartsdiagnosen weisen nicht nur inhaltliche, sondern auch *performative* Merkmale auf. Insbesondere wenden sie sich meist an ein nationales bzw. westliches Debattenpublikum und holen es gleichsam an seinem Erwartungshorizont ab, um die öffentliche Aufmerksamkeit für ihre Diagnosen zu maximieren (dazu näher Meyhöfer und Werron 2022). Weniger der Inhalt der Diagnose, sondern der Tonfall sowie das in Wortwahl und Stil zum Ausdruck kommende Rezeptionsanliegen der Texte sprechen in solchen Fällen für die Zuordnung zum Genre.

Dieses performative Merkmal nimmt hier eine eigentümliche Gestalt an. Lessenich verbindet einen gegenwartsdiagnostischen Sprech- bzw. Schreibakt, der auf die Maximierung von Aufmerksamkeit und Empörungsenergien des westlichen Publikums abzielt, mit einem Beitrag zur Soziologie *globaler* Ungleichheiten. Der Erkenntnisanspruch ist global, der Sprechakt westlich bzw. nördlich begrenzt. Dem naheliegenden Einwand, dass er sich auf diese Weise selbst in die Tradition des „akademisch-intellektuellen Eurozentrismus" stellt, macht sich Lessenich selbst und hält entgegen, dass er gerade zugänglich machen wolle, was seit Jahrzehnten im globalen Süden problematisiert und skandalisiert worden sei: „Diese vielfältigen und vielstimmigen, multilokalen und transnationalen, wissenschaftlichen wie politischen Gegenbewegungen sind bislang nur nicht oder jedenfalls in unseren Breitengraden nicht breitenwirksam zur Kenntnis genommen worden." (S. 30). Es ist also Programm, dass die gesamte Rhetorik des Buchs – von der Wahl der Begriffe und Beispiele bis zu einzelnen sprachlichen Wendungen – darauf ausgerichtet ist, an den Erfahrungshorizont „unserer Breitengrade" auf „breitenwirksame" Weise anzuknüpfen.

Unabhängig davon, ob sich eine solche Rhetorik in die Tradition des Eurozentrismus stellt oder nicht, manövriert sie das Buch jedoch in eine *eigentümliche Spannung zwischen Gegenstand der Diagnose und Beziehung zwischen Autor und Publikum hinein*. Am Begriff der Externalisierungsgesellschaft wird dies exemplarisch deutlich. Während sich der von Lessenich zitierte Weltsystemtheoretiker Immanuel Wallerstein aus guten Gründen dafür ausgesprochen hatte, den national konnotierten Gesellschaftsbegriff fallen zu lassen bzw. ihn allenfalls auf die

moderne Welt-Ökonomie insgesamt anzuwenden (Wallerstein 1986), „vergesellschaftet" Lessenichs Externalisierungsgesellschaft gerade nicht das Weltsystem,
sondern nur die Bewohner des Westens bzw. globalen Nordens. Dabei geht
es ihm jedoch offenkundig nicht darum, einen sozialtheoretisch motivierten
Begriff der Gesellschaft einzuführen. Vielmehr dient ihm der Ausdruck primär als
rhetorisches Instrument. Dies kommt auch in der häufigen Verwendung der Personalpronomina „wir" und „uns" zum Ausdruck. So heißt es z. B. gegen Ende des
Buchs, die Externalisierungsgesellschaft sei ein „Konzept", das den Versuch dar-
stelle, „den Finger in die Wunde zu legen, die uns für gewöhnlich nicht der Rede
wert ist" (S. 198). Noch eindrücklicher zeigt sich die rhetorische Funktion des
Gesellschaftsbegriffs an einer Stelle, wo das „wir" gebraucht, mit „gesellschaftlich" verknüpft und zugleich in seiner Bedeutung relativiert wird: „Wir leben
alle in einer Wohlstandsgesellschaft – und doch auf sehr unterschiedliche Weise:
Streng genommen gibt es kein gesellschaftliches ‚Wir'." (S: 195). Der Begriff der
Externalisierungsgesellschaft wird so zu einem *rhetorischen Instrument der Selbst-
kritik,* das – *sachlich* auf die Welt, *rhetorisch* nach Westen gerichtet – Autor und
Publikum miteinander verbindet und zugleich „die anderen" (den Rest; den globalen Süden) aus der Gesellschaft ausschließt. Rhetorisch vollzieht das Buch den
kritisierten Externalisierungshabitus also selbst mit. Damit bestätigt es einerseits
seine empirische Diagnose – indem es zeigt, dass auch die Gegenwartsdiagnose
selbst von der Logik der Externalisierung nicht unberührt bleibt – und unterläuft
andererseits seine kritische Aussage: Noch im Akt der schärfsten Kritik an Externalisierung grenzt sich die westliche Welt als „Externalisierungsgesellschaft" vom
„Rest der Welt" ab, vergesellschaftet sich der „globale Norden" primär mit sich
selbst. Nicht einmal dem schärfsten Kritiker der Externalisierung gelingt es, sich
ihrem Sog zu entziehen.

Solche Dissonanzen zu beschreiben heißt nicht zwingend auch, den gegenwartsdiagnostischen Sprechakt im Ganzen zu kritisieren. Teilt man zentrale
Einsichten der von Lessenich vorgetragenen Analyse und berücksichtigt, dass
ähnliche Kritiken in wissenschaftlichen Publikationen seit vielen Jahrzehnten
immer wieder und ohne durchschlagenden Erfolg vorgetragen worden sind, dann
mögen solche performativen Widersprüche als kleiner Preis erscheinen, den man
für die Popularisierung dieses Wissens zu zahlen bereit ist. Die Widersprüche
wären, so gesehen, notwendig. Und tatsächlich: Sieht man von Theoriepräferen-
zen und empirischen Details ab, über die sich immer streiten lässt, scheint mir das
Buch zentrale Beiträge einer auf dem Stand heutigen Wissens argumentierenden
Soziologie der Ungleichheit auf prägnante und ansprechende Weise herauszuarbeiten. Ungleichheit nicht nur im nationalen Rahmen, sondern *global* zu denken;

Ungleichheit als *relationales* Phänomen zu begreifen; ökonomische Ungleichheiten im Zusammenhang mit politischen Machtverhältnissen zu analysieren; Ungleichheit auch als Resultat *sozialer Praxis* und alltäglich operierender *Mechanismen* zu verstehen: Gegen diese Botschaften und den Versuch ihrer öffentlichen Verbreitung dürften die meisten Soziolog*innen nichts einzuwenden haben (für eine verwandte theoretische Perspektive vgl. Weiß 2017). Für mich persönlich kann ich sagen, dass auch der moralische Appell des Buches ankommt, nicht zuletzt aufgrund der vielen schlagenden Beispiele, die in dieser Dichte beeindrucken, auch wenn man jedes einzelne schon einmal gehört hat. Es mag sein, dass sich die Spannungen zwischen globaler soziologischer Analyse und Popularisierungsanliegen noch überzeugender balancieren lassen. Falls ja, müsste es aber bewiesen und nicht nur behauptet werden – zumal mit Blick auf ein solch komplexes Thema wie das der globalen Ungleichheit.

Aus wissenssoziologischer Perspektive drängt sich vor diesem Hintergrund der Vorschlag auf, am Beispiel von Lessenichs Buch ein spezifisches Subgenre der Gegenwartsdiagnosen zu definieren: das Genre der *Weltdiagnosen*. Weltdiagnosen ließen sich demnach verstehen als ein *Typus von Gegenwartsdiagnosen, die explizit die Welt im Ganzen in den Blick nehmen, während sie sich rhetorisch dem Erfahrungshorizont des westlichen Debattenpublikums anschmiegen, um die öffentliche Resonanz auf ihre Diagnose zu maximieren.* Weltdiagnosen mögen schon durch ihre globalen Bezüge (noch) einen gewissen Neuigkeitswert haben und sind darum vielleicht weniger als andere Subtypen des Genres auf die Behauptung epochaler Umbrüche angewiesen. Zugleich verstricken sie sich in einen spezifischen performativen Widerspruch: Während sie mit der Auswahl ihren Diagnosen dem Eurozentrismus entgegentreten, vollziehen sie ihn zugleich durch die Art und Weise, wie sie sich mit ihrem Publikum vergemeinschaften. Wer heute mit globalen Diagnosen eine breite Öffentlichkeit erreichen will, wird solchen Spannungen zwischen Inhalt und Rhetorik der Gegenwartsdiagnostik kaum ausweichen können. Umso interessanter sind sie für eine wissenssoziologische Betrachtung von Gegenwartsdiagnosen.

Literatur

Arrighi, Giovanni, T.K. Hopkins, und I. Wallerstein. 1989. Antisystemic Movements. London: Verso.

Friedrich, Sebastian. 2017. Das falsche Wir. Rezension zu Stephan Lessenich, Neben uns die Sintflut. Die Externalisierungsgesellschaft und ihr Preis. kritisch-lesen.de. https://kritisch-lesen.de/rezension/das-falsche-wir. Zugegriffen: 23. Januar 2023.

Getachew, Adom. 2019. Worldmaking after Empire. The Rise and Fall of Self-Determination. Princeton: Princeton University Press.

Goyes, David Rodríguez. 2020. The hidden costs of Western prosperity. The Ecologist. https://theecologist.org/2020/jan/07/hidden-costs-western-prosperity. Zugegriffen: 23. Januar 2023.

Hobson, J. M.. 2002. What's at Stake in "Bringing Historical Sociology back into International Relations"? Transcending "Chronofetishism" and "Tempocentrism" in International Relations'. In Historical Sociology of International Relations, Hrsg. Hobden, Stephen, und J. M. Hobson, 3–41: Cambridge University Press.

Kuchler, Barbara. 2016. Über die Verhältnisse der anderen leben. Coffee to go or not to go, das sollte hier die Frage sein: Der Soziologe Stephan Lessenich liest der Überflussgesellschaft die Leviten. Frankfurter Allgemeine Zeitung, 26. November, L 15.

Lessenich, Stephan. 2016. Neben uns die Sintflut. Wie wir auf Kosten anderer leben. Berlin: Hanser.

Lessenich, Stephan. 2018. Neben uns die Sintflut. Wie wir auf Kosten anderer leben, aktualisierte und überarbeitete Taschenbuchausgabe. München: Piper.

Meyhöfer, Frank, und T. Werron. 2022. Gegenwartsdiagnosen. Ein öffentliches Genre der Soziologie. In. Mittelweg 36, 17–38.

Osrecki, Fran. 2011. Die Diagnosegesellschaft: Zeitdiagnostik zwischen Soziologie und medialer Popularität. Bielefeld: Transcript.

Pollmer, Cornelius. 2016. In Schieflage. Stephan Lessenich beschreibt globale Ursachen von Reichtum und Elend. Doch was aus seiner Analyse folgen soll, bleibt leider offen. Süddeutsche Zeitung. https://www.sueddeutsche.de/kultur/soziologie-in-schieflage-1.3203681. Zugegriffen: 23. Januar 2023.

Streidl, Barbara. 2017. Wer den Preis zahlt. Dir geht's gut, weil es anderen schlechtgeht. Soziologe Stephan Lessenich klagt in „Neben uns die Sintflut" das soziale Versagen an. taz., 28. Februar (https://taz.de/Sachbuch-ueber-globale-Ungleichheit/!5387632/. Zugegriffen: 23. Januar 2023.

Wallerstein, Immanuel. 1986. Societal Development, or Development of the World-System? International Sociology. 1(1), 3–17. https://doi.org/10.1177/026858098600100102.

Weiß, Anja. 2017. Soziologie globaler Ungleichheiten. Berlin: Suhrkamp.

Werron, Tobias. 2018. Quantifizierung. Überlegungen zum Verhältnis zwischen Zeitdiagnose und Gesellschaftstheorie anlässlich von Steffen Maus Buch „Das metrische Wir". Zeitschrift für theoretische Soziologie 7 (2): 303–315.

Die Wiederkehr der Ungleichheit. *Die Abstiegsgesellschaft* von Oliver Nachtwey

Martin Seeliger

1 Einführung

Die Frage nach der Ungleichheit zwischen den Menschen prägt die Soziologie seit ihren Anfängen im 19. Jahrhundert. Neben ihrer sozialtheoretischen Relevanz folgte die Auseinandersetzung mit dieser Frage immer auch einem normativen Muster: Während etwa Karl Marx (1966) die Vergesellschaftung des Reichtums als politische Notwendigkeit gesellschaftlicher Modernisierung betrachtete, kritisierten Vertreter wie Herbert Spencer (2003) politische Initiativen wirtschaftlicher Umverteilung als Hemmnis für die wirtschaftliche Produktivität und somit auch als schädlich für das Gemeinwohl. Das Verhältnis sozialer Ungleichheit und wirtschaftlicher Entwicklung gewinnt seine spezifische gesellschaftliche Bedeutung schließlich im Rahmen eines dritten (politischen und sozialwissenschaftlichen) Problemkomplexes – der Demokratie (vgl. Seeliger 2019).

In der Bundesrepublik Deutschland ist das Verhältnis zwischen Kapitalismus, Ungleichheit und Demokratie verfassungsmäßig im Begriff des ‚Sozialen Rechtsstaats‘ festgeschrieben. Seine praktische Entsprechung findet dieses nominelle Bekenntnis jedoch innerhalb einer breiteren politökonomischen Konstellation, die sich seit dem Zweiten Weltkrieg in Bewegung befindet. Diese Entwicklung untersucht Oliver Nachtwey in seinem Buch ‚Die Abstiegsgesellschaft‘ (2016a)[1].

Der Wandel des deutschen Wirtschaftsmodells im Verhältnis des Marktes und seiner institutionellen Einbettung steht seit seiner Dissertation zum Wandel der

---

[1] Wenn nicht anders angegeben, beziehen sich Seitenzahlen im Folgenden auf diese Arbeit.

M. Seeliger (✉)
Universität Bremen, Bremen, Deutschland
E-Mail: seeliger@uni-bremen.de

© Springer Fachmedien Wiesbaden GmbH, ein Teil von Springer Nature 2023   181
S. Farzin und H. Laux (Hrsg.), *Soziologische Gegenwartsdiagnosen 3*,
https://doi.org/10.1007/978-3-658-41328-6_15

Sozialdemokratie in Deutschland und England (vgl. Nachtwey 2009) im Zentrum von Nachtweys soziologischem Interesse. Seine 2016 am Fachbereich für Gesellschafts- und Geschichtswissenschaft der Technischen Universität Darmstadt abgeschlossene Habilitation zur Abstiegsgesellschaft schließt insofern an die eher politiksoziologisch geprägte Arbeit an, als dass sie die Frage nach der Entwicklung objektiver Lebensbedingungen und subjektiver Bewältigungsstrategien im Kontext der sich wandelnden politischen Ökonomie des (west-)deutschen Kapitalismus fokussiert.

Form und Inhalt der Arbeit sind hierbei durchaus (erwerbs-)biografisch geprägt. Als Sohn einer Arbeiterfamilie aus dem Ruhrgebiet kennt Nachtwey das Milieu, um das es ihm geht aus eigener Erfahrung. Gleichzeitig findet die Untersuchung ihren theoretisch-konzeptionellen Ursprung im Kontext des Jenaer Postwachstumskollegs – einem der Ausgangspunkte der Renaissance soziologischer Kapitalismuskritik nach der Finanzkrise ab 2008.[2] Mit dem Hamburger und dem Frankfurter Institut für Sozialforschung hat Nachtwey die Arbeit an zwei weiteren Zentren einer sich selbst politisch links verortenden Soziologie in Deutschland geschrieben. Schließlich entstand die Arbeit (trotz prestigeträchtiger Anbindungen) selbst unter prekären Beschäftigungsbedingungen, die ein Strukturmerkmal der Abstiegsgesellschaft darstellen.[3]

2   Diagnose

Mit seinem Buch reiht sich Oliver Nachtwey also ein in die Front der Zeitdiagnostiker und widmet sich der (vormals mit dem Präfix der Risiko-, Erlebnis-, Organisations-, Entscheidungs-, Migrations-, usw.) beantworteten soziologischen Grundsatzfrage danach, in welcher Gesellschaft wir eigentlich leben. Im Zentrum seines Interesses steht hierbei eine Paradoxie der spätmodernen Konstellation: Wenn das Bildungssystem immer mehr Abiturienten und Hochschulabschlüsse produziert, wenn Forschung und Entwicklung immer innovativer, die Produktion

---

[2] Für eine der ersten empirischen Untersuchungen, die die Grundlage der Arbeit darstellen siehe Holst et al. (2009). Weiteres empirisches Material lieferten Nachtwey im Wesentlichen zwei an den Universitäten Trier gemeinsam mit Ulrich Brinkmann durchgeführte Studien zum Wandel der deutschen Arbeitsbeziehungen (Brinkmann und Nachtwey 2017) und den sozialen Bewegungen PEGIDA und Occupy (Nachtwey und Decieux 2014).

[3] Komplementär erschienen zwei Veröffentlichungen, die einen wesentlichen Teil der Befunde abbilden, auf denen auch die Abstiegsgesellschaft beruht (Brinkmann und Nachtwey 2017; Jörke und Nachtwey 2017). Weiterhin liegt der Text mittlerweile auch in englischer Übersetzung vor (vgl. Nachtwey 2018).

immer größer und die Arbeitsorganisation im Dienstleistungssektor immer effizienter werden, wieso – so fragt er – steigt dann eigentlich die Ungleichheit unter den Menschen immer weiter an?

Zur Beantwortung dieser Frage hat der Autor eine historisch-institutionalistisch gerahmte Untersuchung der Transformation des deutschen Wirtschaftsmodells durchgeführt. Unter Bezug auf verschiedene theoretische Elemente und Diskussionen aus der Postwachstums-Debatte und der Kritische Theorie, der Soziologie sozialer Konflikte, der Sozialstrukturanalyse und Politischen Ökonomie wie auch der Arbeits- und Prekarisierungsforschung wählt Nachtwey einen komplexen Zugang zu seinem Gegenstand.

Als Ausgangspunkt seiner Darstellung dient ihm eine Charakterisierung der Vergangenheit des bundesrepublikanischen Gesellschaftsmodells. Getragen vom Wirtschaftswachstum und den Exportüberschüssen der restituierten Nachkriegsökonomie war es den Kapitalfraktionen und den Interessenorganisationen der Lohnabhängigen im Wohlfahrtsstaat der ,Trente Glorieuses' gelungen, den Klassenkonflikt zugunsten einer äußerst produktiven wirtschaftlichen Ordnung (zumindest zeitweise) einzufrieden. Der Großteil der Beschäftigung erfolgte hierbei im sogenannten Normalarbeitsverhältnis (vgl. Nachtwey 2009, S. 22), in dem der Großteil der Erwerbstätigen unbefristet, in Vollzeit, und ausgestattet mit einem starken Kündigungsschutz beschäftigt war. Die überwiegende soziale Homogenität großer (weißer, männlicher) Belegschaften mit ähnlichen Tätigkeiten und privaten Hintergründen ermöglichte es Gewerkschaften (nicht zuletzt vor dem Hintergrund einer äußerst geringen Arbeitslosigkeit), deren Interessen in zentralistischen (teilweise auch autoritären) Organisationen zu aggregieren, welche die „shotgun marriage" (Streeck 2014, S. 65) zwischen Kapitalismus und Demokratie für die Lohnabhängigen (oder zumindest: ihrem weißen, männlichen Großteil) machtpolitisch besiegeln konnte.

Gleichzeitig trug auch die unter der Herrschaft der Christlich Demokratischen Union seit Gründung der Bundesrepublik (und später auch unter der sozialliberalen Koalition) expansive Staatstätigkeit zum Wachstum des gesellschaftlichen Wohlstands bei. So stieg die Anzahl der zugelassenen Kraftfahrzeuge im Zeitraum von 1950 und 1965 von zwei auf zwölf Millionen, Fernsehgeräte und Waschmaschinen erhöhten die Lebensqualität breiter Bevölkerungsschichten genauso wie die Fernreisen, auf die man sich im ab 1963 per Gesetz festgeschriebenen Urlaub begeben konnte. Sozialer Aufstieg war aber nicht nur innerhalb individueller Lebensläufe möglich – die Bildungsexpansion eröffnete zahlreichen Kindern aus Arbeiterfamilien den Besuch von Gymnasien und Universitäten und damit die Erweiterung kollektiver Lebenschancen ganzer Bevölkerungssegmente.

Die skizzierten Entwicklungen fasst Nachtwey im Anschluss an Thomas H. Marshall (1992) als Ausbau sozialer Staatsbürgerrechte. Marshall zu Folge lässt sich die Sequenz gesellschaftlicher Modernisierung als Expansion ziviler, politischer und sozialer Rechte deuten. Mit großer prognostischer Kraft schien Marshalls optimistische Theorie der Evolution eines sozialen Kapitalismus das Geschehen in der Bundesrepublik Deutschland abzubilden.

Eine ähnliche Interpretation findet sich auch beim von Nachtwey als weiterem Bezugsautor paraphrasierten Ulrich Beck (1986), welcher den sozialen Mobilitätsentwicklungen in seinem Buch zur ‚Risikogesellschaft' mit der Metapher des ‚Fahrstuhleffektes' Rechnung zu tragen versuchte. Im besagten Fahrstuhl sei nicht nur der Lebens- und Bildungsstandard aller gesellschaftlichen Milieus kollektiv nach oben bewegt worden. Die neu gewonnenen Möglichkeiten bedingten weiterhin einen Bedeutungsverlust traditioneller Sozialisationsagenturen wie Schrebergärten, Kegelvereinen oder Kirchengemeinden und damit die graduelle Erosion traditioneller Milieus.

Anschließend an die Klassiker der Politischen Ökonomie (und v. a. unter Bezug auf das von Marx vermutete Gesetz des tendenziellen Falls der Profitrate) begründet Nachtwey nachfolgend die Annahme, dass sinkende Erträge langfristig eine Verlangsamung der Kapitalakkumulation bedingen würden. Anschließend an die Ölkrise des Jahres 1973 ist das Ausbleiben des wirtschaftlichen Wachstums (der westlichen Ökonomien) hierbei vor allem auf das gedrosselte Investitionsverhalten des Kapitals sowie die rigide Konsolidierungspolitik gegenüber den vormals expandierenden Staatshaushalten zurückzuführen. Angesichts sinkender Kapitalerträge, einer zunehmenden sozialen Ungleichheit und der wachsenden Vernutzung ökologischer Ressourcen mündet die gesellschaftliche Entwicklung, so Nachtwey (S. 69) gegenwärtig in einer „normativen Krise des Postwachstumskapitalismus". Anstelle der ökologischen Nebeneffekte der Industrialisierung oder der Pluralisierung der Lebensstile betont der marxistisch inspirierte Autor (S. 32) eine „weiterhin bestehende Relevanz von Klassenstrukturen" für die Aushandlung gesellschaftlicher Ordnungsmuster. Mit der Institutionalisierung von Prekarität als grundlegendem Funktionsprinzip des Arbeitsmarktes, so Nachtwey, kehren längst überwunden geglaubte Probleme zurück auf die politische Agenda.

Wie ist es hierzu gekommen? Als historische Gegenbewegung zur sozialen Moderne vollzieht sich der Aufstieg des Neoliberalismus auf einer „materielle[n] Grundlage" (S. 51). Zum einen ermöglichte die Etablierung effektiver

Kommunikations- und Transporttechnologien eine Internationalisierung der Produktion. Die Möglichkeit, an unterschiedlichen Standorten zu fertigen, ermöglichte es dem nun mobile(re)n Kapitel, sich dem Einfluss nationaler Gewerkschaften und Regierungen zumindest teilweise zu entziehen. Eine globale Restrukturierung des Finanzsystems vergrößerte den Spielraum zur internationalen Investition und Akkumulation noch weiter.

Ein wesentlicher Bestandteil des von Nachtwey geführten Arguments betrifft die in diesem Zusammenhang wirksame Transformation von Arbeits- und Beschäftigungsformen. Hatte das Normalarbeitsverhältnis in der sozialen Moderne einerseits Identität und Zugehörigkeit, sowohl im sozialen wie auch im ökonomische Sinne gewährleistet, verloren Beschäftigungsverhältnisse im Zuge einer fortschreitenden Prekarisierung der Arbeit in zunehmendem Maße ihre integrative Wirkung. Während diese in Form von Werksverträgen, Leiharbeit, Teilzeitbeschäftigung und gesetzlich verpflichtenden Arbeitsbeschaffungsmaßnahmen wie Zwangsfortbildungen oder sog. Ein-Euro-Jobs einerseits die Einkommensverhältnisse betrifft, wirken sich entsprechende Entwicklungen ebenfalls auf die betriebliche Mitbestimmung aus – die demokratieunterhöhlende Wirkung hat damit – ganz im Sinne Marshalls – nicht nur eine partizipations-, sondern auch eine verteilungspolitische Konsequenz.

Mit dieser Transformation der Erwerbstätigkeit vor Augen nimmt für die Mittelschichten nicht unbedingt das objektive Risiko, aber zumindest die Sorge vor dem sozialen Abstieg zu. Dass die Berücksichtigung der subjektiven Ebene institutionellen Wandels insgesamt eine Stärke der Ausführungen Nachtweys darstellt, zeigt sich auch anhand seiner Analyse der individuellen Wirksamkeit von Ideologen: „Der moderne Kapitalismus", so Nachtwey (S. 78) funktioniere „nicht ohne die Mitarbeit, nicht ohne die freiwillige Teilhabe der Individuen." Durch die Kultivierung eines Ideals von Eigenverantwortung plausibilisiert die Kultur die materiellen Zumutungen der Abstiegsgesellschaft. Der meritokratische Fetisch der Chancengleichheit ziehe hierbei, so Nachtwey, einen paradoxen Effekt nach sich: An Stelle egalitärer Verteilungsergebnisse bedingt dieser in erster Linie eine Intensivierung des Wettbewerbs am Arbeitsmarkt. Den zuvorderst auch von Luc Boltanski und Ève Chiapello (2003) beschriebenen Wandel der Arbeitswelt interpretiert Nachtwey (S. 84) hierbei aus Arbeitnehmersicht als „faustischen Pakt": Ein ‚mehr' an Eigenständigkeit brachte hier nicht nur einen Verlust an Sicherheit, sondern auch höhere Leistungsanforderungen mit sich.

Unter Bezug auf Becks Metapher des Fahrstuhleffekts interpretiert Nachtwey die von ihm beschriebene Konstellation unter Bezug auf eine andere Metapher (vgl. S. 165). Die sozioökonomische Dynamik illustriert er mithilfe des Bildes einer nach unten fahrenden Rolltreppe. Um die Höhe im Raum zu halten, müssten sich hier Menschen auf der Treppe sich entgegen der Fahrtrichtung bewegen. Während also der Erhalt des eigenen Status in der Abstiegsgesellschaft immer schwieriger wird, ist an sozialen Aufstieg für einen Großteil der Menschen kaum noch zu denken.

Dieser Wandel in den materiellen Lebensbedingungen geht bei Nachtwey einher mit einer umfassenden ideologischen Transformation. In Abgrenzung zum sozialdemokratisch-egalitären Selbstverständnis der Gesellschaftlichen Mitte entstand im Laufe der letzten Jahrzehnte „eine Kultur des Erfolgs, in der nicht der Aufwand, sondern das Ergebnis zählt" (S. 113). Das Privileg, zu definieren, was Leistung überhaupt sei, liege hierbei bei den „ökonomischen und politischen Eliten" (S. 227), welche sich selbst deutungsmächtig zu Leistungsträgern stilisierten. Auch erkennt Nachtwey ein Gerechtigkeitsproblem für das Gleichheitspostulat des demokratischen Gemeinwesens. Als Resultat eines (ideologischen) Klassenkampfes von oben erscheint ihm vor diesem Hintergrund ein „grundlegender Strukturwandel der Politik" vom „*genitivus objectivus* zum *genitivus subjectivus* in der Formulierung Regierung *der* Märkte" (S. 94).

Die Rückentwicklung sozialdemokratischer (d. h. im Sinne Nachtweys vor allem: klassenpolitischer) Egalitäts-Ansprüche bezeichnet er (S. 74) – beeinflusst von der Kritischen Theorie der Frankfurt Schule – „mit der paradoxen Formel der *regressive Modernisierung*". Widersprüchlichkeiten ergäben sich hier, weil die die Gleichstellung von (Post-)Migranten und Frauen auf dem Arbeitsmarkt dabei einherging mit einer Zunahme der Konkurrenz: Während der Abbau von Diskriminierung hierbei eine emanzipatorische Wirkung nach sich ziehe, bewirke die Erhöhung des Arbeitskräfteangebots gleichzeitig eine zunehmende Konkurrenz und damit eine Schwächung der tarifpolitischen Verhandlungsmacht der Gewerkschaften.

Im Schlusskapitel zum „Aufbegehren" wagt Nachtwey (S. 181) auf Grundlage seiner Analyse jüngerer Proteste gegen die von ihm aufgearbeiteten Entwicklungen einen Ausblick auf etwaige politische Folgen. Die von ihm konstatierte Logik ist relativ einfach: „Prekarität und Abstiege", so Nachtwey (S. 179) führen „zu Akten des Aufbegehrens."

Entsprechende Muster politischer Mobilisierung erkennt Nachtwey zum einen in den jüngeren Erfolgen der Linkspartei oder der Occupy-Bewegung und zum anderen im Lager der politischen Rechten bei PEGIDA und der Alternative für Deutschland. Einen gemeinsamen Nenner sieht er in einer „diffuse Kontrastierung einer Elite und der Bevölkerungsmehrheit" (S. 260).

Mit Blick auf die politischen Perspektiven des Aufbegehrens äußert sich der Autor zum Ende seiner Studie vorsichtig. Zwar konstituiere sich in ihrem eigenen „Aufbegehren" eine „rebellierende Demokratie" (S. 228), deren Impulse sich aus einem Drang auf sozialen Ausgleich zu Gunsten der unteren sozialen Schichten speisten. Eine stärkere klassenpolitische Orientierung erkennt der Autor jedoch aufseiten der politischen Linken.[4] Prekarität, so eine wesentliche Unterscheidung des linken vom rechten Spektrum, werde hier von den Beteiligten nicht länger als (womöglich selbstverschuldetes) Einzelschicksal, sondern zumindest als kollektive Erfahrung wahrgenommen. Nicht zuletzt in Folge einer „Krise der linken Imagination" (S. 232) bestehe aber die Gefahr einer autoritären Vereinnahmung dieser Tendenzen durch rechte oder auch religiös-identitäre Ressentiments.

3   Diskussion

Mit der Abstiegsgesellschaft hat Oliver Nachtwey ein Stück „öffentliche Soziologie" (Burawoy 2015) im besten Sinne vorgelegt. Während der Autor mit seiner Diagnose sicher nicht der erste ist,[5] hat der Text große Aufmerksamkeit auf sich gezogen. Unterstützt durch eine ganze Reihe von Interviews und Zeitungsbeiträgen, die der Autor gegeben und selbst verfasst hat, konnten die Thesen des Buches ein großes Medienecho erzeugen.

Auch im Feld der Sozialwissenschaft fällt die Resonanz für die Arbeit Nachtwey insgesamt vor allem positiv aus – zustimmende Bezüge zu den Überlegungen Nachtweys finden sich in vielen kultur- (Reckwitz 2017), wirtschafts- (Staab 2019) und politiksoziologischen (Geiselberger 2017) Veröffentlichungen seit ihrem Erscheinen.

Gleichzeitig lassen sich in der Debatte auch eine Reihe kritischer Einwände vernehmen. Als „Meister der Relativierung", so Cubela (2017, S. 15), lege es Nachtwey „geradezu darauf an, mit seinen zentralen Aussagen niemanden links der liberalen Mitte theoretisch zu verprellen". Anstatt eine differenzierte Aufschlüsselung der neuen, emanzipationsbedingten Privilegierungen im Verhältnis zur den von ihm beschriebenen Abstiegserfahrungen zu liefern, synthetisiere er diese in dem pauschal gewählten Topos der Regressiven Moderne. Eine ähnliche

---

[4] In einem Gastbeitrag für Zeit-Online schlägt Nachtwey (2016b) einen ‚linken Populismus' als möglichen politischen Impulsgeber vor: „Ein linker Populismus, der die Ängste der Bürger ernst nimmt und sie in einen Kampf für ein solidarisches Gemeinwesen lenkt, könnte in der europäischen Abstiegsgesellschaft sich deshalb als Glücksfall für die Demokratie erweisen."

[5] Ähnlich interpretierte zuletzt etwa auch der französische Historiker Pierre Rosanvallon (2017, S. 251) eine „massive Binnenerosion der Solidarinstitutionen" als „dramatischen Rückfall in die Vergangenheit" (ebd.: 249). Ähnliche Argumentationsverläufe finden sich prominent weiterhin auch bei Streeck (2013), Deppe (2013) oder Thelen (2014).

Kritik findet sich bei Butterwegge (2019, S. 135), der „den eindimensionalen, undialektischen und viel zu undifferenzierten Begriff ‚Abstiegsgesellschaft'"
bemängelt (für eine ähnliche Kritik einer zu allgemeinen Darstellung siehe auch
Goes 2017).

Eine verwandte Linie der Kritik zieht Stephan Lessenich, der Nachtwey eine
romantische Verklärung der Vergangenheit im Portrait der Sozialen Moderne
vorwirft. Ein Fokus auf die Erfahrungen der erwerbstätigen Mittelklasse des
ausgehenden Fordismus bedingte eine perspektivische Verengung auf die als „verloren gegangen beschriebene Aufstiegsgesellschaft [...], die von einer Vielzahl
sozialer Schließungen und Ausschlüsse lebte" (Lessenich 2018, S. 170). Als „So-
zialstaatsbürgerinnen zweiter Klasse" (ebd.) vernachlässige Nachtweys Erzählung
nicht nur die Tatsache, dass etwa die Reproduktions- und Teilzeitarbeiterinnen
der fordistischen Epoche am neu gewonnenen Wohlstand nur eingeschränkt partizipieren konnten. Die Tatsache, dass das ‚Wirtschaftswunder' gewissermaßen
auf dem Rücken eines migrantischen Subproletariats „in den Maschinenräu-
men der westdeutschen Hochproduktivitätsökonomie" (ebd.) bewirkt wurde,
bliebe – moniert Lessenich weiter – im Text ebenfalls unerwähnt. Anstatt eine
intersektionale Perspektive auf die Organisation von Leistungserstellung und
Güterverteilung einzunehmen, reproduziere der Autor einen androzentrischen,
ethnonationalistischen Bias.[6]

Sein exklusionstheoretisches Argument entwickelt Lessenich schließlich wei-
ter zu einem dritten Kritikpunkt. Mit seinem Fokus auf bestimmte Statusgruppen
innerhalb der Bundesrepublik ignoriere Nachtwey „die Außenbedingungen des
wundersamen Wachstums von wirtschaftlicher Wertschöpfung, gesellschaftlichem
Wohlstand" (Lessenich 2018, S. 171). Ihr „methodologischer Nationalismus"
(Wimmer und Glick-Schiller 2002) verweise auf theoretische und politische
Defizite: Ein Grundstein des deutschen Kapitalismus habe schon immer in der
Ausbeutung von Arbeit und Ressourcen des Auslands (und hier vor allem des
globalen Südens) gelegen.

Vor allem die Kritik Lessenichs erscheint mir als richtig und wichtig. Für
die weitere Bearbeitung von Forschungsanliegen im Einzugsgebiet der Politischen Ökonomie und Soziologie, der Sozialstrukturanalyse sowie der Soziologie
sozialer Ungleichheit wirft sie aber eine Reihe perspektivischer Fragen auf. Dass
der Fokus auf die Gegebenheiten in Deutschland bei Nachtwey (2016a) aus

---

[6] Die Kritik Lessenichs an Nachtwey ähnelt hierbei einem Vorwurf der „Nostalgie", den Jürgen Habermas (2013) gegenüber Wolfgang Streecks ‚Gekaufte Zeit' (2013) in einer Besprechung in den Blättern für deutsche und internationale Politik geäußert hatte.

der Anwendung von Marshalls (1992) Evolutionstheorie folgt, welche die Herausbildung von Bürgerrechten im modernen Nationalstaat zum Gegenstand hat, liegt daran, dass es der nationale Rahmen war, innerhalb dessen diese Rechte gewährt worden sind. Eine kosmopolitische, globale, transnationale oder wie auch immer grenzüberschreitend orientierte Sozialwissenschaft müsste die Frage beantworten, auf welche Weise sie solche Prozesse nationaler Mobilisierung und Institutionalisierung theoretisch integrieren will (Pries und Seeliger 2012).

Das Problem makroregionaler oder globaler Ungleichheit und Arbeitsteilung könnte hierbei genauso eine Rolle spielen, wie die Frage nach etwaigen Prozessen politischer Mobilisierung als Gegenbewegung zur regressiven Modernisierung im transnationalen Rahmen. Während klassenpolitische Konfliktlinien sich hier bislang in der Regel weiter national manifestieren (vgl. Seeliger 2018), stellt sich die Frage nach der Emergenz einer internationalen Gegenbewegung zur neoliberalen Globalisierung mit anhaltender Dringlichkeit. Oder ist eine Re-Nationalisierung der Demokratie wirklich nur zum Preis einer „negativen Gleichheit nach außen" möglich (Rosanvallon 2017, S. 174)? Dieses zu klären, wird weiterer Untersuchungen – im nationalen wie im internationalen Rahmen – bedürfen.

Literatur

Beck, Ulrich. 1986. Risikogesellschaft. Auf dem Weg in eine andere Moderne. Frankfurt a. M.: Suhrkamp.

Boltanski, L., E. Chiapello. 2003. Der neue Geist des Kapitalismus. Konstanz: UVK.

Brinkmann, U., O. Nachtwey. 2017. Postdemokratie und Industrial Citizenship. Erosionsprozesse von Demokratie und Mitbestimmung. München/Weinheim: Juventa.

Burawoy, Michael. 2015. Public Sociology. Öffentliche Soziologie gegen Marktfundamentalismus und globale Ungleichheit. Weinheim/Basel: Juventa.

Butterwegge, Christoph. 2019. Die zerrissene Republik. Wirtschaftliche, soziale und politische Ungleichheit in Deutschland. Basel/Weinheim: Juventa.

Cubela, Slave. 2017. Wiederentdeckung statt Entdeckungsfahrten« – Anmerkungen zu Oliver Nachtweys »Abstiegsgesellschaft«. *express – Zeitung für sozialistische Betriebs- und Gewerkschaftsarbeit – Ausgabe 01–02/2017.*

Deppe, Frank. 2013. Autoritärer Kapitalismus. Demokratie auf dem Prüfstand. Hamburg: VSA.

Geiselberger, Heinrich, Hrsg. 2017. *Die große Regression: Eine internationale Debatte über die geistige Situation der Zeit.* Berlin: Suhrkamp.

Goes, Thomas. 2017. Abstiegsgesellschaft oder Ausweitung der Kampfzone. Zeitschrift Luxemburg.   https://www.zeitschrift-luxemburg.de/abstiegsgesellschaft-oder-ausweitung-der-kampfzonen/. Zugegriffen: 31. Januar 2023.

Habermas, Jürgen. 2013. Demokratie oder Kapitalismus? Vom Elend der nationalstaatlichen Fragmentierung in einer kapitalistisch integrierten Weltgesellschaft. *Blätter für deutsche und internationale Politik 13(5)*: 59–70.

Holst, H., O. Nachtwey, K. Dörre. 2009. Funktionswandel von Leiharbeit. Neue Nutzungsstrategien und ihre arbeits- und mitbestimmungspolitischen Folgen. Eine Studie im Auftrag der Otto-Brenner-Stiftung. OBS-Arbeitsheft 61. Frankfurt a. M.: Otto-Brenner-Stiftung.

Jörke, D., O. Nachtwey, Hrsg. 2017. Das Volk gegen die (liberale) Demokratie. Leviathan Sonderheft 32. Baden Baden: Nomos.

Lessenich, Stephan. 2018. Die ewige Mitte und das Gespenst der Abstiegsgesellschaft. In *Die Mitte als Kampfzone. Wertorientierungen und Abgrenzungspraktiken der Mittelschichten*, Hrsg. N. M. Schöneck, S. Ritter, 163–178. Bielefeld: Transcript.

Marx, Karl. 1966. Das Kapital, Bd. Berlin: Dietz.

Marshall, Thomas H. 1992. Bürgerrechte und soziale Klassen. Zur Soziologie des Wohlfahrtsstaats. Frankfurt a. M./New York: Campus.

Nachtwey, Oliver. 2009. Marktsozialdemokratie. Die Transformation von SPD und Labour Party. Wiesbaden: VS.

Nachtwey, Oliver. 2016a. Die Abstiegsgesellschaft. Das Aufbegehren der regressiven Moderne. Berlin: Suhrkamp.

Nachtwey, Oliver. 2016b. Die europäische Abstiegsgesellschaft. Zeit online. http://www.zeit.de/politik/deutschland/2016b-05/populismus-europa-frankreich-liberalismus-unglei chheit. Zugegriffen: 3. Juli 2021.

Nachtwey, Oliver. 2018. Germany's Hidden Crisis. Social Decline in the Heart of Europe. New York: Verso.

Nachtwey, O., F. Décieux. 2014. Occupy: Protest in der Postdemokratie. *Forschungsjournal soziale Bewegungen 27(1)*: 75–88.

Pries, L., M. Seeliger. 2012. Transnational Social Spaces between Methodological Nationalism and 'Cosmo-Globalism'. In *Beyond Methodological Nationalism: Social Science Research Methodologies in Transition*, Hrsg. Glick Schiller, Nina et al. (eds.), 219–239. London: Routledge.

Reckwitz, Andreas. 2017. Die Gesellschaft der Singularitäten: Zum Strukturwandel der Moderne. Berlin: Suhrkamp.

Rosanvallon, Pierre. 2017. Die Gesellschaft der Gleichen. Berlin: Suhrkamp.

Seeliger, Martin. 2018. Gewerkschaftspolitik im 21. Jahrhundert. Internationale Perspektiven auf ein umkämpftes Terrain. Wiesbaden: Springer.

Seeliger, Martin. 2019. Kapitalismus, Ungleichheit, Demokratie. Eine Literaturstudie. In *Verhandelte Globalisisierung. Studien zur Internationalisierung von Wirtschaft und Kultur*, Hrsg. Ders, 33–54. Wiesbaden: Springer.

Spencer, Herbert, 2003 [1882]. The Principles of Sociology. New Brunswick and London: Transaction Publishers.

Staab, Philipp. 2019. Digitaler Kapitalismus: Markt und Herrschaft in der Ökonomie der Unknappheit. Berlin: Suhrkamp.

Streeck, Wolfgang. 2013. Gekaufte Zeit. Die vertagte Krise des demokratischen Kapitalismus. Berlin: Suhrkamp.

Streeck, Wolfgang. 2014. Taking Crisis Seriously: Capitalism on its way out. *State e Mercato 100 (1)*: 45–67.

Thelen, Kathleen. 2014. Varieties of Liberalization and the New Politics of Social Solidarity. Boston: Cambridge.

Wimmer, A., N. Glick Schiller. 2002. Methodological nationalism and beyond: nation-state building, migration and the social sciences. *Global Networks 2 (4)*: 301–334.

Flucht in die Vergangenheit. *Retrotopia* von Zygmunt Bauman

Matthias Junge

Der Essay von Zygmunt Bauman „Retrotopia" (2017) beschreibt eine Welt, die unterwegs ist in die Vergangenheit, weil sie Angst vor der in der Gegenwart angelegten Zukunft hat.[1] Diese Welt ist geprägt von einer allgemeinen Orientierungslosigkeit, die dazu beiträgt, in ritualisierter Form Erinnerungen an die Vergangenheit zu aktualisieren, um damit der Gegenwart und der Zukunft zu entfliehen (vgl. Lessenich 2017). Um dieses Argumentationsziel zu begründen, verfolgt Zygmunt Bauman in Form eines Essays einige Thesen, die auch nur in essayistischer Form aufgegriffen werden sollen.

Die erste These, die für das nationalstaatlich geprägte Denken über den Zusammenhang von Staat und Politik ausgesprochen schwierig ist, geht davon aus, dass die Globalisierung die „Trennung von Macht und Politik" (65) befördert (für das hergebrachte Verständnis vgl. Weber 1985 (1922)). Die für die Gründung von Nationalstaaten prägende Einheit von Macht und Politik wird im Zuge von Globalisierungsprozessen aufgegeben, weil die Politik sich in den Augen von Zygmunt Bauman als machtlos erweist. Die eigentliche Macht in seinen Augen haben (vorwiegend ökonomische) Globalisierungsprozesse, die zu einer weitreichenden Vereinheitlichung, zu einer Durchsetzung einer verallgemeinerten Angst vor der Zukunft beitragen.

Dies hat Bauman bereits früher (vgl. 1999), in seiner Auseinandersetzung mit der Globalisierung gezeigt. Später hat er für Globalisierung die weltweite

---

[1] Wenn im Folgenden nur Seitenzahlen angegeben werden, so beziehen sich diese immer auf: Bauman, Zygmunt (2017): Retrotopia. Berlin: Suhrkamp (das englische Original erschien ebenfalls 2017 als Retrotopia bei Polity Press (Cambridge)).

M. Junge (✉)
Universität Rostock, Rostock, Deutschland
E-Mail: matthias.junge@uni-rostock.de

© Springer Fachmedien Wiesbaden GmbH, ein Teil von Springer Nature 2023   193
S. Farzin und H. Laux (Hrsg.), *Soziologische Gegenwartsdiagnosen 3*,
https://doi.org/10.1007/978-3-658-41328-6_16

Zweiteilung der sozialen Strukturen diagnostiziert. Die Spannung zwischen den Haves und Havenots. Auf nationalgesellschaftlicher Ebene wiederholt sich das als Spannung zwischen Konsumierende einerseits, und andererseits den zum Notwendigkeitskonsum im Sinne von Bourdieu verurteilten (vgl. 2000; dt. 2003) und mit Repression belegten.

Die zweite These ist, dass Angst vor der Zukunft insbesondere mit den Mitteln des Tribalismus (74) angenommen wird. D. h., der Tribalismus ist die Sehnsucht nach einer gemeinschaftlichen Zuordnung in Gesellschaften, die aber der gesellschaftlichen Konstitution des Individuums zuwiderläuft. Stämme sind eine kleine Form von Gemeinschaften in Gesellschaften, mit dem Ergebnis, sich aufgehoben zu fühlen. Der Tribalismus ist in den Augen von Zygmunt Bauman zu einer treibenden Kraft der gesellschaftlichen Gestaltung in der Gegenwart geworden.

Man kann diese Form des Tribalismus in den unterschiedlichsten Nationen erkennen. Man kann es in Deutschland erkennen, wenn die Diskussion geführt wird, wer als Deutscher zu betrachten ist. Man kann es in Amerika erkennen, wenn man die massiven Gewalteinsätze gegen Schwarze zugrunde legt, die die tribalistischen Impulse einer ursprünglich nicht weiß dominierten Gesellschaft zum Ausdruck bringen. Man kann dies in China erkennen, wenn man sich die Politik der chinesischen Regierung gegenüber den Uiguren ansieht. Man kann es weiterhin erkennen, wenn man die Vergeblichkeit von Bemühungen erkennt, sich angesichts von bspw. Corona-bedingten Krisen international zu verständigen, denn faktisch waren die Lösungsversuche nationalstaatliche Lösungsversuche, die das eigene Territorium und die eigene Bevölkerung vor dem Virus zu schützen suchten, in der dunklen Ahnung, dass gerade das nicht möglich ist, weil dieses Naturphänomen vor den kulturell etablierten nationalen Grenzen keinen Halt macht. Mit dem Auftauchen des Virus brach nicht zum ersten Mal in der Geschichte der Kampf zwischen Natur und Kultur aus. Wenngleich zuletzt oftmals die Kultur die Oberhand gewann, die Gefahr einer empfindlichen Niederlage steht beständig im Raum. Denn „Siege" der Kultur sind teuer erkauft. Die Anzahl der Corona-Toten spricht Bände. Sie könnte ohne Probleme durch die Anzahl der Toten während der Spanischen Grippe von 1918/19 ergänzt werden. In beiden Fällen hat die Kultur nur scheinbar „gesiegt", weil „die" Natur auf einige Wirte aus dem „Naturmaterial" des Kulturbereichs angewiesen ist, anders die weitere Verbreitung des Virus nicht möglich ist. Der Grundsachverhalt jedoch bleibt: Die Naturalisierung der Kultur ist unvermeidlich.

Und damit wird zum Dritten eine weitere Form der Bearbeitung der Angst vor der Gegenwart und Zukunft etabliert: Politik – schon entmachtet – wird nun „in die Sphäre kollektiver Erinnerung verlagert" (79). Das bedeutet, die ursprünglich mit Politik assoziierte Handlungsfähigkeit und Handlungsmächtigkeit weicht der Etablierung eines imaginierten Raumes, indem vor allem Erinnerungen an ehemalige machtvolle Handlungsfähigkeiten der Politik des Nationalstaats zum Tragen kommen. Es ist gerade die Trennung von Macht und Politik, die zu einem Erstarken der Erinnerung an die „gute alte Zeit" führt, weil nur in diesen noch Sicherheit angesichts ungesicherter Zukunft möglich erscheint. Es sind erfundene Erinnerungen, die zu einer scheinbaren Stabilisierung in der Fragilität beitragen sollen. Ein idealer Ansatzpunkt für das Leerlaufen der Aktivitäten der Politik, denn abgetrennt von der Macht agiert auch Politik nur noch zum Schein. Die Zahl wichtiger und dringlich gesellschaftlicher Probleme – nur als Beispiel seien der Klimawandel, die Migrationsproblematik und zunehmende Gewalt in gesellschaftlichen Verhältnissen genannt – steigt beständig an. Aber die Versuche der Problemlösung bleiben Scheinlösungen, die Simulation politischer Aktivität.

Und das führt umgehend zu einer Besonderheit, die in nationalstaatlichen gesellschaftlichen Organisationsformen bedeutsam wurde, gesellschaftliche Integration setzt dort voraus, dass es Separation gibt. Also Integration beruht im Prinzip auf den Möglichkeiten zur Trennung, zur Abtrennung, zur Unterscheidung von verschiedenen zur Integration benötigten Teilen. Und „daher besteht die gegenwärtige Herausforderung in nichts Geringerem als darin, zum allerersten Mal in der Geschichte der Menschheit Integration ohne vorausgegangene Separation zu ermöglichen." (196) Das ist eine hoffnungserweckende Aussicht, die jedoch in einer Gesellschaft durchgesetzt werden muss, die Integration scheinbar nur auf der Grundlage von Separation leisten kann. Die Aussichten, dass genau diese Herausforderung mit Erfolg bewältigt werden kann, sind gering. Stark hingegen sind die Kräfte, die zu einer fortdauernden Separierung, Ghettobildung, Isolierung, Abgrenzung und Abschottung beitragen. Gated Communities sind ein Beispiel für selbstgewählte Isolation hinter den nur scheinbar schützenden Mauern, Zäunen oder Einlasskontrollen. In ihnen kehrt die Idee der Separation in Reinform wieder: Trennen, um Identität oder einen Lebensstil zu gewinnen. Aber, dass Identität nur in der Vermischung, Durchmischung oder „Unreinheit", der Hybridität zu gewinnen ist, dass ist diesem Versuch unbekannt (vgl. Junge 2015). Das sind die vier zentralen Thesen, die Zygmunt Bauman in dem Buch „Retrotopia" verfolgt. Was ist zu den Thesen im Einzelnen zu bemerken. Die erste These einer gegenwärtig anzutreffenden Differenz von Macht und Politik angesichts von Globalisierungsprozessen ist einerseits eine zentrale Einsicht, denn sie benennt sehr zurecht die Entmachtung nationalstaatlicher machtgestützter Politik durch Prozesse der Globalisierung. Es sind insbesondere ökonomische Prozesse der Globalisierung, die zur Entmachtung der Regulation ökonomischer Verhältnisse im Rahmen von Nationalstaaten geführt haben. Gleichwohl sind die Nationalstaaten eingebunden in ein Geflecht übergeordneter bspw. europäischer Politikgefüge, wie z. B. der Europäischen Union, die dazu führen, dass die Globalisierung politisch nicht mehr aufgehalten werden kann. Das bedeutet, die Politik ist nicht mehr in der Lage, ökonomischen Globalisierungsprozessen etwas entgegen zu setzen. Diese durchgreifende Ökonomisierung gesellschaftlich-politischer Verhältnisse zerstört die ursprüngliche Lebendigkeit gesellschaftlicher Verhältnisse, wie sie etwa von Jürgen Habermas als Grundlage lebensweltlicher Orientierung skizziert wurden. (Habermas 1981).

Gesellschaftliche Verhältnisse werden zu ökonomischen Verhältnissen. Damit sind die Möglichkeiten des Nationalstaates endgültig an ihre Grenzen gekommen. Die Muster nationalstaatlicher Integration sind obsolet geworden und Integration kann dann nur noch auf übergeordneter Ebene stattfinden und das heißt zuletzt, Integration ist nur noch möglich auf der Ebene einer weltgesellschaftlichen Integration, die weit noch über die Möglichkeiten einer europäischen Integration hinausweist.

Wenn man auf die zweite These sieht und betonen möchte, dass es zu einer Wiederbelebung stammesförmig organisierter Kulturen also auch zu einer Wiederbelebung des Tribalismus kommt, so lässt sich dies an den verschiedensten Formen des Populismus verdeutlichen.

Ganz unabhängig davon, in welche Länder wir hineinsehen, derzeit wird die Welt mit einer Vielzahl von populistischen Bewegungen überschwemmt, ohne eine Idee davon zu haben, wie man diesen etwas entgegensetzen kann. Populismus ist nichts anderes als der Versuch, sich den Unsicherheiten in der Transformation von Lebensbedingungen zu entziehen, indem man sich auf den eigenen Stamm zurückbeziehen zu können glaubt. Diese Hoffnung erweist sich jedoch bei einem genaueren Studium tribalistischer Kulturen und insbesondere populistischer Strategien angesichts von Unsicherheit als ausgeschlossen bzw. als hoffnungslos. Hier hat Bauman in Übereinstimmung mit vielen anderen Autoren, bspw. mit den Überlegungen von Andreas Reckwitz (vgl. 2017) die sozialen Gefahren des Populismus herausgearbeitet.

Ebenso offensichtlich sind Tendenzen in der Erinnerung zu leben, um eine Identität zu gewinnen angesichts der identitätsgefährdend erscheinenden Gegenwart und Zukunft. Das ist ein klares Muster der wieder erstarkenden kollektiven Erinnerungen. Das Einzige, was gesellschaftlich umstritten ist, was zu diesen kollektiven Erinnerungen zählen kann. Populistische Bewegungen treffen dabei eine „einseitige" Auswahl, indem sie nur bestimmte Ereignisse als Elemente einer Erinnerungskultur überhaupt zulassen. Dadurch wird diese selektive Erinnerungskultur ein Motor zur Etablierung einer eigenen Identität in rückwärtsgewandter Weise. Das ist eine ausgesprochen problematische Entwicklung. Die Zeit wird zeigen, ob die etablierten politischen Parteien angesichts ihrer Machtlosigkeit mit solchen populistischen Herausforderungen werden umgehen können. Die Aussichten dafür sind im Moment ausgesprochen schlecht.

Und damit ist man beim vierten Merkmal seiner Überlegungen, die Hoffnung, dass es eines Tages möglich wird, Integration ohne vorausgehende Separation zu etablieren. Bei dieser Idee treten eine ganze Menge soziologischer Einwände zutage, die die Hoffnung auf eine Integration ohne Separation als unwahrscheinlich erscheinen lassen. Ein schöner Beitrag, um zu zeigen, in welchen Kontexten Separationen, d. h. Trennungen wichtig sind oder wichtig erscheinen, zur Etablierung einer vermeintlich klaren Identität, sind insbesondere die Beiträge von Wendy Brown (vgl. 2018) zur Bedeutung von Mauern in sozialen Kontexten.

Nicht erst seit Trumps Idee einer Mauer zwischen den USA und Mexiko wird die imaginierte (vgl. Castoriadis 1984) Bedeutung von Mauern für die gesellschaftlich-politische Identität diskutiert. Browns Beitrag zur Geschichte und zur Vielzahl von Mauern zeigt, dass moderne Identität auf der Idee von Vermauerung aufbaut. Die von Wendy Brown vorgestellte Vielzahl von Mauern wie auch von Zäunen, die der Anfang einer Einmauerung sind, zeigen, dass die Hoffnung auf Integration ohne Separierung vermutlich überschießender Optimismus ist.

Und der Untertitel ihres Buches trägt die zentrale These hierzu vor: „Die neue Abschottung und der Niedergang der Souveränität." (Brown 2018). Auch Mauern sind nur scheinbarer Ausdruck von Souveränität. Vielmehr sind sie Ausdruck der Fragilität des dahinter nur vermeintlich Geschützten. Mauern scheinen ein unvermeidliches Vehikel für eine Schein-Identität zu sein. Schein-Identität, weil sie scheinbar Sicherheit verspricht, dieses Versprechen aber angesichts der unvermeidlichen Fragilität von Identität nicht halten kann. „Wir können hinzufügen, daß gerade diese Flüchtigkeit und scheinbar problemlose Entsorgung individueller Identitäten in der gegenwärtigen Kultur als Kennzeichen individueller Freiheit gilt." (Bauman 2007: 167) Identität wird konzeptionell durch Freiheit ersetzt. Aber am Grundsachverhalt der Angst auslösenden Fragilität ändert sich damit nichts. Denn auch Freiheit ist eine Illusion angesichts von Verführung und Repression als Kontrollformen der Postmoderne (Junge 2006: 90).

Der Welt, „der das Flüchtige zur Bedrohung wird – auf die sie, wie auch anders, mit der Bestätigung und Verstetigung des Bestehenden reagiert. Falsche, aber beruhigende Gewissheiten werden in Anschlag gebracht" (Lessenich 2017: 10). Die Reise in die vermeintlich „gute alte Zeit" kann angetreten werden. Scheinbare Gemeinschaften etablieren die vermeintliche Erinnerung und lassen Surrogate „wirklicher" Gemeinschaft(en) wirksam werden. Aber sie verstärken die Angst vor dem was ist und kommt.

Wenn man das alles zusammennimmt, so sind die Analysen von Bauman ein wichtiger Hinweis, um sich mit populistischen Entwicklungen als Abkehr von der Gegenwart und Zukunft auseinander zu setzen. Andererseits sind sie zu optimistisch in der Auseinandersetzung, indem sie auf Triebkräfte setzen, deren gesellschaftliche Durchsetzungsfähigkeit kaum noch gegeben ist.

Denn die Haupttendenz seiner Überlegungen ist, dass es eben zu einer Trennung von Macht und Politik im Zuge von Globalisierungsprozessen gekommen ist. Diese Trennung kann nicht mehr rückgängig gemacht werden. Denn Trennung ist der Differenzierungstheorie ein unumkehrbares Merkmal. Anders: Getrenntes kann nicht mehr zu einer Einheit werden. Und weil sie nicht mehr rückgängig gemacht werden kann, erweist es sich als fatal, dass moderne Gesellschaften unter den Bedingungen von Globalisierung von dieser aufgerieben werden, ohne dem etwas entgegen setzen zu können.

Mit dem Erscheinen der deutschen Übersetzung von „Retrotopia" im Todesjahr von Zygmunt Bauman wird das Vermächtnis einer auf Emanzipation zielenden Soziologie zum Ausdruck gebracht: Trotz aller scheinbaren Aussichtslosigkeit des Unterfangens bleibt nichts anderes, als für die Zukunft zu streiten, um nicht in der Vergangenheit zu enden.

Literatur

Bauman, Zygmunt (2007): Leben in der Flüchtigen Moderne. Frankfurt am Main: Suhrkamp.

Bauman, Zygmunt (2017): Retrotopia. Berlin: Suhrkamp.

Brown, Wendy (2018): Mauern. Die neue Abschottung und der Niedergang der Souveränität. Berlin: Suhrkamp.

Castoriadis, Cornelius (1984): Gesellschaft als imaginäre Institution. Entwurf einer politischen Philosophie. Frankfurt am Main: Suhrkamp. (Orig. 1975)

Habermas, Jürgen (1981): Theorie des kommunikativen Handelns. 2 Bde. Frankfurt am Main: Suhrkamp.

Junge, Matthias (2006): Zygmunt Bauman: Soziologie zwischen Moderne und Flüchtiger Moderne. Eine Einführung. Wiesbaden: VS Verlag für Sozialwissenschaften.

Junge, Matthias (2015): Hybridität als Vergangenheit und Zukunft der Vergesellschaftung – eine Erkenntnischance der Gegenwartsanalyse. In: Thomas Kron (Hg.): Hybride Sozialität – soziale Hybridität. Velbrück: Weilerswist, 2015, S.171–185.

Lessenich, Stephan (2017): Flüchtiger Moderner. Er erklärte das 20. Jahrhundert – und die beunruhigende Gegenwart. Zum Tode des Soziologen Zygmunt Bauman. In: Süddeutsche Zeitung, Mittwoch, 11. Januar 2017, Nr. 8, S. 10.

Reckwitz, Andreas (2017): Die Gesellschaft der Singularitäten. Zum Strukturwandel der Moderne. Berlin: Suhrkamp.

Weber, Max (1985): Wirtschaft und Gesellschaft. Grundriss der verstehenden Soziologie. (Besorgt von Johannes Winckelmann) Tübingen: Mohr., (Orig. 1922)

Zahlen machen Leute. *Das metrische Wir. Über die Quantifizierung des Sozialen* von Steffen Mau

Sandra Matthäus

1   Einführung

Steffen Maus Studie adressiert eine mittlerweile viel diskutierte Entwicklung in unseren westlichen (spät-)modernen Gesellschaften: die Ausbreitung von Praktiken des Wertens und Bewertens. Gemeint sind damit so mannigfaltige Verfahren wie Hochschulrankings, Zufriedenheitsfeedbackabfragen, aber auch Bewertungsportale im Internet, Selbstvermessungstechniken sowie nicht zuletzt die fast schon ikonographisch gewordene Vergabe von „Likes" und ihren Äquivalenten in den sozialen Medien. Bewertungen stellen somit ein gesellschaftliches Phänomen dar, welches nunmehr fest verankerter Bestandteil unserer alltäglichen Lebenspraxis geworden ist, sei es im Beruf, in der Freizeit oder beim Einkaufen. Bewertungen hat es aber auch schon vorher gegeben – am deutlichsten sichtbar und ausgeprägtesten sicherlich im Rahmen staatlicher Bildungsinstitutionen, in denen es in der Regel selbstverständlich ist, schulische Leistungen mittels einer Notenskala zu bewerten. Und auch wir selbst nehmen permanent informale oder implizite Bewertungen im Sinne von Lebensstilentscheidungen vor, die der französische Sozial- und Gesellschaftstheoretiker Pierre Bourdieu im Begriff des „Geschmacks" zusammenfasste und als zentrales Scharnier des (Re-)Produktionsprozesses sozialer Ungleichheit konzeptualisierte (z. B. Bourdieu 1987, siehe auch Matthäus 2017). Neu an den hier im Mittelpunkt stehenden Bewertungsverfahren ist also nicht, dass sie überhaupt Bewertungen vornehmen, sondern der Grad ihrer Explizitheit und Formalisierung und, für Mau besonders wichtig, deren metrischer Modus. Mau leistet damit einen Beitrag zu der

S. Matthäus (✉)
Christian-Albrechts-Universität Kiel, Kiel, Deutschland
E-Mail: matthaeus@soziologie.uni-kiel.de

© Springer Fachmedien Wiesbaden GmbH, ein Teil von Springer Nature 2023   199
S. Farzin und H. Laux (Hrsg.), *Soziologische Gegenwartsdiagnosen 3*,
https://doi.org/10.1007/978-3-658-41328-6_17

sich seit knapp zehn Jahren herausbildenden Soziologie der Bewertung, als deren Gründungsmoment der von Michèle Lamont 2012 erschienene Artikel „Toward a Comparative Sociology of Valuation and Evaluation" sowie das 2013 ins Leben gerufene Fachjournal „Valuation Studies" gelten kann.[1] Gerade vor dem Hintergrund der Zentralität von Bewertungsfragen im Bourdieuschen Oeuvre ist dabei bemerkenswert, dass Analysedimensionen wie Macht und Herrschaft, insbesondere auch im Sinne sozialer Ungleichheit, dabei bislang eine vergleichsweise geringe Rolle spielten[2] – eine Lücke, die auch den Einsatzpunkt für Maus Untersuchung darstellt. „Das metrische Wir. Über die Quantifizierung des Sozialen" adressiert somit sowohl die Sozialstrukturanalyse bzw. empirische Ungleichheitsforschung, welche die Entwicklungen in diesem Bereich „möglicherweise nicht verschlafen, aber bislang doch wenig beachtet hat" (Mau 2018, S. 274) als auch die Soziologie der Bewertung, die sich bislang zu sehr auf „die Beschreibung und Rekonstruktion [sich] immer wieder unterschiedlicher Bewertungsformen" (Mau 2019, S. 126) konzentriert habe und insofern nicht deren „Grundmodi, Verbreitung, soziale Wirkweise und [...] Ungleichheitseffekte belegen, beschreiben und erklären" könne. Mau synthetisiert dabei unterschiedlichste Formen der Bewertung – von Rankings und Ratings in der Wissenschaft und Finanzwelt, über Scorings und Screenings im Versicherungswesen und Arbeitsmarkt, den mannigfaltigen Bewertungsportalen in der digitalen Welt, hin zu Selbstvermessungstechniken im Gesundheits- und Freizeitbereich sowie der Arbeitswelt – im Hinblick auf ihren quantifizierenden Modus und ihrer damit verbundenen Effekte auf das „Statusregime" unserer Gesellschaft(en), womit er deren Wertigkeits- und Ungleichheitsordnung meint (Mau 2017, S. 258). Thematisch schließt er so an seine bisherigen Arbeiten im Bereich der quantitativ operierenden Sozialstrukturforschung und Ungleichheitssoziologie an, in denen die Transformation der Lage der Mittelschichten bezüglich deren zunehmender Statusinstabilität einen besonderen Schwerpunkt darstellt (z. B. Mau 2012; Schimank et al. 2014).

---

[1] Siehe bspw. Anthal et al. (2015), Cefai et al. (2015) oder Peetz et al. (2016).

[2] Durch die sehr spezifische Perspektivierung des Boudieuschen Oeuvres in Lamonts Artikel und daran anschließender v. a. kultursoziologischer und pragmatistisch ausgerichteter Arbeiten, kann dieser jedoch zugleich auch als mitverantwortlich dafür angesehen werden, dass eine macht-/herrschafts- und derart v. a. auch ungleichheitssoziologische Perspektive im Rahmen der „Valuation Studies" bislang ein eher marginales Dasein führte. Für erste Thematisierungen dieser Verschränkung siehe jedoch Matthäus (2017, 2019).

2 Diagnose

Im Mittelpunkt von Maus Betrachtungen steht also die „Quantifizierung des Sozialen" (Mau 2017, S. 16),[3] worunter er die Zunahme von daten- und indikatorbasierten Formen der Bewertung und Kontrolle versteht, also die zunehmende Bewertung von allem und jeder bzw. jedem mittels quantitativer Daten, die uns weiter in eine „Bewertungsgesellschaft" (ebd.) im Sinne einer „Gesellschaft der allgegenwärtigen Soziometrie" (S. 10) führe, die für ihn das „metrische Wir" darstellt (ebd.). Quantifizierung setze damit auf eine zunehmende Verzahlung gesellschaftlicher Kommunikationsprozesse, also auf die Übersetzung von Eigenschaften und Beschaffenheiten sozialer Phänomene bzw. Sachverhalte in eine als allgemein, abstrakt und universell angesehene anschlussfähige Sprache der Zahlen, die in der Lage sei, eine übersichtliche und komplexe Welt in eine Welt zu transformieren, in der eindeutige Ordnungsverhältnisse von größer und kleiner, mehr und weniger, besser und schlechter herrschten. Zahlen besäßen dieses Potenzial, da ihnen, so Mau, in sich als rational und aufgeklärt verstehenden Gesellschaften Eigenschaften wie Präzision, Eindeutigkeit, Nachprüfbarkeit und Neutralität zugeschrieben werden und sie es somit besonders effektiv ermöglichten, Wissen und Praktiken zu entlokalisieren und auf einer abstrakteren Ebene neu zu kombinieren, sodass bislang Unvergleichbares vergleichbar gemacht werden könne (S. 27 ff.). Zahlen seien jedoch alles andere als neutral, denn in sie würden Vorentscheidungen darüber eingehen, was wie als relevant, wichtig und wertvoll angesehen wird, sodass sie eben nicht nur Werte und somit eine spezifische Wertigkeitsordnung abbilden, sondern diese „re-kreieren", womit sie eine Realität „sui generis" darstellten (S. 10). In dieser Hinsicht stellten Quantifizierungen besonders „manifeste Formen" (S. 29) von „Valorisierung[en]" (S. 16) dar, worunter Mau sowohl soziokulturelle Praktiken der Inwertsetzung, also der Aufladung von etwas mit Wert, subsummiert, als auch Praktiken der Wertfestsetzung und -feststellung, sowie jene, bei denen Wertigkeiten herausgefordert, provoziert und verhandelt werden (S. 15 f.).

Als Motoren dieser Entwicklung weist er sowohl den Prozess der Digitalisierung als auch den der voranschreitenden Ökonomisierung aus, mit der die Verzahlung der Gesellschaft eine neue Qualität erreicht habe (S. 40). Mit Digitalisierung meint Mau insbesondere die neuen Möglichkeiten der Sammlung, Speicherung, Verknüpfung und Analyse von Daten, in anderen Worten, Datafizierung, die heute in Bezug auf alle möglichen Lebensbereiche stattfände und

---

[3] Wenn nicht anders angegeben, beziehen sich Seitenzahlen im Folgenden auf diese Arbeit.

mittlerweile den wichtigsten Rohstoff unserer Informations- und Wissensöko-
nomie bereitstelle (S. 40 ff.). Ökonomisierung, worunter Mau das Übertragen
typisch ökonomischer Operationsweisen auf andere gesellschaftliche Bereiche
versteht (S. 42), fungiere dabei als jener Prozess, der dieses spezifische Sammeln
und Verarbeiten von Daten formatiert, also angibt, wie diese genutzt werden. Die
in den ideologischen Megatrend des Neoliberalismus eingebettete Entwicklung
gehe dabei mit der Implementation von neuen Governancemodellen einher, die
für einen Rückzug des Staates und dezentralisierte Steuerungspraktiken und somit
für erhöhte Rechenschaftspflichten insbesondere im Hinblick auf (Bewertungs-)
Kriterien wie Effizienz und Leistungsfähigkeit stünden sowie dafür, wettbe-
werbliche und auf Eigenverantwortung setzende Formen des Miteinanders zu
implementieren, wobei insbesondere auf die Sprache der Zahlen gesetzt würde
(S. 42 ff.). Die damit einhergehenden Indikatoren wiesen dabei eine enorme
„Anreiz- und Lenkwirkung" (S. 45) auf, sodass sie einen besonders effektiven
Hebel darstellten, „um Anpassungs- und Leistungsbereitschaften auszulösen" –
einer der für Mau entscheidendsten Konsequenzen der Bewertungssysteme auch
und gerade im Hinblick auf Statusfragen, auf die er kontinuierlich verweist.

Die damit einhergehenden quantifizierenden Bewertungssysteme beruhten
dabei, wie alle Bewertungen, auf der sozialen Operation des Vergleichs,[4] die
derart gestärkt werde, sodass sich ein „gesellschaftliches *Vergleichsdispositiv*"
(S. 18; Hervorhebung i. O.) herausbilde. Entscheidend dabei sei, dass Vergleiche
stets auf einer Gleichheitsunterstellung bei gleichzeitiger Differenzierung beru-
hen. Dies bedeute, dass Vergleiche auf der Annahme fußen, dass überhaupt etwas
miteinander vergleichbar – kommensurabel – ist, sodass Vergleichbarkeit als
gesellschaftliches Produkt anzusehen und folglich auch historisch und soziokul-
turell kontingent ist. In Bezug auf die miteinander als vergleichbar angesehenen
Entitäten finden dann stets Differenzbeobachtungen statt, was bedeutet, dass vor
dem Hintergrund eines gemeinsamen Maßstabes – hier typischerweise aus dem
ökonomischen Bereich stammende Kriterien – diese somit wieder unterschieden
werden, Vergleiche also stets Differenzen statt Gemeinsamkeiten betonen. Im
Rahmen der Quantifizierung nun würden vormals nominale Differenzen in Zahlen
ausgedrückt. Diese können zum einen aufgrund der vermeintlichen Eindeutigkeit der durch Zahlen hergestellten Relationen leichter in abstufende Rangfolgen
gebracht werden, sodass letztlich eben nicht nur Differenzen, sondern insbesondere auch Hierarchien betont würden. Zum anderen ermöglichen sie eine leichtere
Betrachtung der Phänomene unabhängig ihres Kontexts und damit auch ihrer
Besonderheiten (S. 52 ff.).

---

[4] Siehe hierzu im Speziellen auch Heintz (2016).

Die Gesellschaftsmitglieder orientierten sich an den Ergebnissen derartiger Vergleiche in Form der mannigfaltigen quantifizierenden Bewertungsverfahren, passten sich also typischerweise den Kriterien dieser v. a. deshalb an, da Menschen, so Mau, als „anthropologische Konstante" (S. 49) nach einem positiven Selbstbild im Sinne einer „ganz normalen Sorge um den Selbstwert" (S. 276) strebten, der vom Vergleich mit und der Bewertung von anderen Gesellschaftsmitgliedern abhinge. Verstärkt würde dies durch die sich ausbreitende Statusangst in der Gesellschaft, insbesondere in den statusunsicher gewordenen Mittelschichten, die über die Orientierung an diesen Bewertungssystemen sich einerseits ihres Status vergewissern und sich andererseits darüber informieren wollen, was sie tun müssen, um ihren Status zu halten, zu verbessern oder wenigstens nicht zu verschlechtern. Dies würde jedoch die Statuslabilität weiter vorantreiben, da Erfolg in der Bewertungsgesellschaft zu einem relationalen Phänomen werde, sodass der eigene Status nicht mehr nur vom eigenen Verhalten, sondern v. a. auch vom Verhalten der Anderen abhinge (S. 66 ff.). Durch die Quantifizierung des Sozialen gewinne daher auch ein „kompetitive[r] Modus der Vergesellschaftung" an Gewicht (S. 65). Derart bestünde eine enge Verbindung zwischen Quantifizierung, Statusvergleich und gesellschaftlichen Wettbewerb, der letztlich die neue Wertigkeits- und Ungleichheitsordnung hervorbringe. Entscheidend ist dabei für Mau, dass die quantifizierenden Bewertungsverfahren Statuszuweisungsfunktionen übernehmen, also über den Zugang zu Handlungsmöglichkeiten, Ressourcen und Leistungen entscheiden, wobei auch die Transzendenz von Feld- oder Systemgrenzen eine wichtige Rolle spielt. Ein paar Beispiele:

Im Rahmen von Universitätsrankings – sicherlich eines der am besten untersuchten Phänomene innerhalb der Soziologie der Bewertung[5] – werden Lehr- und Forschungseinrichtungen vor dem Hintergrund von Kriterien, die typisch für angelsächsische Forschungseinrichtungen sind, wie etwa Publikations-, Drittmittel- oder ökonomische Verwertungsaktivitäten, miteinander verglichen und sodann hierarchisch geordnet, wobei die Ergebnisse erheblichen Einfluss darauf hätten, Finanzmittel zu erwerben, Kooperationen zu realisieren oder bestimmte Wissenschaftler*innen und Studierende zu gewinnen (S. 85 ff.). Länderratings vergleichen die Bonität von Staaten, an denen deren Möglichkeit hängt an den internationalen Finanzmärkten Kapital zu akquirieren, wobei Arbeitsmarktflexibilisierungen und Privatisierung staatlicher Betriebe oder kollektiver Güter als die Bonität positiv beeinflussend angesehen werden (S. 101 ff.). Kreditscoringverfahren, die dann auf Individualebene oftmals auch mithilfe von

---

[5] Besonders instruktiv etwa Sauder und Espeland (2009).

algorithmischen Verfahren die Kreditwürdigkeit ermitteln, werten etwa (anhaltende) Kreditschuldenfreiheit negativ und beeinflussten nicht nur die Möglichkeit
der Aufnahme eines Kredites samt dessen Konditionen, sondern auch die
Gewährung oder Verweigerung von Vergünstigungen etwa bei Hotelübernach-
tungen und würden überdies auch auf Datingplattformen als Kriterium genutzt
(S. 108 ff.). Ähnliches gilt für die Scoring- und Screeningverfahren, die im
Gesundheits- und Mobilitätsbereich zur Anwendung kommen, da diese nicht
nur personalisierte Tarife ermöglichten, sondern auch Rekrutierungs- und Wei-
terbeschäftigungsmöglichkeiten in der Arbeitswelt beeinflussten sowie ebenfalls
die Partnersuche informierten (S. 115 ff.). Und auch die Bewertungsverfahren
zur Abfrage von Zufriedenheitsfeedbacks im Dienstleistungsbereich, die sich auf
einzelne Arbeitnehmer*innen beziehen, würden ebenso Einfluss auf Vertrags-
verlängerungen und ähnliche Entscheidungen nehmen, sodass die permanenten
Kundenbewertungen von Feedbackschleifen zur Verbesserung des Service oder
die Einschätzung von Kolleg*innen zur Verbesserung der Arbeitsleistung schnell
„zu Tretmühlen eines nicht enden wollenden Wettbewerbs" werden können
(S. 144). Dies treffe auch auf die vielfältigen Möglichkeiten der quantifizierenden Selbstbeobachtung via digitaler Technologien zu, die zwar einerseits
Chancen zu mehr Selbstwissen und Selbststeuerung ermöglichten, andererseits
aber auch neue Möglichkeiten der Überwachung und Kontrolle darstellten. Dies
liege bspw. darin begründet, dass zum einen aufgrund der Weiterverwendung
der Nutzer*innendaten durch die Anbieter*innen dieser Technologien (neue)
Durchschnittswerte und Idealbilder etwa im Hinblick auf Gesundheit und Leistungsfähigkeit entstünden, die dann in der Privatwirtschaft zur Grundlage von
(Weiter-)Beschäftigungsmöglichkeiten werden können (S. 252 f.) und zum anderen darin, dass Unternehmen die Bereitstellung oder Bezahlung bestimmter
Gesundheits- und Sozialleistungen an die Erfüllung von Leistungsvorgaben binden, die unter Rückgriff auf die Selbstvermessungsverfahren ermittelt werden
(S. 181). Derart würden auch professionsinterne Standards verdrängt und es
komme zu „erhebliche[n] Machtverschiebungen" (S. 141) zwischen Professionellen und deren Klient*innen (S. 151 ff.). So würden etwa in die „Sterne- und
Punktbewertungen" (S. 139 ff.) von Ärztinnen und Ärzten auf digitalen Bewertungsportalen, die auf die Bewertungslogik in den sozialen Medien zurückgingen
und so dem „Dispositiv des Mehr" (S. 160) unterlägen, nicht zwingend nur fachliche Kompetenzüberlegungen einfließen, sondern auch das Abschneiden anhand
von Kriterien wie Wartezeiten, vorhandene Parkmöglichkeiten oder telefonische
Erreichbarkeiten, wobei dennoch mittlerweile „nicht wenige Kliniken [...] vor
der Rekrutierung einer Medizinerin zunächst die gängigen Plattformen konsul-
tieren" würden (S. 157). In der Wissenschaft dann würden nicht nur Ranking-,

sondern auch Scoringverfahren wie etwa der *H-Index* innerprofessionelle Gütebe-stimmungen etwa im Hinblick auf Rekrutierungsentscheidungen verdrängen als auch das professionelle Handeln insofern verändern, als dass es nicht mehr um eine Erweiterung des Wissens und ein Ringen um Erkenntnis ginge, sondern lediglich um eine Erweiterung dessen, was die Scores als gute wissenschaftliche Arbeit ausweisen würden (S. 127 ff.).

Die neue Wertigkeitsordnung bestünde derart darin, dass Wert zunehmend nur noch zahlenförmig imaginiert werden kann und nur noch das als gesamt-gesellschaftlich oder bereichsspezifisch wertvoll angesehen werden kann, was in den Bewertungsverfahren reduktionistischerweise als wertvoll ausgewiesen wird (S. 13 f., 285). Die damit zusammenhängende neue soziale Ungleich-heitsordnung zeichne sich, so Mau unter Rückgriff auf Bourdieus Konzept der „‚Benennungsmacht'" (S. 185), dann zum einen dadurch aus, dass der Staat im Hinblick auf die Zuweisung von sozialen Plätzen mittels seiner Vergabe von Titeln und Ämtern immer mehr zurückgedrängt werde und demgegenüber die quantifizierenden Bewertungsverfahren inklusive ihrer Algorithmen, die „in Syn-tax überführte Manifestationen von Benennungsmacht" (S. 204) darstellten, an Einfluss gewinnen, sodass als die neuen Agent*innen der Benennungsmacht die Programmierer*innen, ihre Auftraggeber*innen sowie auch die Anwender*innen gelten können. Zum anderen entstünden zusätzlich zu den „materiellen Ungleich-heiten und entsprechenden kulturellen Distinktionspraktiken" nun zunehmend „numerische[] Ungleichheiten", sodass heute gelte: „‚Zahlen machen Leute'" (S. 257 f.). Das sich so herausgebildete „metrische Wir" (S. 273) sei dabei kein solidarischer Verband, sondern ein „*Kollektiv der Ungleichen*" (ebd.; Her-vorhebung i. O.), in dem Individuen im Hinblick auf spezifische Leistungsziele im Rahmen der quantifizierenden Valorisierungspraktiken gegeneinander anträten (S. 273 f.), die systematisch Differenzen überzeichneten und derart den Blick für Gemeinsamkeiten und Ähnlichkeiten schwächten (S. 285). Somit sei es auch immer schwerer, „Gussformen für solidarische Kollektivierung" (S. 272) zu finden. Derart stellt die Bewertungsgesellschaft, wie sie Mau zeichnet, eine „Kon-kurrenzgesellschaft" (Mau 2018, S. 288) dar, in der die Gesellschaftsmitglieder nur noch für sich um Leistungsvorsprünge und somit um soziale Rangplätze kämpften, nicht mehr jedoch um Macht oder etwa Verteilungsgerechtigkeit (ebd.).

3   Diskussion

Steffen Maus „im Ton warnendes Buch", das „als passionierter Aufruf zur empirischen Wachsamkeit gegenüber einer fortschreitenden Vermessung der Welt" (Staab 2017) verstanden werden kann, stieß sowohl in der außer- wie in der innerakademischen Diskussion auf gemischte Resonanz. So wird im Feuilleton zwar das Thematisieren der permanenten Verdatung, Vermessung und Bewertung sowie die Erörterung des Einflusses eben dieser auf Fragen sozialer Ungleichheit und sozialer Kohäsion gewürdigt (z. B. Werber 2017; Lobe 2017). Es werden jedoch auch Zweifel geäußert, inwiefern die von Mau beschriebenen Effekte v. a. im Hinblick auf die Ausrichtung der Gesellschaftsmitglieder an den quantifizierenden Bewertungsverfahren inkl. deren Vorstellungen von Wert, tatsächlich derart umfassend sind (z. B. Wildermuth 2017). Auch innerhalb der wissenschaftlichen Diskussion heben alle Rezensent*innen die von Mau eingenommene ungleichheitssoziologische Perspektive und die Syntheseleistung des Buches im Sinne der gemeinsamen Diskussion unterschiedlichster Bewertungsphänomene im Hinblick auf ihre Effekte positiv hervor, jedoch wird auch kontinuierlich auf die fehlende empirische Basis seiner Behauptungen bzw. die zu einseitige und pauschalisierende Interpretation der existierenden Untersuchungen hingewiesen. Zudem und sicherlich nicht zuletzt aufgrund des Umstandes, dass Mau auf jegliche theoretische Justierungen in der Anlage seiner Studie verzichtet und mittels „Extrapolation anlaufender, sich noch im Frühstadium befindlicher Entwicklungen" (Mau 2018, S. 274), also auch eher spekulativer Folgeabschätzungen, „Trendbehauptungen" sowie „zuspitzend-verallgemeinernde[n] Thesen" (ebd.) operiert, entspann sich eine Auseinandersetzung mit dem Genre der soziologischen Zeitdiagnose v. a. im Vergleich zur Gesellschaftstheorie.

Werron (2018) nimmt in dieser Hinsicht eine kategoriale Unterscheidung zwischen Zeitdiagnose und Gesellschaftstheorie vor, mit dem Ziel, das *„Genrebewußtsein in der Soziologie* zu stärken", sodass „Zeitdiagnosen nicht einfach [als] misslungene oder unterkomplexe Varianten der Gesellschaftstheorie" angesehen werden (ebd. 2018, S. 309; Hervorhebung i.O.). Er plädiert damit für eine produktive Lesart von Zeitdiagnosen aus gesellschaftstheoretischer Perspektive, deren Aufgabe es dann sei, systematische, historische und räumlich-kulturelle Relationierungen in Bezug auf die eher präsentistischen und zugespitzt monothematischen sowie auf öffentliche Intervention zielenden Trendfokussierungen von Zeitdiagnosen vorzunehmen (ebd. 305 ff.). Dies bedeute hier bspw. nach dem unklar bleibenden Geltungsbereich der von Mau formulierten Zeitdiagnose und nach etwaigen Eurozentrismen zu fragen, nach den Entstehungszusammenhängen von Quantifizierung jenseits von Digitalisierung und Ökonomisierung[6] sowie danach, mit welchen Konsequenzen tatsächlich der Prozess der Quantifizierung in das soziale Geschehen eingreift (ebd., S. 310 ff.). Letzteren Punkt greifen insbesondere auch Waibel (2019) und Heintz (2018) aus stärker bewertungssoziologischer Perspektive auf, die zudem etwas weniger versöhnlich auf die unzureichenden Theoretisierungen der eklektisch angeführten Konzepte wie „Vergleichsdispositiv", „Dispositiv des Mehr", „Benennungsmacht" oder „symbolisches Kapital" verweisen (Waibel 2019, S. 108) und den zu stark im Vagen bleibenden Begriff der „Quantifizierung" kritisieren, in Bezug auf den stärker zwischen Zahlen und Ziffern sowie Zählen und Messen unterschieden werden müsse (Heintz 2018, S. 633 f.). Zudem sei unklar, inwiefern es nun tatsächlich primär Quantifizierungen oder doch Bewertungen an sich seien, die das Statusregime unserer Gesellschaft(en) beeinflussten (Heintz 2018, S. 635). Wie bereits Werron, so weisen auch diese beiden Autorinnen darauf hin, dass Mau zu stark von den in die Bewertungsverfahren eingelassenen idealtypischen Handlungsimplikationen ausgeht, wenn er behauptet, dass eine Anpassung an diese Verfahren samt ihrer Kriterien stattfinde, anstatt die weit weniger eindeutigen empirischen Befunde zu dieser Frage differenziert zu diskutieren (Waibel 2019, S. 111). Waibel plädiert diesbezüglich dafür, stärker auf die konkreten „Bewertungskonstellationen" (Meier et al. 2016) bei der Erforschung der Folgen der Etablierung der quantifizierenden Bewertungsverfahren zu schauen, was bedeutet, systematischer zwischen den „infrastrukturellen Suggestionen" und der „tatsächlichen Benutzung der Infrastruktur" zu unterscheiden, wobei nämlich deutlich werde, dass Zahlen bereichsspezifisch reinterpretiert würden und Personen, Organisationen und Professionen ganz unterschiedlich mit Bewertungen umgingen (Waibel 2019, S. 115). Auf diesen Punkt verweist auch Pfadenhauer (2019) aus kommunikations- und mediatisierungstheoretischer Perspektive formulierte Kritik, wenn sie Maus Ausarbeitungen v. a. dahingehend kritisiert, dass er nicht genügend beachte, dass die von ihm beschriebenen Phänomene in erster Linie Kommunikationsphänomene seien, die sich insbesondere durch den Einsatz neuer, digitaler Medien veränderten, deren Nutzung und Rezeption jedoch mit einer hohen Kontingenz einhergehe und weit weniger eindeutig sei, als dies Mau suggeriere (Waibel 2019, S. 101 ff.).

Schließlich wird in der Diskussion um Maus Buch darauf verwiesen, dass die im gleichen Jahr erschienene Studie „Die Gesellschaft der Singularitäten"

---

[6] Dieser könnte bspw. im Rahmen einer an das Forschungsprogramm von Michel Foucault angeschlossenen genealogischen Forschungsperspektive begegnet werden.

von Andreas Reckwitz (2017),[7] die sich ebenfalls mit Fragen der veränderten Wertigkeits- und damit zusammenhängenden Ungleichheitsordnung unserer Gesellschaft(en) beschäftigt, im Vergleich zu Maus Untersuchung zu einem gegenteiligen Schluss kommt. Reckwitz zufolge würde mehr und mehr eben nicht das Allgemeine und Standardisierte, sondern das Unvergleichbare, das Einzigartige, das Singuläre das darstellen, was in der (Spät-)Moderne besondere Wertschätzung erfahren würde. Pritz und Wagner (2018) argumentieren diesbezüglich, dass dieser Gegensatz aber nur ein vermeintlicher sei und aus der Perspektive der typisch (spät-)modernen Subjektivierungsform der Selbstoptimierung aufgelöst werden könne. Für diese sei es nämlich typisch, dass sowohl eine Orientierung an Effizienz- sowie an Authentizitätsgesichtspunkten stattfände und die Maxime des Besser-Werdens mit moralischen Fragen des gelingenden Lebens verknüpft werde, sodass „zwischen dem ‚quantifizierten Selbst' und dem ‚singulären Selbst' nur ein scheinbarer Widerspruch besteht, der sich vielmehr als paradoxaler Zusammenhang entpuppt" (Pritz/Wagner 2018, S. 299).

Daran sowie an Werrons Vorschlag anschließend, konstruktiv aus theoretischer Perspektive mit zeitdiagnostischen Untersuchungen umzugehen, ließe sich noch anfügen, dass es für die Diskussion von Maus Erkenntnisinteresse sinnvoll sein könnte, dezidierter auszuweisen, was unter ‚Statusregime' oder einer ‚Wertigkeits- und Ungleichheitsordnung' verstanden werden soll. Eine dezidierte Berücksichtigung von Bourdieus Werk, auf das sich Mau sowieso wiederkehrend via der Verwendung einzelner Konzepte bezieht, könnte dabei produktiv sein (Matthäus 2017, 2019).[8] Dies könnte u. a. dabei helfen zu verstehen, dass Ungleichheit generell ein relationales Phänomen ist, weswegen die Diagnose bzgl. einer veränderten sozialen Ungleichheitsordnung aufgrund der Verbreitung explizierter, formalisierter und metrisch operierender Bewertungsverfahren nicht nur nachweisen müsste, dass die sozialen Rangplätze nun aufgrund veränderter Kriterien vergeben werden, sondern dass diese auch etwas im Verhältnis der Klassen zueinander verändern. Aus dieser Perspektive wäre somit zum einen der Verweis darauf obsolet, dass die Statusallokation sich jetzt relational vollzieht (Mau 2017, S. 68 f.), da sie dies sowieso tut und zum anderen widersprechen Maus Ausführungen seiner eigenen These insofern, als dass er mehrfach darauf verweist, dass die neuen quantifizierenden Bewertungsverfahren letztlich mehr denn je Herkunft und Status prämieren (z. B. ebd., S. 90, 277, 283), womit sie aber die bestehende Ungleichheitsordnung eher verschärfen denn transformieren.

---

[7] Siehe dazu den Beitrag von Hartmann im vorliegenden Band.

[8] Alle folgenden Ausführungen beziehen sich auf die in Matthäus (2017, 2019) ausgeführten Rekonstruktionen der Sozial- und Gesellschaftstheorie Bourdieus.

Darüber hinaus machen Bourdieus Überlegungen deutlich, dass die von den Rezensent*innen kritisierte nicht genügend differenzierte Betrachtung der verschiedenen Umgangsweisen mit den Bewertungsverfahren alles andere als ein zu vernachlässigendes empirisches Detail darstellt. Denn laut Bourdieu ist es eben weniger allein das Was an sozialen Praktiken, das einen statusbezogenen Unterschied macht, denn vielmehr das Wie ihrer Ausführung, was in diesem Kontext heißt, dass weniger die Beteiligung an oder die Ergebnisse von quantifizierenden Bewertungsverfahren an sich entscheidend sind, denn vielmehr der Umgang mit eben diesen.

Dies berührt auch die Frage nach dem für Mau so zentralen Selbstwert, der wiederum nicht näher bestimmt wird, sondern lediglich im Hinblick auf seine Funktionsweise unter Zuhilfenahme primär psychologischer Überlegungen Qualifizierungen erfährt. Es ließe sich hier bspw. fragen, inwiefern es sich bei der ‚ganz normalen Sorge um den Selbstwert' tatsächlich um eine ‚anthropologische Konstante' handelt oder diese und ihre angeschlossenen Subjektformen nicht vielmehr typisch für ganz spezifische Gesellschaftsformen sind. Mit Bourdieu jedenfalls ließe sich sagen, dass zum einen das Streben nach positivem Selbstwert in Abhängigkeit von gesellschaftlichen Bewertungen ein zutiefst modernes und damit westliches Phänomen ist, welches erst mit dem Übergang von einer göttlich-feststehenden sozialen Ordnungsvorstellung hin zu einer zu Tage tritt, in der das eigene Handeln über die soziale Position entscheidet. Zum anderen würde der Selbstwert als eine sich selbst wertende Praxis der Akteur*innen greifbar, die in Abhängigkeit von erlernten und klassenspezifisch ausdifferenzierten Formen der Fremdbezugnahme steht und Einfluss darauf hat, wie sich die Akteur*innen zur Welt und d. h. hier insbesondere zu den quantifizierenden Bewertungsverfahren verhalten. Die systematische Selbstaufwertung wäre dabei als die typische Seinsweise der herrschenden Klassen und damit als das herrschende Subjektideal von modernen, westlich-kapitalistischen Gesellschaften erfassbar, in denen im Allgemeinen die Frage nach der legitimen Subjektform die verkannteste Form der Klasseninteressen darstellt (Matthäus 2017, 2019).

Unabhängig derartiger weiterführender Überlegungen kann schließlich die vorliegende Studie des quantitativ arbeitenden Sozialforschers Mau durch seine beständigen Hinweise darauf, dass Zahlen alles andere als objektiv, neutral, und wertfrei seien, auch als „wichtiger fachpolitischer Beitrag" (Werron 2018, S. 304) zur ebenfalls im Jahre 2017 erfolgten Gründung der *Akademie der Soziologie* gelesen werden, deren Mitglieder ihren teilweise „stärker qualitativ oder theoretisch geneigten Kolleg*innen kaum verhohlen die Wissenschaftlichkeit absprechen" (ebd.) und Vorstellungen nähren, dass Statistik „unbestreitbar" sei, Gesellschaftstheorie hingegen „streitbar" (Wagner 2019) – ein Zahn, den Mau mit seiner Analyse der „Quantifizierung des Sozialen" hoffentlich gezogen hat.

Literatur

Anthal, A. B., M. Hutter, D. Stark. Hrsg. 2015. *Moments of Valuation. Exploring Sites of Dissonance.* Oxford: Oxford University Press.

Bourdieu, Pierre. 1987 [1979]. *Die feinen Unterschiede. Kritik der gesellschaftlichen Urteilskraft.* Frankfurt a. M.: Suhrkamp.

Cefai, Daniel et al. 2015. Hrsg. *Sociology of Valuation and Evaluation. Human Studies*, 38 (1).

Heintz, Bettina. 2018. Von der Allmacht der Zahlen und der Allgegenwart des Bewertens. *Soziologische Revue* 41 (4): 629–642.

Heintz, Bettina. 2016. Wir leben im Zeitalter der Vergleichung. Perspektiven einer Soziologie des Vergleichs. *Zeitschrift für Soziologie* 45 (5): 305–323.

Lamont, Michèle. 2012. Toward a Comparative Sociology of Valuation and Evaluation. *Annual Review of Sociology* 38 (1): 201–221.

Lobe, Adrian. 2017. Nur wer sich zählen lässt, zählt. Zeit Online https://www.zeit.de/kultur/literatur/2017-07/das-metrische-wir-steffen-mau. Zugegriffen 20. Januar 2023.

Matthäus, Sandra. 2017. Towards the Role of Self, Worth, and Feelings in (Re-)Producing Social Dominance. Explicating Pierre Bourdieus Implicit Theory of Affect. *Historical Social Research* 42 (4): 75–92.

Matthäus, Sandra. 2019. (Il-)Legitim(es) Sein. Zu einer herrschafts-, affekt- und bewertungstheoretischen Subjektivierungstheorie nach Pierre Bourdieu (am Beispiel der Praxis des Wahnsinns). In Subjekt und Subjektivierung – Empirische und theoretische Perspektiven auf Subjektivierungsprozesse, Hrsg. A. Geimer, S. Amling und S. Bosancic, 143–167. Berlin: Springer.

Mau, Steffen. 2012. *Lebenschancen. Wohin driftet die Mittelschicht?* Berlin: Edition Suhrkamp.

Mau, Steffen. 2017. *Das metrische Wir. Über die Quantifizierung des Sozialen.* Berlin: Edition Suhrkamp.

Mau, Steffen. 2018. Die Quantifizierung des Sozialen. *Zeitschrift für Theoretische Soziologie*, 274–292.

Mau, Steffen. 2019. Das metrische Wir revisited. *Zeitschrift für Theoretische Soziologie* 2019 (1): 119–129.

Meier, Frank, T. Peetz und D. Waibel. 2016. Bewertungskonstellationen. Theoretische Überlegungen zur Soziologie der Bewertung. *Soziologie der Bewertung. Berliner Journal für Soziologie*, Hrsg. T. Peetz et al., 307–328. Wiesbaden: Springer VS.

Peetz, Thorsten et al., Hrsg. 2016. Soziologie der Bewertung. *Berliner Journal für Soziologie* 26 (3/4).

Pfadenhauer, Michaela. 2019. Digitalisierung auf dem Siegeszug? *Zeitschrift für Theoretische Soziologie* 2019 (1): 98–107.

Pritz, S. M., und G. Wagner. 2018. Zeitdiagnostische Konkurrenzen. Selbstoptimierung im Spannungsfeld von Quantifizierung und Singularisierung. *Zeitschrift für Theoretische Soziologie* 2018 (2): 293–302.

Reckwitz, Andreas. 2017. *Die Gesellschaft der Singularitäten. Zum Strukturwandel der Moderne.* Berlin: Suhrkamp.

Sauder, M., und W. Espeland. 2009. The Discipline of Rankings: Tight Coupling and Organizational Change. *American Sociological Review* 74 (1): 63–82.

Schimank, Uwe, S. Mau, und O. Groh-Samberg. 2014. *Statusarbeit unter Druck? Die Lebensführung der Mittelschichten.* Weinheim und Basel: Beltz-Juventa.

Staab, Philipp. 2017. Messen, Werten, Hierarchisieren. Steffen Mau zur soziometrischen Vermessung der Welt. *Soziopolis.* www.soziopolis.de/lesen/buecher/artikel/messen-werten-hierarchisieren/. Zugegriffen: 20. Januar 2023 .

Wagner, Gerald. 2019. Ein Quexit in der Soziologie? *faz.net* https://www.faz.net/aktuell/karriere-hochschule/methodenstreit-in-der-deutschen-soziologie-16001226.html. Zugegriffen: 20. Januar 2023.

Waibel, Desiree. 2019. Das digitale Gehäuse der Hörigkeit – kontextualisiert. *Zeitschrift für Theoretische Soziologie* 2019 (1): 108–118.

Werber, Niels. 2017. Willkommen in der Numerokratie. *faz.net* https://www.faz.net/aktuell/feuilleton/buecher/buecher-der-woche/das-metrische-wir-neues-buch-von-steffen-mau-15099755-p2.html. Zugegriffen: 20. Januar 2023.

Werron, Tobias. 2018. Quantifizierung. Überlegungen zum Verhältnis zwischen Zeitdiagnose und Gesellschaftstheorie anlässlich Steffen Maus Buch „Das metrische Wir". *Zeitschrift für Theoretische Soziologie* 2018 (2): 303–315.

Wildermuth, Volkart. 2017. Wie Rankings und Sternchen die Gesellschaft spalten. *Deutschlandfunk Kultur* https://www.deutschlandfunkkultur.de/steffen-mau-das-metrische-wir-ueber-die-quantifizierung-des.950.de.html?dram:article_id=393091. Zugegriffen: 20. Januar 2023.

Die Kulturalisierung der Gegenwart. *Die Gesellschaft der Singularitäten* von Andreas Reckwitz

Marlene Hartmann

1   Einführung: Gegenwartsdiagnose oder Gesellschaftstheorie?

Ausgezeichnet mit dem Bayerischen Buchpreis 2017 in der Kategorie Sachbuch, nominiert für den Sachbuch-Preis der Leipziger Buchmesse 2018, der Autor geadelt mit dem Leibniz-Preis 2019, dazu unzählige Feuilletonartikel und Interviews sowie andere öffentlichkeitswirksame Einlassungen – wohin wir auch schauen, an „Die Gesellschaft der Singularitäten" und Andreas Reckwitz, laut ZEIT einer „der bekanntesten und gefragtesten Gegenwartsdeuter" (Pausch 2020) dieser Tage, kommt ein Band zu Gegenwartsdiagnosen nicht vorbei. Zwar ist anzunehmen, dass der Autor dieser Aufmerksamkeit als Gegenwartsdiagnostiker nicht mit Groll begegnet, doch ist das Selbstverständnis des Buchs ein anderes: Die Studie hat „im Kern einen gesellschaftstheoretischen Anspruch." (Reckwitz 2017a, S. 24)[1] Gewiss, Zeitdiagnosen werden mindestens implizit durch gesellschaftstheoretische Fundamente getragen, Gesellschaftstheorien enthalten zeitdiagnostische Aussagen und Motivationslagen. Doch die explizite und wiederholte Positionierung der Monografie als Gesellschaftstheorie sollte zumindest der

---

[1] Wenn nicht anders angegeben, beziehen sich Seitenzahlen im Folgenden auf diese Arbeit.

M. Hartmann (✉)
Leibniz Universität Hannover, Hannover, Deutschland
E-Mail: Marlene.hartmann@lcss.uni-hannover.de

© Springer Fachmedien Wiesbaden GmbH, ein Teil von Springer Nature 2023   213
S. Farzin und H. Laux (Hrsg.), *Soziologische Gegenwartsdiagnosen 3*,
https://doi.org/10.1007/978-3-658-41328-6_18

vorschnellen Abfertigung als Gegenwartsdiagnose Einhalt gebieten.[2] Dieser Beitrag will daher „Die Gesellschaft der Singularitäten" als *gesellschaftstheoretische Gegenwartsdiagnose* aufarbeiten.

Als *Gesellschaftstheorie* versteht sich das Buch als von langer Hand geplante Intervention in die Gewissheiten einer durch die industrielle Moderne geprägten Soziologie. Reckwitz zufolge kann die Moderne nicht soziologisch erschlossen werden, wenn eindimensional auf Rationalisierungsprozesse als übergreifendes Strukturmerkmal rekurriert wird. Erst wenn sich Soziolog:innen auch Kulturalisierungsprozessen zuwenden, kann die für die Moderne typische *„Doppelstruktur der Vergesellschaftung"* (Reckwitz 2017a, S. 92) erfasst werden. Die Bedeutung von Kunst und Kultur für ein Verständnis der Moderne wird indes auch durch die beiden Vorgängermonographien „Das hybride Subjekt" (Reckwitz 2012) und „Die Erfindung der Kreativität" (Reckwitz 2014) betont. Demgegenüber stellt „Die Gesellschaft der Singularitäten" eine deutliche Perspektiverweiterung dar: Es geht nun nicht länger um spezifische Kulturalisierungsprogramme, sondern um Kulturalisierung als gesamtgesellschaftliches Strukturmoment.

Als *Gegenwartsdiagnose* konstatiert „Die Gesellschaft der Singularitäten" eine Steigerungslogik, die gleich zu Beginn festgehalten wird: „Was immer mehr erwartet wird, ist nicht das *Allgemeine, sondern das Besondere.*" (S. 7) Reckwitz geht es in Folge um eben jene Praktiken, in denen das Besondere fabriziert wird. Diese analytisch zu erfassen und zu beschreiben in welchen Bereichen diese sich mit welchen Folgen etablieren, wie die zunehmende Singularisierung also das Soziale neu formatiert, ist das Ziel. Reckwitz nimmt dabei eine nüchtern-distanzierte Haltung ein. Zwar will er, in der Tradition Foucaults, Spannungsfelder und Ausschlüsse kartografieren, diese sollen jedoch nicht von einem normativen Standpunkt aus bewertet werden.

Zwei einander entgegengesetzte Momente kennzeichnen für Reckwitz die Moderne. Während die klassische Moderne – hierunter fasst Reckwitz die Zeit der bürgerlichen Moderne vom Ende des 18. bis Anfang des 20. Jahrhunderts, sowie die im Zentrum des Vergleichs stehende industrielle Moderne, die bis in die 1970er Jahre reicht – durch eine soziale Logik des Allgemeinen geprägt war, wird in der Spätmoderne eine soziale Logik des Besonderen strukturbildend. Die soziale Logik des Allgemeinen entsteht mit der Moderne als „gesellschaftliche Antwort auf sowohl ein *Knappheitsproblem* als auch ein *Ordnungsproblem*" (S. 32). Sie drückt sich in umfassenden Rationalisierungsprozessen aus. Ob in

---

[2] Siehe dazu auch Reckwitz Kommentare an seine Rezensent:innen auf Soziopolis: Das Label ‚Zeitdiagnose' erscheine ihm „nicht ganz passend" (Reckwitz 2017b), da „Die Gesellschaft der Singularitäten" vor allem in der Tradition der Gesellschaftstheorie stehe.

der Ökonomie, der Wissenschaft oder dem Recht, überall geht es darum, durch Standardisierung, Generalisierung und Formalisierung Komplexität zu reduzieren. Der Einzelfall wird somit als besonderes Exemplar eines allgemeineren Typus erfassbar und kann entlang des Allgemeinen neu ausgerichtet werden. Seit den 1970er Jahren setzt sich die soziale Logik des Besonderen in immer mehr gesellschaftlichen Teilbereichen fest. Die soziale Logik des Allgemeinen wird dadurch nicht ersetzt, sondern wird zunehmend zu einer „Hintergrundstruktur für Singularisierungsprozesse" (S. 27).

Singularisierung umschreibt jenen Komplex von Praktiken, die an der sozialen Logik des Besonderen ausgerichtet sind und durch die etwas als Singularität formatiert wird. Unter ‚sozialen Logiken' versteht Reckwitz hierbei abstrakte Rationalitäten, welche sich innerhalb der konkreten Praxis artikulieren. Er spricht daher auch von *„doing generality"* (S. 29), bzw. von *„doing singularity"* (S. 58), um die praxeologische Ausrichtung zu akzentuieren. In idealtypischer Weise unterscheidet er vier verschiedene Praxismodi: „Praktiken der *Beobachtung,* der *Bewertung,* der *Hervorbringung* und der *Aneignung*" (S. 29). Indem soziale Einheiten, das sind „Objekte, Subjekte, Räumlichkeiten, Zeitlichkeiten und Kollektive" (S. 37), als Besonderes beobachtet, bewertet, hervorgebracht oder angeeignet werden, werden diese zu Singularitäten. Daher hat die Singularisierung stets den Charakter einer Aufführung: Zwar kann eine soziale Einheit, z. B. ein Subjekt, Einzigartigkeit anstreben, ob es diese auch tatsächlich zugesprochen bekommt, entscheidet jedoch das Publikum, welches das Subjekt als Singularität valorisiert oder nicht. Singularisierung ist dabei auch Affizierung: Singularitäten wirken anziehend und erregend auf ihr Publikum und umgekehrt, was das Publikum erregt und anzieht, ist eine Singularität. Singularitäten treten dabei „als *Eigenkomplexitäten* mit *innerer Dichte*" (S. 52) auf, d. h. sie stellen ein Arrangement von Elementen dar, aus deren Zusammenspiel sich etwas Irreduzibles ergibt. Untereinander stehen sie in einem Verhältnis der Inkommensurabilität; ihnen kommt „eine qualitative *Andersheit*" (S. 54) zu. Aus dem Gesagten folgt, dass Singularitäten keine vorsozialen Essenzen sind: Etwas *ist* nicht besonders (oder auch allgemein), sondern etwas *wird* zu etwas Besonderem (oder Allgemeinen) *gemacht.* Das Faktum ihrer sozialen Herstellung mindert jedoch nicht den Realitätsstatus der Singularitäten.

Die sich mit der Spätmoderne entfaltende soziale Logik des Besonderen, somit die Zunahme an Singularisierungen und, im Ergebnis, Singularitäten, geht mit einer Expansion gesellschaftlicher Kulturalisierungsprozesse einher. Um dies nachzuvollziehen, muss zunächst Reckwitz' Kulturbegriff expliziert werden. Reckwitz unterscheidet einen *weiten* von einem *engen* Kulturbegriff. Unter Kultur im weiten Sinne versteht er „die symbolisch-sinnhafte Dimension des Sozialen"

(S. 76). Somit ist durch den weiten Kulturbegriff kein Gegenstandsbereich abge-
grenzt, sondern eine spezifische Perspektive auf das Soziale umschrieben: die
Perspektive der gegenwärtigen Kultursoziologie und -wissenschaft. Kultur im
engen Sinne hingegen meint all jene sozialen Einheiten, die durch Valorisie-
rungsprozesse als intrinsisch wertvoll gesetzt werden. Wohingegen also der weite
Kulturbegriff dazu geeignet ist beliebige Gegenstände in ihrer Bedeutungsdimen-
sion zu analysieren, ermöglicht der enge Kulturbegriff die sozialen Einheiten in
den Blick zu nehmen, denen zu einem bestimmten Zeitpunkt spezifische Quali-
täten zugesprochen werden. Der enge Kulturbegriff erlaubt somit praxeologisch
aufzugreifen, dass im Alltagsverständnis einige Dinge als zur Kultur gehörend,
andere als davon ausgeschlossen gelten. Wird nun etwas singularisiert, d. h.
affiziert es das Publikum, welches Eigenkomplexität und qualitative Andersheit
wahrnimmt, so wird es auch, im Sinne des engen Kulturbegriffs, kulturalisiert,
da es als intrinsisch wertvoll erlebt wird.

2   Diagnose: Die singularistische Gegenwart

Warum drängt die soziale Logik des Besonderen die soziale Logik des Allgemeinen zunehmend in den Hintergrund? Warum entfaltet sich seit der Spätmoderne ein umfassendes Kulturalisierungsprogramm? Reckwitz benennt drei
ursächliche Faktoren, die zunächst autonome Dynamiken darstellen, sich jedoch
vermehrt miteinander verschränken und einander verstärken. Diese sind „die
sozio-kulturelle Authentizitätsrevolution, getragen vom Lebensstil der neuen
Mittelklasse; die Transformation der Ökonomie hin zu einer postindustriellen
Ökonomie der Singularitäten; und die technische Revolution der Digitalisierung." (S. 103) Die singularistische Gegenwart skizzierend, geht Reckwitz
dem durch diese Entwicklungen angestoßenen Strukturwandel nach. Im Folgenden soll zunächst das Bild der ökonomischen und technologischen Gegenwart
nachgezeichnet werden. Im Anschluss widme ich mich Reckwitz' Thesen zur
singularistischen Sozialstruktur, der Transformation des Politischen, sowie den
durch den Strukturwandel entstehenden neuen Spannungsfeldern.

2.1   Die singularistische Ökonomie

Für die Entstehung der Gesellschaft der Singularitäten insgesamt, insbesondere
jedoch für die Transformation zur postindustriellen Ökonomie, sind für Reckwitz die Güter zentral. Indem sich die Form der Güter ändert, ändert sich auch

deren Produktionsweise, die Bedeutung und Organisation der Arbeit, die Anforderungen an das Arbeitssubjekt, sowie die Struktur der Märkte, auf denen die Güter zirkulieren. Durch die Sättigung der Märkte mit Standardgütern werden immer mehr kulturelle Güter produziert. Neben einer zunehmenden Kulturalisierung von dinglichen Gütern, die vorher rein funktional bestimmt waren, wie z. B. Nahrungsmittel, die nun ethisch aufgeladen werden, ist hierbei auch eine Ausbreitung immaterieller Güter, wie Dienstleistungen, mediale Formate und Ereignisse, zu beobachten.

Singuläre Güter, Singularitäten insgesamt, entstehen häufig durch die Rekombination bekannter Elemente sowie durch die Rekontextualisierung vormals lokaler oder historischer Kultureinheiten. Ersteres beschreibt eine Art Montagetechnik: Durch die Neuzusammensetzung von Bekanntem entsteht etwas Neues und Einzigartiges. Letzteres beschreibt Reckwitz mit dem Begriff der „Hyperkultur" (S. 143): Aus der Perspektive der Hyperkultur ist alles – ob das Mate-Tee-Ritual der südamerikanischen Indios oder der traditionelle japanische Futon – „zu einer *kulturellen Ressource* geworden – einer Ressource für die Generierung von Singularitätsgütern." (S. 146).

Die Singularisierung der Güter transformiert auch die Arbeitsorganisation und -bedeutung, sowie die Anforderungen an das arbeitende Subjekt. Die Kreativwirtschaft ist hierfür zentral. Nicht nur haben die mit der Kreativwirtschaft assoziierten Branchen in der „Wissens- und Kulturökonomie" (S. 105) zugelegt, die der ‚creative economy' eigenen Arbeitsstrukturen breiten sich auch zunehmend in anderen Sektoren aus. Die hierarchische Organisation wird sukzessive abgelöst durch das Projekt als spezifisch singularistische Sozialform. Reckwitz kategorisiert es als „*heterogene Kollaboration*" (S. 194), welche durch die „*Pluralität von Singularitäten*" (S. 198), also die Zusammenarbeit verschiedener singulärer Subjekte, sowie durch den dem Projekt inhärenten Ereignischarakter selbst zu einem singulären Erlebnis avancieren kann. Die Arbeitspraxis nimmt somit immer mehr Züge der Kreativarbeit an. Arbeit ist nun nicht mehr ausschließlich Mittel zur Existenzsicherung, sondern wird als intrinsisch wertvoll erlebt bzw. *soll* als intrinsisch wertvoll erlebt werden. Das Subjekt will sich im Rahmen der Arbeit selbstverwirklichen; die Arbeit soll authentischer Ausdruck des Innersten sein. Auch die Anforderungen an das arbeitende Subjekt ändern sich dementsprechend. Das ideale Arbeitssubjekt weist neben der notwendigen formalen Qualifikation ein vielseitiges Profil informeller Kompetenzen auf, welches dennoch den Eindruck von Kohärenz vermittelt, z. B. indem es durch eine ‚Vision' zusammengehalten wird.

Güter zirkulieren darüber hinaus nicht länger auf den relativ stabilen und berechenbaren Standardmärkten der industriellen Vergangenheit, sie konkurrieren nun miteinander auf „Singularitätsmärkten" (S. 114). Das *„Regime des Neuen"* (S. 97), welches Reckwitz (2014) bereits in seiner Studie zum Kreativitätsdispositiv beschrieben hatte, führt zu einer Überproduktion von Gütern mit Singularitätsanspruch. Singularitätsmärkte zeichnen sich daher durch „Hyperkompetivität" (S. 114) aus. Damit ein Gut erfolgreich ist, muss es zunächst die Aufmerksamkeit des Publikums bekommen und dann von diesem als Singularität bewertet werden. Da beides jedoch in hohem Maße ungewiss ist – es ist nicht abzusehen, welches Gut das Publikum affizieren wird – sind Singularitätsmärkte riskant. Sichtbarkeit und Valorisierung sind zudem auf Singularitätsmärkten stark asymmetrisch verteilt. Es handelt sich um *„Winner-take-all*-Märkte" (S. 160), da, was bereits einmal als Singularität wahrgenommen wurde, mit größerer Wahrscheinlichkeit noch einmal als singulär anerkannt wird. Somit kann es zu einer Akkumulation von *„Singularitätskapital"* (S. 167) kommen, welches zukünftigen Erfolg wahrscheinlicher macht. Singularitätsmärkte strukturieren indes nicht nur die ökonomische Sphäre; für Reckwitz stellen sie daher neben den heterogenen Kollaborationen die zweite dominante Sozialform der Gesellschaft der Singularitäten dar.

2.2   Das Digitale als singularistische Technologie

Unter digitalen Technologien versteht Reckwitz den „Komplex, der sich aus dem Zusammenspiel algorithmischer Verfahren des Computing, der Digitalisierung medialer Formen und des Kommunikationsnetzwerks des Internets ergibt." (S. 226) Die digitalen Technologien bilden eine der wichtigsten Hintergrundstrukturen zur Konstruktion von Singularitäten. Auch wenn ihre technologische Binnenlogik an der sozialen Logik des Allgemeinen ausgerichtet ist, ist ihre Wirkung eine Intensivierung und Extensivierung der sozialen Logik des Besonderen.

So kommt es durch die digitalen Technologien zu einer Expansion kultureller Objekte und Formate: „Es gibt *mehr* Kulturelemente, (nahezu) *alle* Kulturelemente sind betroffen, sie sind *ständig* und *überall* präsent und zeichnen sich durch soziale *Grenzüberschreitungen* aus." (S. 237) In der digitalen Hyperkultur verschwimmen die Grenzen zwischen Kulturproduzent:innen und Kulturrezipient:innen und es herrscht ein allseits abrufbares Überangebot an sowohl hoch- als auch populärkulturellen Formaten. Auch die digitale Technosphäre weist daher die Charakteristika eines Singularitätsmarktes auf: Der Fülle kulturalisierter Elemente stehen die begrenzten Aufmerksamkeitsressourcen der Nutzer:innen gegenüber.

Darüber hinaus wird die ‚Profil-isierung' des spätmodernen Subjekts durch die digitalen Technologien befördert, da es hier vor allem als Profil auftritt. Das spätmoderne Subjekt ist innerhalb der singularistischen Gesellschaft „im Kern ein *Profil-Subjekt*" (S. 245). Einer ständigen „Aktualisierungsforderung" (S. 249) ausgesetzt, arbeitet das Profil-Subjekt an seiner Singularisierung. Doch auch hier sind es die Anderen, die über die Zertifizierung als Singularität entscheiden. Insofern wird das Subjekt „gewissermaßen *selbst* zu einem kulturellen Gut" (S. 252), welches sich, wie alle anderen Güter, auf dem digitalen, wie auf dem analogen Singularitätsmarkt durchsetzen muss.

Schließlich sorgen auch algorithmische Verfahren, wie das Data Tracking, für eine weitere Verfestigung der sozialen Logik des Besonderen als strukturbildender Kraft. Auch hier werden Profile angelegt, die einerseits die Singularität des Subjekts erfassen, um diese ökonomisch zu nutzen und die andererseits dafür sorgen, dass das individuelle Interface so formatiert wird, dass das vermeintlich universale Netz „in unzählige *singularisierte Umwelten*" (S. 259) zersplittert. Diese *„maschinelle Singularisierung"* (S. 73) hat weder den Charakter einer Aufführung, noch geht sie mit einer Affizierung einher, sie potenziert aber die fortschreitenden Singularisierungstendenzen der Gegenwart.

2.3 Die singularistische Klassengesellschaft

Im Unterschied zur industriellen Moderne ist die Sozialstruktur der Spätmoderne durch eine starke Polarisierung zwischen den Klassen charakterisiert. Die Industriegesellschaft wies eher geringe Einkommensunterschiede auf und etablierte einen hegemonialen Lebensstil, an dem die allermeisten partizipieren konnten. Dies ändert sich in der Spätmoderne: „Der neuen Mittelklasse mit hohen, meist universitären Bildungsabschlüssen steht eine neue Unterklasse mit niedrigen (oder gar keinen) formalen Abschlüssen gegenüber." (S. 278) Zwar gibt es eine nicht unerhebliche Einkommensungleichheit zwischen der neuen Unterklasse und der neuen Mittelklasse, es ist aber vor allem die Ungleichverteilung kulturellen Kapitals, welche ausschlaggebend für die Erschließung der Sozialstruktur der Gegenwart ist. Zwischen diesen beiden neuen Klassen ist die alte Mittelklasse, die Erbin der Industriegesellschaft, eingezwängt. Schließlich gibt es noch eine kleine Oberklasse, der Reckwitz aber kaum Relevanz zuspricht, sodass er die Gesellschaft der Gegenwart als „eine *Drei-Drittel-Gesellschaft*" (S. 282) charakterisiert.

Die neue Unterklasse und die neue Mittelklasse entstehen durch ein Zusammenwirken von Bildungsexpansion und Postindustrialisierung vor dem Hintergrund eines postmaterialistischen Wertewandels. Durch die Bildungsexpansion steigt zwar der Anteil derer, die einen akademischen Abschluss haben, dafür werden solche Qualifikationen nun jedoch zur Norm, sodass niedrigere Abschlüsse eine Entwertung erfahren. Gleichzeitig werden einfache Tätigkeiten abgewertet, die nicht dem postmaterialistischen Ideal der erfüllenden Arbeit standhalten können. Insofern findet „ein *Valorisierungstransfer*" (S. 308) von den Gütern auf die Arbeitssubjekte statt. Die kulturellen Güter, an denen die neue Mittelklasse arbeitet, affizieren auch die sie herstellenden Subjekte, deren Arbeit folglich mit hoher Wertigkeit ausgestattet ist. Funktionale Güter hingegen erscheinen nicht als intrinsisch wertvoll, woraus sich auch die mangelnde Valorisierung der sie produzierenden Subjekte ergibt. Zusammenfassend beschreibt Reckwitz die sozialstrukturelle Dynamik der Spätmoderne daher als „*Paternostereffekt*" (S. 282): Während die neue Mittelklasse aufsteigt, steigt die neue Unterklasse ab.

Die neue Mittelklasse, das „Leitmilieu der Spätmoderne" (S. 9), prägt den hegemonialen singularistischen Lebensstil. Dieser wird von Reckwitz heruntergebrochen auf die Formel der „erfolgreiche[n] Selbstverwirklichung" (S. 289). Angestrebt wird einerseits die Entfaltung des Selbst, die authentische Einrichtung des Lebens entlang subjektiver Parameter, andererseits sollen Selbstentfaltung und Authentizität auch von außen anerkannt werden. In diesem Zuge kommt es zu einer umfassenden Kulturalisierung des Alltags. Vormals funktional bestimmte Alltagspraktiken werden nun zu kulturellen Sphären, die ästhetisch und ethisch neu auszurichten sind: Man kauft Bio und sitzt auf ‚Danish Teak' in den Altbauvierteln der Metropolen. Durch die Aneignung singulärer Güter als Teil des Alltags vollzieht sich die Singularisierung der Subjekte: „Das singuläre Subjekt ist [] das *Resultat* eines [] besonderen Durchgangs durch die Welt." (S. 293) Dieser Durchgang durch die Welt trägt kulturkosmopolitische Züge. Alles, ob vergangen oder gegenwärtig, ob lokal kontextualisierte Tradition oder globales Popphänomen, wird als kulturelle Ressource der Hyperkultur verschlungen und als Teil des singularistischen Lebensstils einverleibt.

Die neue Unterklasse – das sind vor allem jene, die einfache Dienstleistungen vollbringen, die in prekären Industriejobs beschäftigt sind, oder die durch den Staat unterstützt werden – partizipiert nicht an diesem Lebensstil. Stattdessen „herrscht eine Alltagslogik des *muddling through,* das notgedrungen auf die Bewältigung von alltäglichen Schwierigkeiten fixiert bleibt." (S. 284) Statt sich

selbst zu verwirklichen, wird auf Selbstdisziplin gesetzt, um den prekären Alltag zu meistern. Darüber hinaus sind die Alltagspraktiken der neuen Unterklasse
„Gegenstand einer negativen Kulturalisierung" (S. 350). Die Mode, die Essge-
wohnheiten oder auch der Musikgeschmack der neuen Unterklasse werden somit
als in besonderem Maße abstoßend singularisiert.

Auch die alte Mittelklasse wurde kulturell entwertet. Zwar verfügt diese über
annähernd gleiche ökonomische Ressourcen wie die neue Mittelklasse, doch ist
sie nicht länger das Ton angebende Milieu. „Der vorgeblich normale Lebensstil
des Mittelstands ist nun nicht mehr allgemeingültig, er ist nicht mehr *Mitte und
Maß*, sondern lediglich *Mittelmaß*." (S. 282) Die konformistische Orientierung am
Lebensstandard und Werten wie *„Statusinvestition und Selbstdisziplin"* (S. 366),
das instrumentelle Verhältnis zur Arbeit, die Sesshaftigkeit, das Dörfliche und
Kleinstädtische der alten Mittelklasse – all das folgt einer sozialen Logik des
Allgemeinen, die nicht mehr recht zur Gesellschaft der Singularitäten passen will.

2.4   Die singularistische Politik

Die *„Politik des Besonderen"* (S. 371) ergibt sich aus der polarisierten Sozialstruktur der Gegenwart. Während die neue Mittelklasse überwiegend links-
und wirtschaftsliberal positioniert ist, wenden sich neue Unterklasse und alte
Mittelklasse zunehmend kulturessentialistischen Politiken zu. Reckwitz schließt
hier an die Theorie des „neuen Cleavage" zwischen Kosmopolit:innen und
Kommunitarist:innen (Merkel 2017) an: Ein „apertistisch-differenzieller Liberalismus" (S. 374), der als Agent der Hyperkultur auf wirschaftliche und kulturelle
Öffnung und Diversifizierung drängt, steht verschiedenen antiliberalen kultur-
kommunitaristischen Strömungen entgegen. Unter letzteren versammelt Reckwitz
verschiedenste Kollektive: Sowohl bei ethnischen Gemeinschaften als auch bei
kulturnationalistischen und rechtspopulistischen Bewegungen, sowie bei religiösen Fundamentalismen handelt es sich um *„Neogemeinschaften"* (S. 107),
die, neben den heterogenen Kollaborationen und den Singularitätsmärkten, eine
weitere typisch spätmoderne Sozialform darstellen. Anders als im Fall von tra-
ditionalen Gemeinschaften, in die man mehr oder weniger hineingeboren wird,
handelt es sich hierbei um freiwillige Wahlgemeinschaften, die ein wertvolles
Inneres von einem wertlosen Äußeren abgrenzen, wobei die Konturierung mal
schärfer, mal schwächer ausfallen kann. Neogemeinschaften singularisieren sich
als Kollektiv; im Gegensatz zu heterogenen Kollaborationen wird hier jedoch der
Singularitätsanspruch der einzelnen Mitglieder aufgegeben. Neogemeinschaften

haben daher eine Homogenisierungstendenz. Der Wert des Mitglieds einer Neoge-
meinschaft leitet sich somit aus dem Kollektiv ab, was insofern von Vorteil ist als
dass dieses eine stabilere Bezugsgröße darstellt. Wichtig ist, dass Kulturessenzialismen weder antimoderne Fragmente noch die Wiederkehr des Verdrängten sind,
sondern, hier argumentiert Reckwitz im Geiste Foucaults, „eine Reaktion *auf* die
Kultur der Moderne *innerhalb* dieser" (S. 398). Die Kulturessenzialismen folgen
somit einer Logik des Besonderen, die sich jedoch gegen die Entgrenzungs- und
Diversifizierungsdynamiken des Liberalismus und dessen Hyperkultur richtet.

2.5   Neue Spannungsfelder

„Zusammenfassend lassen sich drei Krisen identifizieren: eine Krise der Anerkennung, eine Krise der Selbstverwirklichung und eine Krise des Politischen."
(S. 432) Diese sind „allesamt […] Ausformungen einer *Krise des Allgemeinen*"
(S. 435). Die Krise der Anerkennung betrifft vor allem die neue Unterklasse. Sie
ergibt sich einerseits aus der Polarisierung der Arbeit: auf der einen Seite die
hoch valorisierten Kultur- und Wissensarbeiter:innen der neuen Mittelklasse, auf
der anderen die prekär beschäftigten und kulturell entwerteten Vertreter:innen der
Unterklasse. Andererseits wird diese auch durch die asymmetrische Sichtbarkeits-
ordnung der Singularitätsmärkte hervorgerufen. Nur die Leistung einiger weniger
wird sichtbar, während viele andere ‚sich abrackern' ohne dafür Anerkennung
zu finden. Doch die Krise des Allgemeinen erfasst als Selbstverwirklichungs-
krise auch die neue Mittelklasse. Diese will sich in allen Bereichen des Lebens,
ob Partnerschaft, Beruf oder Wohnumgebung, selbstverwirklichen. Diese *„Ver-
zichtsaversion"* (S. 344) führt fast zwangsläufig zu Enttäuschungen. Darüber
hinaus findet sich das spätmoderne Subjekt der neuen Mittelklasse in einem
„Künstlerdilemma" (S. 217) wieder: Soll es sich an den Erwartungen des Publikums oder an sich selbst ausrichten? Nicht immer gehen diese beiden Seiten
ineinander auf. Die Gesellschaft der Singularitäten ist daher „ein *struktureller Ent-
täuschungsgenerator*" (S. 345), wobei die Enttäuschungstendenz noch dadurch
potenziert wird, dass es „kaum kulturelle Ressourcen zur Enttäuschungstoleranz
und -bewältigung" (S. 347) gibt. Die Krise des Politischen schließlich, stellt die
umfassende Erosion der Öffentlichkeit dar. Durch die maschinelle Singularisierung im Digitalen und, damit im Zusammenhang stehend, die kulturessentialisti-
sche Neovergemeinschaftung entstehen viele Partikularöffentlichkeiten, die kaum
noch in einer allgemeinen Öffentlichkeit zusammenzuführen sind.

3   Diskussion

„Die Gesellschaft der Singularitäten" ist durch die breite Öffentlichkeit interessiert und wohlwollend aufgenommen worden. Die, im Vergleich zu anderen
soziologischen Studien, enorme Popularität der hier vorgestellten Gegenwartsdiagnose ist sicherlich darin begründet, dass Reckwitz es vermittels des dualistischen
gesellschaftstheoretischen Fundaments schafft eine umfassende Ausdeutung der
Gegenwart als Ganze zu leisten. Das Buch ist daher ein Musterbeispiel für ein
soziologisches Metanarrativ, welches die heterogensten Bereiche der Gegenwart
und Vergangenheit, die verschiedensten Theorien und die unterschiedlichsten
empirischen Fälle unter dem Dach einer einzigen sinnstiftenden Erzählung
zusammenzuführen weiß. Auch wenn man Metanarrativen der Moderne generell
kritisch gegenüberstehen mag (Knöbl 2017), so kann man die Popularität von
„Die Gesellschaft der Singularitäten" wohl auch als Anzeichen dafür verstehen,
„dass umfassende soziologische Deutungsangebote nicht nur weiterhin möglich,
sondern dass sie für den Prozess gesellschaftlicher Selbstdeutung unverzichtbar
sind." (Rosa 2018).
   Der enorme integrative Anspruch von der Monografie hat jedoch auch zu kritischen Einlassungen der soziologischen Fachöffentlichkeit geführt. Ich möchte
einige dieser Kritiken im Folgenden aufgreifen. Erstens wird die Komplexität und Widersprüchlichkeit einiger Phänomene nur unzureichend beachtet.
Zwar kommt ein Metanarrativ nicht umhin Komplexität zu reduzieren, um sein
Kategorienschema zu plausibilisieren, in einigen Fällen erscheint diese Komple-
xitätsreduktion jedoch am Phänomen selbst vorbeizugehen. So ist angesichts der
Charakterisierung der industriellen Moderne kritisch angemerkt worden, dass „die
Gesellschaft der Gleichen" (Rosanvallon 2017) nur für einige wenige eine solche war, somit das Allgemeine immer auch partikularen Charakter hatte. Auch
erscheint fraglich, ob die als Kulturessenzialismen beschriebenen Phänomene,
die Reckwitz in seiner Folgestudie „Das Ende der Illusionen" (2019) vertiefend
betrachtet hat, tatsächlich so problemlos unter einem Kategoriendach zusammengehalten werden können. Während z. B. rechtspopulistische Bewegungen gerade
darum kämpfen das Partikulare des Allgemeinen auszuweiten, setzen sich andere,
wie die Black Lives Matter-Bewegung, für eine Entpartikularisierung des Allgemeinen ein (Trautmann 2017). Schließlich wird im Hinblick auf die Reduktion
von Komplexität die Frage gestellt, ob sich die mannigfaltigen Fraktionen und
Milieus der Gegenwartsgesellschaft mit dem analytisch eleganten, aber möglicherweise allzu simplen Korsett einer „Drei-Klassen-Gesellschaft" tatsächlich
bändigen lassen (u. a. Kumkar und Schimank 2021, Mau 2021).

Zweitens wird manches theoretische Instrumentarium etwas zu vorschnell verworfen ohne dieses differenziert zu würdigen, was wohl dem Umstand geschuldet ist, dass Reckwitz in erster Linie an der Etablierung einer eigenen Gesellschaftstheorie arbeitet. Hier ist Verschiedenes anzumerken, u. a. die fehlende Auseinandersetzung mit Simmel (Hohnsträter 2018; Rosa 2018), sowie die etwas vorschnelle Zurückweisung der Beck'schen Individualisierungsdiagnose (Beck 1986), aber auch die Abfertigung von Ansätzen, welche das Ökonomische als Triebkraft der Gesellschaft der Singularitäten höher gewichten würden (Saar 2018). So wird das Konzept des Neoliberalismus mit Verweis auf dessen inflationäre Verwendung innerhalb soziologischer Literaturen zurückgewiesen. Dass ein Konzept viel Verwendung findet, kann aber kaum ein hinreichendes Kriterium für dessen fehlende Passung sein – es sei denn man möchte dem Regime des Neuen gerecht werden. Gleichwohl ist Reckwitz beizupflichten, dass die inflationäre Verwendung von ‚Neoliberalismus' dann problematisch ist, wenn sie den sinnentleerten Endpunkt der Analyse bildet, bzw. den leeren Signifikanten ideologiekritischer Vergemeinschaftung. Das zum einen. Zum anderen könnte kritisch angemerkt werden, dass es eine ebenso inflationäre Zurückweisung des Konzepts ‚Neoliberalismus' gibt und dass diese Zurückweisung sich oftmals gar nicht mehr die Mühe macht sich intensiv mit Arbeiten auseinanderzusetzen, welche die neoliberale Vergangenheit und Gegenwart differenziert durchleuchten (z. B. Gane 2014; Gill und Scharff 2011).

Neben diesen Kritiken, die sich aus dem integrativen Anspruch von „Die Gesellschaft der Singularitäten" ergeben, sind auch einige begriffliche Unklarheiten und Ambiguitäten angesprochen worden. Diese Kritik lässt sich teilweise als Stoßrichtung möglicher Anschlussstudien lesen. Zum einen wurde angemerkt, dass der Begriff des Affekts theoretisch noch nicht gesättigt erscheint, obgleich er einen zentralen Stellenwert für das Verständnis von Singularisierung hat (Moebius 2018; Saar 2018). Zum anderen bleibt die Differenzierung von Singularisierung und Kulturalisierung unklar (Hohnsträter 2018; Moebius 2018; Reitz 2019). Darüber hinaus könnten zukünftige Forschungsarbeiten entlang empirischer Fälle noch detaillierter rekonstruieren, wie Valorisierung und Singularisierung sich genau vollziehen. Zwar plausibilisiert Reckwitz seine gegenwartsdiagnostischen Thesen indem er auf eine Vielzahl von Beispielsingularitäten verweist, doch wird deren Singularisierung, der Prozess welcher der Anerkennung als Singularität vorausgeht, kaum festgehalten. Es ist zu hoffen, dass weitere Feinanalysen hier weiter aufklären, um die Unberechenbarkeit der Singularitätsmärkte soziologisch zu entzaubern.

Literatur

Beck, Ulrich. 1986. *Risikogesellschaft. Auf dem Weg in eine andere Moderne.* Frankfurt am Main: Suhrkamp.

Gane, Nicholas. 2014. The Emergence of Neoliberalism: Thinking Through and Beyond Michel Foucault's Lectures on Biopolitics. *Theory, Culture & Society* 31 (4): 3–27.

Gill, Rosalind, und Scharff, Christina. 2011. *New Femininities. Postfeminism, Neoliberalism and Subjectivity.* Basingstoke: Palgrave Macmillan.

Hohnsträter, Dirk. 2018. Reckwitz-Buchforum (7): Die Gesellschaft der Singularitäten. *Soziopolis.* https://www.soziopolis.de/beobachten/kultur/artikel/reckwitz-buchforum-7-die-gesellschaft-der-singularitaeten/. Zugegriffen: 20. Januar 2023.

Knöbl, Wolfgang. 2017. Reckwitz-Buchforum (1): Die Gesellschaft der Singularitäten. *Soziopolis.* https://www.soziopolis.de/beobachten/kultur/artikel/reckwitz-buchforum-1-die-gesellschaft-der-singularitaeten/. Zugegriffen: 20. Januar 2023.

Kumkar, Nils, und Uwe Schimank. 2021. Drei-Klassen-Gesellschaft? Bruch? Konfrontation? Eine Auseinandersetzung mit Andreas Reckwitz' Diagnose der „Spätmoderne". *Leviathan. Berliner Zeitschrift für Sozialwissenschaft* 49 (1): 7–32.

Mau, Steffen 2021. Konturen einer neuen Klassengesellschaft? Einige Anmerkungen zur Konzeption der Mittelklasse bei Andreas Reckwitz. *Leviathan. Berliner Zeitschrift für Sozialwissenschaft* 49 (2): 164–173.

Merkel, Wolfgang. 2017. Kosmopolitismus versus Kommunitarismus: Ein neuer Konflikt in der Demokratie. In *Parties, Governments and Elites. The Comparative Study of Democracy*, Hrsg. P. Harfst, I. Kubbe und T. Poguntke, 9–23. Wiesbaden: Springer.

Moebius, Stephan. 2018. Reckwitz-Buchforum (9): Die Gesellschaft der Singularitäten. *Soziopolis.* https://www.soziopolis.de/beobachten/kultur/artikel/reckwitz-buchforum-9-die-gesellschaft-der-singularitaeten/. Zugegriffen: 20. Januar 2023.

Pausch, Robert. 2020. Dasselbe in Rot. *ZEIT* 28. https://www.zeit.de/2020/28/die-gru enen-politische-positionierung-grundsatzprogramm-sozialpolitik-corona-krise/komple ttansicht. Zugegriffen: 20. Januar 2023.

Reckwitz, Andreas. 2012. *Das hybride Subjekt. Eine Theorie der Subjektkulturen von der bürgerlichen Moderne zur Postmoderne.* Weilerswist: Velbrück Wissenschaft.

Reckwitz, Andreas. 2014. *Die Erfindung der Kreativität. Zum Prozess gesellschaftlicher Ästhetisierung.* Berlin: Suhrkamp.

Reckwitz, Andreas. 2017a. *Die Gesellschaft der Singularitäten. Zum Strukturwandel der Moderne.* Berlin: Suhrkamp.

Reckwitz, Andreas. 2017b. Reckwitz-Buchforum (4): Die Gesellschaft der Singularitäten. *Soziopolis.* https://www.soziopolis.de/beobachten/kultur/artikel/reckwitz-buchforum-4-die-gesellschaft-der-singularitaeten/. Zugegriffen: 20. Januar 2023.

Reckwitz, Andreas. 2019. *Das Ende der Illusionen. Politik, Ökonomie und Kultur in der Spätmoderne.* Berlin: Suhrkamp.

Reitz, Tilman 2019. Späte Zeitdiagnose und soziologische Systematisierung. *Soziologische Revue* 42 (1): 11–19.

Rosa, Hartmut. 2018. Reckwitz-Buchforum (8): Die Gesellschaft der Singularitäten. *Soziopolis.* https://www.soziopolis.de/beobachten/kultur/artikel/reckwitz-buchforum-8-die-gesellschaft-der-singularitaeten/. Zugegriffen: 20. Januar 2023.

Rosanvallon, Pierre. 2017. *Die Gesellschaft der Gleichen*. Berlin: Suhrkamp.
Saar, Martin. 2018. Reckwitz-Buchforum (6): Die Gesellschaft der Singularitäten. *Soziopolis*. https://www.soziopolis.de/beobachten/kultur/artikel/reckwitz-buchforum-6-die-gesellschaft-der-singularitaeten/. Zugegriffen: 20. Januar 2023.
Trautmann, Felix. 2017. Reckwitz-Buchforum (5): Die Gesellschaft der Singularitäten. *Soziopolis*. https://www.soziopolis.de/beobachten/kultur/artikel/reckwitz-buchforum-5-die-gesellschaft-der-singularitaeten/. Zugegriffen: 20. Januar 2023.

Gegenwartsdiagnosen 3

Autor:innenverzeichnis

Prof. Dr. Marian Burchardt, leitet den Arbeitsbereich für Soziologie mit Schwerpunkt Transregionalisierungsprozesse an der Universität Leipzig, Kontakt: Marian.Burchardt@uni-leipzig.de.

Prof. Dr. Sina Farzin, leitet den Arbeitsbereich für Allgemeine Soziologie und Soziologische Theorie an der Universität der Bundeswehr München, Kontakt: Sina.Farzin@unibw.de.

Marlene Hartmann, M. A., ist wissenschaftliche Mitarbeiterin an der Professur für Soziologische Theorien der Wissensgesellschaft der Leibniz Universität Hannover, Kontakt: Marlene.Hartmann@lcss.uni-hannover.de.

Dr. Katharina Hoppe, ist wissenschaftliche Mitarbeiterin am Lehrstuhl für Soziologie mit Schwerpunkt Soziale Ungleichheit der Goethe-Universität Frankfurt, Kontakt: K.Hoppe@em.uni-frankfurt.de.

Lilian Hümmler, M. A., ist wissenschaftliche Mitarbeiterin an der Professur für Soziologie mit dem Schwerpunkt Frauen- und Geschlechterforschung der Goethe-Universität Frankfurt, Kontakt: Lilian.Huemmler@soz.uni-frankfurt.de.

Prof. Dr. Matthias Junge, leitet den Arbeitsbereich für Soziologische Theorien und Theoriegeschichte der Universität Rostock, Kontakt: Matthias.Junge@uni-rostock.de.

© Springer Fachmedien Wiesbaden GmbH, ein Teil von Springer Nature 2023
S. Farzin und H. Laux (Hrsg.), *Soziologische Gegenwartsdiagnosen 3,*
https://doi.org/10.1007/978-3-658-41328-6

Dr. Lisa Knoll, ist Vertretungsprofessorin für Allgemeine Soziologie an der Fakultät für Kulturwissenschaften der Universität Paderborn, Kontakt: Lisa.Knoll@uni-paderborn.de.

Prof. Dr. Henning Laux, leitet den Arbeitsbereich für Soziologische Theorien der Wissensgesellschaft an der Leibniz Universität Hannover, Kontakt: Henning.Laux@lcss.uni-hannover.de.

Sandra Matthäus, M. A., ist wissenschaftliche Mitarbeiterin am Lehrstuhl für Soziologische Theorien der Christian-Albrechts-Universität Kiel, Kontakt: matthaeus@soziologie.uni-kiel.de.

Dr. Sarah Mönkeberg, ist wissenschaftliche Mitarbeiterin am Fachgebiet Mikrosoziologie der Universität Kassel, Kontakt: Moenkeberg@uni-kassel.de.

Ingmar Mundt, M. A., ist wissenschaftlicher Mitarbeiter in der Forschungsgruppe Reorganisation von Wissenspraktiken am Weizenbaum-Institut für die vernetzte Gesellschaft in Berlin, Kontakt: Ingmar.Mundt@weizenbaum-institut.de.

Prof. Dr. Patrick Sachweh, leitet den Arbeitsbereich für Soziologie mit dem Schwerpunkt Vergleichende Gesellschaftsforschung der Universität Bremen, Kontakt: Sachweh@uni-bremen.de.

Prof. Dr. Uwe Schimank, ist emeritierter Professor für Soziologische Theorie an der Universität Bremen, Kontakt: Schimank@uni-bremen.de.

Dr. Peter Schulz, ist wissenschaftlicher Mitarbeiter an der Professur für Allgemeine und Theoretische Soziologie der Friedrich-Schiller-Universität Jena, Kontakt: Schulz.Peter@uni-jena.de.

PD Dr. Martin Seeliger, leitet die Abteilung Arbeitsgesellschaft im Wandel am Bremer Institut für Arbeit und Wirtschaft, Kontakt: Seeliger@uni-bremen.de.

Dr. Jasmin Siri, ist wissenschaftliche Mitarbeiterin am Lehrstuhl für Soziologie und Gender Studies der Ludwig-Maximilians-Universität München, Kontakt: Jasmin.Siri@soziologie.uni-muenchen.de.

Prof. Dr. Sarah Speck, leitet den Arbeitsbereich für Soziologie mit Schwerpunkt Frauen- und Geschlechterforschung der Goethe-Universität Frankfurt, Kontakt: S. Speck@soz.uni-frankfurt.de.

Prof. Dr. Tobias Werron, leitet den Arbeitsbereich für Soziologische Theorie und Allgemeine Soziologie der Universität Bielefeld, Kontakt: Tobias.Werron@ uni-bielefeld.de.

The manufacturer's authorised representative in the EU is Springer
Nature Customer Service Centre GmbH, Europaplatz 3, 69115 Heidelberg,
Germany. If you have any concerns regarding our products, please
contact ProductSafety@springernature.com

Printed and bound by CPI Group (UK) Ltd, Croydon, CR0 4YY
28/04/2026
02098505-0001